NATUR IN NOT

REINHARD WITT / ALBRECHT RISSLER

Für Freya, Julia und alle anderen Kinder

kosmos

Kosmos · Gesellschaft der Naturfreunde · Franckh´sche Verlagshandlung · Stuttgart

NATUR IN NOT

REINHARD WITT / ALBRECHT RISSLER

DBV

EIN natur BUCH BEI kosmos

I M P R E S S U M

Ein natur Buch bei Kosmos
Bearbeiter: Dr. Bruno P.Kremer

Mit 159 Farbfotos von Angermayer, T. (7), Brandl, H.D. (2), Diedrich, J. (2), König, R. (5), Kremer, B.P. (6), Layer, W. (2), Limbrunner, A. (18), Pforr, M. (5), Pretscher, P. (40), Reinhard, H. (7), Stein, B. (5), Wernicke, K. (3), Witt, R. (48), Zeininger, P. (5), Zepf, W. (5) sowie 16 Farbzeichnungen und 16 Umrißzeichnungen von Albrecht Rissler.

Umschlaggestaltung Art·elier Fichtner, Stuttgart, unter Verwendung einer Aufnahme von Manfred Pforr.

CIP-Titelaufnahme der Deutschen Bibliothek

Natur in Not/Reinhard Witt; Albrecht Rissler. [Bearb.: Bruno P. Kremer. Mit 159 Farbfotos von Angermayer, T. ...]. - Stuttgart : Franckh, 1988 (Ein Natur-Buch bei Kosmos)
ISBN 3-440-05815-8
NE: Witt, Reinhard [Hrsg.]; Kremer, Bruno P. [Bearb.]

Franckh´sche Verlagshandlung, W. Keller & Co., Stuttgart/1988

Printed in Germany /Imprimé en Allemagne
L 14 Hrr/ISBN 3-440-05815-8

Gestaltung und Typografie: Art·elier Fichtner, Stuttgart
Reproduktionen: G. Schmid, Stuttgart
Herstellung: Mohndruck, Gütersloh

Bildnachweis:
Angermayer, T. (S. 53o, 53u, 72o, 89u, 95o, 118uli, 143Mo), Brandl, H.D. (S. 101li, 151u), Diedrich, J. (S. 101u), König, R. (S. 48u, 61li, 62u, 126u, 153), Kremer, B.P. (S. 38u, 47u, 92li, 136u, 140, 149re), Layer, W. (S. 105, 149o),Limbrunner, A. (S. 55re, 65re, 68, 76, 100, 101re, 102li, 112o, 112Mu, 121, 125o, 126o, 127, 128, 129, 136o), Pforr, M. (S.80o, 95u, 102re, 111, 118o), Pretscher, P. (S. 10, 11, 12o, 29o, 32, 33, 37, 47o, 48o, 52oli, 55li, 56re, 61re, 62o, 69u, 70, 71, 77o, 77li, 78, 79, 80u, 84, 85, 86u, 89o, 109, 112Mo, 113u, 116, 117o, 132, 134o, 134u, 135, 141, 143Mu, 150u), Reinhard, H. (S. 46o, 60, 86M, 96, 134 Mli, 137, 142), Stein, B. (S. 39, 92re, 94), Wernicke, K. (S. 30o, 31, 150o), Witt, R. (S. 8, 9, 12u, 13, 14, 16, 17, 18, 19, 20, 22, 23, 24, 28, 29u, 30u, 36, 38o, 38M, 40, 41, 46u, 52ore, 52u, 56li, 64, 69o, 86o, 88, 103, 104, 113o, 117u, 118ure, 119, 120, 125u, 133, 134Mre, 143o, 144, 149li), Zeininger, P. (S. 45, 110, 112u, 143u, 151o), Zepf, W. (S. 48M, 65li, 72u, 77re, 95M).

I N H A L T

VORWORT

Als ich ein Kind war und mit meinem Vater über die sommerlichen Felder und Wiesen unseres Heimatortes streifte, zeigte er mir meine erste blaue Kornblume im Gerstenfeld, zerklatschte ein rotes Mohnblatt in der Hand und erzählte die Geschichte von der verwunschenen Wegwarte, die am Wegesrand immer noch auf ihren Prinzen wartet.
Der Weg war staubig, die Luft summte und brummte voller Fliegen und Bienen, am Heckensaum schaukelte ein Segelfalter im Wind, über dem wogenden Getreide jubilierte eine Lerche. Das war 1960.
Heute ist dieser Weg schnurgerade und betoniert. Die Hecke ist verschwunden, und auch Kornblumen, Mohn und Wegwarten sind nicht mehr. Statt des Segelfalters flattert nun ein Kohlweißling übers Feld, kaum noch Insekten lassen sich hören, selbst der Feldlerchengesang ist verstummt. Die Landschaft ist leer, und wenn ich die Bilder aus meiner Kindheit heranziehe, fehlt mir etwas.
So wie mir geht es vielen Menschen, sobald sie sich nur einmal das Aussehen der Landschaft in früheren Zeiten ins Gedächtnis rufen, die Schönheit, das Leben inmitten von Feldern und Wiesen.
Wie viele kleine und große Lebensräume sind seit damals verschwunden! Frosch-Tümpel, Eidechsen-Steinhaufen, Neuntöter-Heckenzeilen, Bussard-Bäume, Orchideen-Feuchtwiesen, Enzian-Trockenrasen, Sonnentau-Moore, Flußkrebs-Bäche.
Um diese Lebensräume, um ihren Wert für Pflanzen, für Tiere und besonders für Menschen, darum geht es in diesem Buch. Es gliedert sich in zwei Teile: Im ersten Teil wird versucht, in einem Rückblick eine Bilanz der umfassenden Lebensraumzerstörung zu ziehen. Der zweite Teil schaut mehr in die Zukunft, stellt noch vorhandene Lebensräume vor und zeigt uns, was sie in der Kulturlandschaft heute wert sein können.
Die Auswahl der Lebensräume, die darin beschriebenen Pflanzen, Tiere und Zusammenhänge mußten insofern willkürlich sein, als an ihrer Stelle genauso gut andere Lebensräume mit anderen Pflanzen und Tieren von ebenso großer Bedeutung hätten vorgestellt werden können. Zum Beispiel fehlen die Lebensräume Wald, Flüsse und Seen, Felder oder Wegraine - und auch alpine Lebensräume werden nicht in gebührender Weise berücksichtigt.
Die Vielfalt der Natur forderte jedoch eine bewußte Beschränkung, die außerdem noch gut lesbar zwischen zwei Buchdeckel passen sollte!
Bei den Recherchen zu diesem Buch offenbarte sich eine grundsätzliche Informationslücke: Wir wissen viel zu wenig über die Natur! Für fast alle Lebensräume fehlt die solide Datenbasis, die eine Bewertung vereinfachen würde. So mußten z.B. die Informationen zu den Artenzahlen für die einzelnen Lebensräume größtenteils aus sehr unterschiedlichen Quellen zusammengesucht werden, die oft unvollständige oder schwierig zu vergleichende Angaben machten. Speziell zusammenfassende Überblicke über die aktuelle Situation für die Lebensräume als Ganzes sowie über die Vernetzung von Lebensräumen wären für die Zukunft hilfreich!
Das Buch entstand nach über zweijähriger Vorarbeit aus der Serie »Landschaftselemente« bei meiner Tätigkeit als Redakteur bei der Zeitschrift natur in München. Daraus stammen auch die 16 Lebensraumzeichnungen von Albrecht Rissler, mit dem ich sehr gerne zusammengearbeitet habe. Auch dem Ringier-Verlag, natur-Chefredakteur Manfred Bissinger und meinen Kollegen Claus-Peter Lieckfeld und Dr. Frank Wittchow bin ich zu besonderem Dank verpflichtet. Fachliche Überarbeitung lieferte Dr. Bruno P. Kremer, das Manuskript tippte Lieselotte Wiedeck, Rosa Knauer sorgte sich um mein leibliches Wohl - allen ein herzliches Dankeschön!
Ohne die Nachsicht von Freya und Maria Witt, auch an schweren Tagen, hätte ich so viele Abende und Wochenenden nicht von zu Hause weg sein können.
Ich widme dieses Buch den vielen Hundert aus Platzgründen namenlos gebliebenen Autoren, denen wir den heutigen Kenntnisstand über die Lebensräume verdanken. Ihr wissenschaftlicher Fleiß lieferte die Grundlagen für meine Ausführungen.
Und zuletzt ist dieses Buch auch ein Verdienst der Mitarbeiter des Franckh-Kosmos-Verlages, besonders von Sonnhild Bischoff und Axel Meffert, die meiner Arbeit so großes Verständnis entgegenbrachten.
Aber wenn dieses Buch auch nur einen bescheidenen Teil dazu beitragen könnte, daß die Lebensräume unserer Kulturlandschaft auch in Zukunft lebenswert bleiben, dann hätte sich diese Arbeit gelohnt - Kornblumen, Klatschmohn, Wegwarten und unsere Töchter und Söhne werden es uns danken.

Reinhard Witt

ARTENSTERBEN UND ROTE LISTEN

2476 Pflanzen und 44 714 Tiere wurden bislang für die Bundesrepublik Deutschland nachgewiesen. Vergleichbar hohe Artenzahlen ermittelten auch andere Länder - beispielsweise umfaßt die Schweizer Flora 2420, die Fauna Österreichs schätzungsweise 30 000 Arten. Diese einmalige Artenvielfalt ist in großer Gefahr! Niemals zuvor in der Erdgeschichte sind in einem so kurzen Zeitraum so viele Arten ausgelöscht worden wie in den vergangenen 140 Jahren! Seit 1850 starben in Deutschland u.a. 20 Vogelarten, 27 Schmetterlingsarten, 4 Fischarten, 17 Spinnenarten, 96 Käferarten und 60 verschiedene Farn- und Blütenpflanzen aus.
In Österreich gelten inzwischen 18 Vogelarten, 25 Schmetterlingsarten, 7 Fischarten, 34 Käferarten und 54 verschiedene Farn- und Blütenpflanzen als ausgerottet.
In der Schweiz verschwanden in der gleichen Zeit 46 Farn- und Blütenpflanzen, 9 Vogelarten, 4 Lurcharten und 1 Kriechtierart.
Auch die Zahl der vom Aussterben bedrohten Lebewesen schnellte in den vergangenen 140 Jahren in die Höhe - der jeweils aktuelle Gefährdungsstand wird seit 1977 in den sogenannten »Roten Listen« wissenschaftlich dokumentiert. Insgesamt stehen heute rund 1/3 der Farn- und Blütenpflanzen und über die Hälfte der Wirbeltiere auf den »Roten Listen«, doch auch bei den Wirbellosen kann die akute Gefährdung hoch sein

ROTE LISTE GEFÄHRDETER ARTEN FÜR DIE BUNDESREPUBLIK DEUTSCHLAND, ÖSTERREICH UND DIE SCHWEIZ

	Gesamtartenzahl	Gefährdete Arten
FARN- UND BLÜTENPFLANZEN		
Deutschland	2476	862 (35%)
Österreich	2873	1081 (38%)
Schweiz	2420	773 (32%)
VÖGEL		
Deutschland	305	133 (44%)
Österreich	219	121 (55%)
Schweiz	190	83 (44%)
LURCHE		
Deutschland	19	11 (58%)
Österreich	21	21 (100%)
Schweiz	19	13 (87%)
KRIECHTIERE		
Deutschland	12	9 (75%)
Österreich	13	12 (92%)
Schweiz	15	13 (87%)

und bei Tiergruppen, wie Blattfußkrebsen, sogar schon alle Arten betreffen.
Wie dramatisch sich die Situation innerhalb von ein paar Jahren zuspitzen kann, zeigt das Beispiel der »Roten Liste« von Nordrhein-Westfalen. Im bevölkerungsreichsten Bundesland erschien 1979 die erste »Rote Liste«. 1986 dann bereits eine erweiterte Zweitfassung. In diesen nur 7 Jahren aber wuchs der Anteil gefährdeter Arten

- bei Farn- und Blütenpflanzen von 33,9% auf 40,1%
- bei Moosen von 77,6% auf 80%
- bei Säugetieren von 47,7% auf 52,9%
- bei Vögeln von 48,3% auf 57,8%
- bei Fischen von 40% auf 52%

Weniger als ein Jahrzehnt reichte aus, um insgesamt 214 nordrhein-westfälische Tier- und Pflanzenarten in ihrer Existenz so weitgehend zu bedrohen, daß sie in die »Rote Liste« neu aufgenommen werden mußten! Solche Verlustbilanzen beweisen die hoffnungslose Position des Naturschutzes, denn trotz aller Schutzbemühungen werden die »Roten Listen« länger und länger. Der Rat von Sachverständigen für Umweltfragen führte 1987 in seinem Umweltgutachten aus, warum dies so ist:
Der Artenrückgang wird vor allem durch Beeinträchtigung, Verkleinerung, Zersplitterung oder Beseitigung naturnaher Biotope verursacht.
Hinzuzufügen wäre, daß auch die bisherige Form des Naturschutzes durch Naturschutzgebiete versagt hat. Zwar verfügt die Bundesrepublik Deutschland über ca. 2400 Naturschutzgebiete, doch nehmen diese mit nur 1,1% eine viel zu kleine Landesfläche ein, sind größtenteils durch erlaubte oder unkontrollierte Nutzungen entwertet und erfassen höchstens den Lebensraum von 1/3 der gefährdeten Arten.
Als verantwortlich für die Biotop- oder Lebensraumzerstörung und damit auch das Artensterben klagt das 1361 Seiten dicke Umweltgutachten immer wieder die gleichen Verursacher an:
Verkehr, Industrie und Siedlungen, Land-, Forst- und Wasserwirtschaft sowie Freizeit und Erholungsdruck.
Im folgenden soll ihr Einfluß auf naturnahe Lebensräume - unsere natürlichen Lebensgrundlagen - mit Fakten belegt werden.

SIEDLUNGEN, INDUSTRIE UND VERKEHR ALS LEBENSRAUM-ZERSTÖRER

Jede Sekunde werden in der BRD knapp 17 m^2 Land überbaut, an einem Tag 144 ha, im Jahr 525 km^2 . Anders ausgedrückt: In 12 Monaten verschwindet eine Fläche von der Größe des Bodensees unter Wohngebäuden, Gewerbegebieten und Straßen!
Doch nicht nur das Ausmaß dieses immensen Land-

verbrauchs ist erschreckend, sondern auch die bereits zugebaute Gesamtfläche. Nach den letzten zugängigen Zahlen waren 1985 bereits 12,5% des Bundesgebietes verbaut, wovon auf Gebäudekomplexe 6% und Straßen 4,9% der Flächen entfielen.
Die Bauwut wirkt sich auf nahezu alle natürlichen Lebensräume aus, z.B. auf den Wald. Speziell durch Straßenbau werden große Waldgebiete zerstört. In Nord-rhein-Westfalen, Rheinland-Pfalz, Baden-Württemberg, Hessen und anderen waldreichen Ländern nimmt der Straßenbau bei der Vernichtung von Waldflächen eine Spitzenstellung ein.
Doch auch naturnahe Bäche, Flüsse und Seen mit den angrenzenden Uferbiotopen sind durch Verkehrsstraßen stark in Mitleidenschaft gezogen. Nach einer Veröffentlichung aus dem Jahr 1979 verliefen in Deutschland nur rund 2000 von 16 000 km untersuchter Gewässerstrecke ohne Verkehrswege.
Die ca. 175 000 km Autobahnen, Bundes-, Staats- und Kreisstraßen, die 314 000 km Gemeindestraßen und 250 000 km land-und forstwirtschaftliche Wege Deutschlands haben fast alle zusammenhängenden Lebensräume zerschnitten. Im Bundesgebiet existieren nur noch 417 Waldgebiete von 20 km^2 Fläche, die nicht von einer größeren Straße zertrennt werden. Ähnlich ungute Entwicklungen erlebten auch die Alpenstaaten:
In der Schweiz z.B. wuchsen von 1973 - 1982 allein die Gemeindestraßen von 42 900 auf 50 382 km, das gesamte Straßennetz verlängerte sich in dieser Zeit von 61 620 auf 70 749 km. Das Umfeld einzelner Großstädte wie Zürich und Basel verzeichnete in den 70er Jahren - bei stagnierendem Bevölkerungswachstum - 30 - 50% höhere Einwohnerzahlen mit entsprechenden Raum- und Arbeitsplatzbedürfnissen. Umgekehrt erschließt der Siedlungsdruck inzwischen auch die letzten unberührten Landstriche, die Zahl von Zweit- und Ferienwohnungen stieg in der Schweiz von 100 000 im Jahr 1970 auf 240 000 im Jahr 1980. Auch hier gingen Landverluste auf Kosten von Mooren, Feuchtwiesen, Streuobstflächen, Hecken und Wäldern.
Oft können erst Einzelfälle klarmachen, wie leichtfertig in der Vergangenheit mit dem kostbaren Boden umgegangen wurde:
Vergleicht man die bebauten Flächen der Gemarkung Schwieberdingen im Kreis Ludwigsburg 1928 und 1978, ergibt sich folgendes Bild: 1928 umfasste die bebaute Fläche 30 ha (2% der Fläche) und über 386 ha (26%) breiteten sich Waldstücke, Feldgehölze oder Obstbaumbestände aus. Im Jahr 1978 beanspruchte die bebaute Fläche dagegen 239 ha (16%), die naturnahen Waldstücke, Feldgehölze oder Obstbäume waren aber auf 187 ha (13%) zurückgegangen - der Flächenverbrauch steigerte sich also um das Achtfache, die naturnahen Elemente nahmen dafür um die Hälfte ab. Die Ausdehnung und Neuanlage von Siedlungs-, Gewerbe- und Industrieflächen zerstörte hauptsächlich die Lebensräume Trockenrasen und Feuchtwiese - 99 von 581 gefährdeten Wildpflanzen Deutschlands stehen deswegen auf der »Roten Liste«.
Bei der Bewertung der Lebensraumzerstörung durch Siedlungen, Industrie und Verkehr schlägt aber nicht

Viele kleine Eingriffe haben unbeabsichtigt große Wirkungen: Erst aus der Froschperspektive werden solche Rinnsteine im Straßengraben zum tückischen Hindernis, ja zur tödlichen Falle!
Alljährlich vertrocknen Millionen Frösche, Kröten oder Molche in Betonrinnen seitlich von Straßen und Wegen - sofern sie nicht in Gullys und Kanälen ertrinken.
Nicht einmal Laufkäfern oder sogar den größeren Blindschleichen gelingt der Ausstieg - einmal hineingefallen, sind sie schon so gut wie verhungert.
Wenn man bedenkt, daß ein nur 10 cm hoher Bordstein für Kleintiere bereits eine unüberwindliche Mauer darstellt, gibt es viel zu tun an unseren Straßen.

Der Neubau der A 24 Hamburg-Berlin ist ein Musterbeispiel sinnlosen Landschaftsverbrauches: Das Autobahnstück bis zur Grenze bietet fast immer den Anblick gähnender Leere. Statt der hochgerechneten 15 000 Fahrzeuge täglich passieren maximal 15000 den Grenzübergang Gudow. Jede beliebige Kreisstraße muß mehr Verkehr schlucken als das von der Autobahnlobby durchgeboxte 44 km lange und 300 Millionen Mark teure Trassenstück! Wären die Politiker den Argumenten des Naturschutzes gefolgt und hätten als ökologisch am wenigsten schädliche Lösung die vorhandene Bundesstraße 15 ausgebaut, müßte heute keine Autobahn den Sachsenwald zerstückeln.

nur der unmittelbare Flächenbedarf zu Buche, sondern auch die nachhaltigen Auswirkungen für das nicht bebaute Umland.
Angesichts der Vielzahl solcher Beeinträchtigungen müssen hier einige Beispiele genügen:
Der wohl bekannteste Effekt von Straßen ist die Umweltvergiftung durch Streusalz, Blei oder Cadmium in einem Bereich bis zu 200 m neben vielbefahrenen Trassen. Nachgewiesen sind die Anreicherung solcher Umweltgifte, eine Verarmung des Artenspektrums und der Individuenzahlen u.a. bei Kastanien, Linden, Beifuß, Regenwürmern, Käfern und Spinnen. Weniger bekannt sind hingegen die Effekte durch Straßen als Verbreitungsbarriere. Für Laufinsekten (Käfer), aber auch Bodentiere und Kleinsäuger kann schon ein 3 m breiter Forstweg oder eine 6 m breite, wenig befahrene Landstraße ein unüberwindliches Hindernis sein. Darüber hinaus vertreibt die Beunruhigung (Lärm!) von Straßen, Gewerbegebieten und Wohnsiedlungen Wildtiere. Erst 1/2 km abseits von Landstraßen und 1 1/2 km von Autobahnen verhalten sich sensible Arten (z.B. Wildgänse, Uferschnepfen) wieder annähernd ungestört.
Ebenso problematisch scheinen sich Hochspannungsleitungen in Feuchtwiesen und Mooren auszuwirken. Im 100m-Abstand links und rechts von 150- und 380-

Solche Bilder von industriellen Hochmoorabtorfungen dürften in Mitteleuropa bald schon aus dem einfachen Grund der Vergangenheit angehören, weil es kaum noch Hochmoore abzutorfen gibt. Kein zweiter Lebensraum erlitt in der Vergangenheit flächenmäßig solche Einbußen wie das Hochmoor: Von ursprünglich 400000 ha Hochmooren Norddeutschlands z.B. sind nur noch Fragmente erhalten!

Wenn - wie hier in der Eifel - die landschaftsprägenden Basalt- und Lavakuppen im großen Stil abgebaut werden, verliert die Landschaft ihre Reize. Doch der industrielle Tagebau von Lava, Basalt, Bims oder Braunkohle nimmt darauf keine Rücksicht. Er hinterläßt eine ausgebeutete Mondkraterlandschaft, die schlimmstenfalls als Mülldeponie ein zweites Mal mißbraucht wird! Solche Naturverwüstung bleibt nicht ohne Konsequenzen: Für 112 Wildpflanzen auf der »Roten Liste« heißen die Ursachen des Artensterbens: Abbau und Abgrabungen.

Kilovoltleitungen brüten Kampfläufer, Bekassinen, Rotschenkel und Kiebitz nicht mehr. In Deutschland werden Auerhuhn, Sumpfohreule, Uhu und 5 weitere Rote Liste-Vögel durch den Ausbau und Neubau von Straßen und Eisenbahnen gefährdet, während der Verkehr für den Rückgang von 19 Rote Liste-Pflanzen, speziell Arten der Sanddünen und Moore, verantwortlich zu machen ist.
Durch Biotopzerschneidung, wie Straßen und Siedlungen, sterben 11 bundesdeutsche Schmetterlingsarten aus; insgesamt verursachen Siedlungen und Verkehr den Rückgang von 15% der gefährdeten Tagfalter der BRD.
Und schließlich bedroht der Faktor Straßenbau mit seinem ganzen Bündel von Folgewirkungen auch in der Schweiz die Hälfte der 120 gefährdeten Tagfalter.
Viele negative Auswirkungen unserer Siedlungspolitik auf Flora und Fauna sind sehr subtil und deshalb in ihrem Stellenwert nur schwer einzuschätzen. Zum Beispiel weiß man, daß durch grelle Straßenbeleuchtungen und Lichtreklamen Milliarden von Nachtinsekten umkommen - allein eine bestrahlte Fabrikhalle in Graz lockte an einem Abend 100 000 Großinsekten an - , unbekannt allerdings ist, inwieweit der Lichtfalleneffekt den Fortbestand der Arten in Frage stellt.

LUFTVERSCHMUTZUNG - RAUBBAU AUF KOSTEN DER UMWELT

Weitaus gründlicher erforscht sind die Auswirkungen von Straßenverkehr, Industrie und Siedlungen für die Verschmutzung von Luft, Wasser und Boden.
Der Straßenverkehr mit einem hohen Anteil von Stickoxiden und Blei, Industrie und Kraftwerke mit erheblichen Mengen von Schwermetallen, Schwefeldioxid und Chlorkohlenwasserstoffen sowie Haushalte und Kleinverbraucher mit hauptsächlich Schwefeldioxid und Stauben sind eindeutig Verursacher der zunehmenden Luftverschmutzung.
1984 wurden in der BRD insgesamt rund 3 Millionen Tonnen Stickoxide und 2,6 Millionen Tonnen Schwefeldioxid in die Luft ausgestoßen. Im gleichen Jahr erzeugte in der Schweiz nur der Verkehr 440 000 t Stickoxide und 500 t Blei, und selbst in einem so verhältnismäßig kleinen Bundesland wie dem österreichischen Tirol belaufen sich die Schadstoffmengen durch den Verkehr auf jährlich 53 000 t Kohlenmonoxid und 90 t Blei.
Inzwischen existiert kein Lebensraum mehr, der von dieser allgemeinen Luftverschmutzung nicht betroffen ist. Der Regen ist in Westeuropa nur deshalb zu einer

der wichtigsten Schadstoffquellen geworden, weil er große Schmutzmengen zur Erde zurückbringt. So liegt der mittlere Schadstoffgehalt der Regens in der Schweiz für die meisten untersuchten Stoffe sogar über den Werten von verschmutztem Baseler Rheinwasser! Bei einigen Stoffen, wie Kupfer oder Cadmium, hat Regenwasser sogar schon die für Fließgewässer festgelegten Grenzwerte erreicht und überschritten!
Das wohl prominenteste Opfer der Luftverschmutzung ist der Bergwald - durch sauren Regen, Ozon und eine Vielzahl anderer Faktoren stark geschädigt. Das weltumfassende Waldsterben ist ein deutliches Warnsignal einer in Not geratenen Natur - anscheinend aber wird es überhört!
Waldsterben in Deutschland, Österreich und der Schweiz. Die Schäden vergrößern sich von Jahr zu Jahr, am stärksten betroffen sind Mittelgebirgslagen von Schwarzwald, Frankenwald und Fichtelgebirge, die gesamte Bergwaldregion im Nordalpenbereich, aber auch einzelne Alpentäler wie das Inntal mit der berühmt-berüchtigten Brennerautobahn zwischen Österreich und Italien.
Das Waldsterben, das sich anfangs auf Nadelbäume (Weißtanne!) zu beschränken schien, hat inzwischen auch Laubbäume erfaßt und macht sogar vor Obstbäu-

WALDSTERBEN IN DEUTSCHLAND, ÖSTERREICH UND DER SCHWEIZ

Anteil geschädigter Bäume (in %)	1983	1984	1985	1986	1987
Deutschland	34	50	52	54	52
Österreich	9	30	26	31	25
Schweiz	14	34	36	50	56

Nicht nur Fichtenbestände - wie hier am Kamm des Teutoburger Waldes - sterben flächendeckend ab, sondern auch Tannen, Kiefern, Eichen, Buchen und Obstbäume. Vom Waldsterben sind alle Baumarten auf allen Standorten betroffen - und längst ist das Waldsterben vom nationalen zum globalen Problem geworden! Doch die tödlichen Stäube und Gase aus Industrie, Haushalten und Verkehr sind ebenso ein bislang ungelöstes politisches Phänomen. Selten waren die Ursachen und Verursacher so klar, die Gegenmaßnahmen so eindeutig unwirksam wie im Falle des Waldsterbens!

Die Gewässerversauerung durch sauren Regen wird uns noch herbe Probleme bereiten, denn sie steht - zumindest in Deutschland - erst am Anfang. Von außen ist diesem Sandbach in der Senne nichts anzusehen, das Wasser fließt klar und scheint sauber. Erst die biologische Gewässeruntersuchung führte zu der traurigen Erkenntnis, daß der Bach aufgrund der Versauerung so gut wie tot war.

Am Fellhorn im Kleinen Walsertal hat uns die technische Lawinenverbauung vorexerziert, wie lawinengefährdete Hänge nach dem Bergwaldsterben aussehen können: erodiert und eine ständige Gefahr für die Täler. Sobald die Bäume so weit abgestorben sind, daß der Bergwald seine natürliche Lawinenschutzfunktion verliert, muß der künstliche Lawinenschutz diese Aufgaben wahrnehmen - andernfalls werden Geröll-, Schlamm- und Schneelawinen manches Alpental unbewohnbar, manche Alpenstraße unbefahrbar machen. Die Kosten der technischen Verbauung liegen in astronomischer Höhe: Für die im bayerischen Bergwald jetzt schon irreversibel geschädigten 5000 ha Bergwald wird der technische Lawinenschutz auf 5 Milliarden Mark veranschlagt!

In der Nordwestschweiz, einem der bedeutendsten Kirschen-Anbaugebiete Europas, steht heute kaum mehr ein völlig gesunder Kirschbaum. Überall sieht man morsche Äste, gelichtete und abbrechende Kronen, nicht mehr heilende Wunden. Besonders in Mitleidenschaft gezogen sind die alten Hochstammsorten! Solche Bilder haben jedoch nicht nur damit zu tun, daß die traditionellen Obstwiesen nicht mehr genug gepflegt werden, sondern auch mit den Schäden durch zunehmende Luftverschmutzung.

men nicht Halt. So diagnostizieren Schweizer Experten seit 1983 ein Obstbaumsterben nicht gekannten Ausmaßes - in manchen Gegenden, wie im Kanton Aargau, läßt sich anhand von Infrarotaufnahmen schon die Erkrankung jedes 3. Obstbaumes nachweisen. Mit fortschreitendem Wald- und Obstbaumsterben verschwindet dann die zugehörige Fauna und Flora. Spezifisch auf Waldbiotope angewiesen sind z.B. in Baden-Württemberg 121 von 202 Vogelarten, in Streuobstwiesen brüten mindestens 55 Vogelarten. Über 320 Tierarten und 450 Pflanzenarten wurden in Streuobstwiesen nachgewiesen, in Waldlebensräumen das Vielfache!

Durch sauren Regen werden außerdem die Organismen bestimmter Bäche und Seen heute bereits schwer geschädigt, die Gewässerversauerung hat viele Mittelgebirgsbäche und Seen auf saurem Gestein biologisch verarmen lassen. Besonders betroffen sind hier Bachinsekten, Fische und die in Kleingewässern laichenden Frösche, Kröten und Molche.

ABWÄSSER UND ABFÄLLE - ENDPRODUKTE DES WIRTSCHAFTSWACHSTUMS

Die Lebensräume Fluß, See und Wattenmeer sind stärker durch Abwässer aus Haushalten, Gewerbe und Industrie als durch Luftschadstoffe belastet.
Säuren, Basen, Schwermetalle, chlorierte Kohlenwasserstoffe, Pestizide, Salze, Phenole, Mineralölprodukte, Abwärme und radioaktive Stoffe verursachen die Hauptprobleme.
Einige der am stärksten belasteten Flüsse Deutschlands sind Rhein, Main, Neckar, Saar, Mosel, Wupper, Ruhr, Donau, Elbe, Weser und Ems. Für Österreich wären Beispiele die Traun, Ager, Donau, Mur, Dornbirner Ache, Inn, Salzach, Ybbs oder Drau, für die Schweiz Rhein, Rhone und Aare.
Schätzungsweise 10 000 - 50 000 eingeleitete Stoffe mit zumeist unbekannten Aus- und Wechselwirkungen führt ein belasteter Fluß wie der Rhein mit sich.
Viele Schadstoffe reichern sich über Nahrungsketten in Wasserorganismen an. Beispielsweise hatten im Öpfinger Donaustausee bei Ulm Wasservögel über 3000 mal mehr chlorierte Kohlenwasserstoffe im Körper als ihre Nahrung enthielt. Beim Bleßhuhn wurden für das Schwermetall Quecksilber sogar Anreicherungen um das 10 Millionenfache ermittelt.
Mit den Flüssen gelangt die Schadstofffracht weiter in die Meere. Allein der Rhein transportiert pro Jahr 248 t Blei, 14 t Cadmium, 161 t Arsen, 4 t Quecksilber, 400 kg

Die Welt erstickt im Abfall: Auf jeden Bundesbürger entfallen jährlich rund 300 kg Müll - mit steigender Tendenz! 2/3 davon sind privater Hausmüll. 2/3 landen auf Deponien, 1/3 wird verbrannt. Doch über die Deponien und Müllverbrennungsanlagen gelangen viele der im Abfall enthaltenen Schadstoffe wieder in die Umwelt und die Nahrung. Da im Privatbereich, in Industrie und Politik trotz allgemeinem Müllnotstand keine Müllvermeidung praktiziert wird, wächst der Müllberg ständig weiter. Einige der wenigen Nutznießer unserer Handlungsunfähigkeit sind die Möwen - als Kulturfolger schwelgen sie in den Resten einer Überflußgesellschaft!

Unglaublich, aber wahr: Bei dieser Aufnahme vom Berliner Wannsee handelt es sich tatsächlich noch um Wasser! Ursache dieser Grünfärbung ist eine Massenvermehrung mikroskopisch kleiner Algen, die aufgrund der übermäßig starken Nährstoffbelastung (vor allem Phosphat aus Waschmitteln) so ungehemmt gedeihen konnten. Die Zersetzung der abgestorbenen Algen entzieht dann dem Wasser und damit auch seinen Bewohnern den lebenswichtigen Sauerstoff, ein Massensterben setzt ein: angefangen von winzigen Flohkrebsen bis hin zu kiloschweren Karauschen. Der See »kippt um«.

krebserregende polychlorierte Biphenyle sowie 420 000 t Stickstoff und 37 000 t Phosphor ins Wattenmeer, hinzukommen rund 10 Millionen Tonnen Kochsalz pro Jahr - eine Lastwagenkolonne von Zürich nach Los Angeles!
Rheinwasser ist heute für sensible Fischarten giftig, erzeugt eine krankhaft vergrößerte Leber, Chromosomenschäden, Unfruchtbarkeit und krebsartige Hautwucherungen.
Vergleichbare Defekte kennt man von Wattenmeerfischen (Blumenkohlgeschwüre bei Aalen!). Die Wattenmeerverseuchung wird zusätzlich durch die Abwässer umweltschädlicher Industrieansiedlungen (Aluminiumwerke, Chlorchemie, Bleichemie, Erdölraffinerien), durch Kraftwerke und Hafenausbauten forciert.
Die Gewässerbelastung hat viele Hundert Tier- und Pflanzenarten ausgerottet. Um 1800 gab es noch 60 Fischarten im Rhein, heute noch 15, die aber z.T. nur über künstliche Nachzucht und Besatzmaßnahmen gehalten werden können! Insgesamt ist von der ursprünglichen Rheinfauna nur 1/3 der Arten übriggeblieben.
Verschwunden ist aber auch der Wasserpflanzenreichtum vieler Flüsse und Seen. Und selbst Vogelarten hatten unter den durch die Gewässerverschmutzung verursachten Änderungen zu leiden. 10 Rote-Liste-Arten, darunter Wasseramsel, Eisvogel, Rohrdommel und Schwarzstorch, wurden hiervon betroffen!
Neben Abwässern beeinträchtigen auch feste Abfälle naturnahe Lebensräume. Durch wilde Müllablagerungen sind speziell Dünentrockenrasen gefährdet, während offizielle Deponien oft in Kies-, Sand- , Lehm- und Tongruben oder in Steinbrüchen angelegt werden oder wertvolles Brachland vernichten.
In der Schweiz sind 14 Schmetterlingsarten durch das Schließen von Steinbrüchen und Kiesgruben auf die »Rote Liste« geraten, in Deutschland haben Überbauung, Verschüttung und Auffüllung 5 Falterarten dorthin gebracht, während die Abfall- und Abwasserbeseitigung für das Aussterben von 67 Wildpflanzenarten verantwortlich sind.

LANDWIRTSCHAFT ALS LEBENSRAUM-ZERSTÖRER

Die ordnungsgemäße Landwirtschaft steht - so schreibt es §1 des Bundesnaturschutzgesetzes der Bundesrepublik Deutschland vor - im Einklang mit den Zielen des Naturschutzes. Was aber eine »ordnungsgemäße« Landwirtschaft ist, das hat der Gesetzgeber nicht definiert, und so konnte die heute praktizierte Form der Landwirtschaft zum ärgsten Feind der Natur werden: Flurbereinigung, Überdüngung und Biozide haben bei vielen Wildpflanzen und Tieren einen großräumigen Artenschwund ausgelöst, wie ihn die mitteleuropäische Kulturlandschaft vorher nie erlebte!

FLURBEREINIGUNG UND INTENSIVIERUNG - MONOTONIE AUF KOSTEN DER NATUR

In Deutschland werden 54,5%, in der Schweiz 49% und in Österreich 45% der Fläche landwirtschaftlich genutzt. Diese Flächen erfuhren in den vergangenen Jahrzehnten eine so grundlegende Umwandlung, daß es schwierig geworden ist, Landschaftsfotos von früher mit heute zu vergleichen. Aus der reichgegliederten und kleinräumigen traditionellen Agrarlandschaft schuf die Flurbereinigung eine nach »modernen« Gesichtspunkten gestaltete, weiträumige, kaum gegliederte Kunstlandschaft, für die das Wort »Agrarsteppe« keine Übertreibung ist!
In der BRD wurden von 1945 bis1982 etwa 8 Millionen Hektar - 2/3 der landwirtschaftlichen Fläche - flurbereinigt. Zur Zeit sind ca. 4 800 Verfahren über 4 ,2 Millionen Hektar in Arbeit, jährlich werden davon etwa 330 abgeschlossen.
In der Schweiz fand die Flurbereinigung zwischen 1960 und1982 auf 140 000 ha statt, weitere 15 400 ha »unfruchtbares« Land wurden entwässert, 2 000 ha »urbar« gemacht.
Flurbereinigung steht als Sammelbegriff für eine Reihe von Maßnahmen, die zumeist der landwirtschaftlichen Produktionssteigerung dienen: Entwässerungen, Heckenrodungen, Umwandlungen von Brachland in Wirtschaftsland, die Schaffung größerer Felder, Wegebau etc. 3/4 aller ländlichen Wirtschaftswege werden im Rahmen der Flurbereinigung gebaut, pro 100 ha Fläche sind dies in Deutschland 4,9 km. Im Bundesdurchschnitt aller Flurbereinigungen von 1975 -1979 waren die Schläge vor der Flurbereinigung 0,9 danach 2,6 ha groß. In einzelnen Bundesländern, wie im Saarland, verfünffachte sich sogar die Feld- und Wiesengröße. In den Flurbereinigungsverfahren des Jahres 1983 wurden von 2 430 km Wasserläufen die Hälfte »erneuert«. Ähnlich radikal verfuhr die Weinbergsflurbereinigung, wenn sie, wie am Kaiserstuhl,an der Mosel oder in Franken, ganze Hänge maschinengerecht modellierte und dabei die Jahrhunderte gewachsene Kulturlandschaft zerstörte! Wegraine, Hecken, Feldgehölze, Bachläufe, Gräben, Bäume, Magerrasen, Tümpel, Steinwälle, Hohlwege und viele andere Kleinstrukturen inmitten von Feldern, Wiesen und Weinbergen fallen der Ausräumung der Flur zum Opfer!
Im Zuge der Flurbereinigungen und der damit einhergehenden Intensivierung der Landwirtschaft ging in vielen Landesteilen der Großteil der naturnahen Landschaftselemente verloren. In der Schweiz sind bis heute die Hälfte aller Hecken gerodet worden, und Großraumentwässerungen sorgten dafür, daß über 90% aller ursprünglichen Feuchtstandorte trockengelegt wurden. Ähnliche Tendenzen auch in Deutschland, wo allein zwischen 1960 - 1978 die Hutungen und Streuwiesen um 13% abnahmen!
Oft kann erst der Einzelfall die wahren Verluste für die Landschaft als Lebensraum zeigen: Die Feldflurbereinigung im ostholsteinischen Bliesdorf ist aber nur ein drastisches Beispiel von Tausenden. In dem 653 ha großen Verfahrensgebiet vernichtete die Feldflurbereini-

AUSWIRKUNGEN DER FLURBEREINIGUNG IN BLIESDORF (OSTHOLSTEIN)

	Vorher	Nachher
Wallheckenlänge	55,9 km	20,1 km
Bachlänge	3.9 km	0,5 km
Tümpelzahl	76	15

gung ab 1963 über die Hälfte der Wallhecken, ließ gerade 1/5 der Tümpel und 1/8 der ursprünglichen Bachlänge zurück!
Stellvertretend für die fatalen Folgen einer Weinbergsflurbereinigung kann die fränkische Gemeinde Wiebelsberg stehen. Hier nahmen vor der Neuordnung des 32 ha großen Weinbaugebietes Trockenrasen und Heckenzeilen insgesamt 7 ha ein, danach nur noch 1,2 ha - nur 1/6 der ursprünglichen Lebensräume blieb intakt!
Die Ausräumung ganzer Landstriche hat die Flurbereinigung zum größten Verursacher des Artenrückganges gemacht. Auf ihr Konto geht die Gefährdung von 339 Wildpflanzen - dadurch ist sie mehr oder weniger stark am Aussterben von über der Hälfte aller 581 gefährdeten Farn- und Blütenpflanzen beteiligt.
Schmetterlinge reagieren schon auf kleinste Umweltveränderungen, ihre Artenzahl gilt deshalb als besonders zuverlässiger Indikator für sich verschlechternde Umweltbedingungen. Um so ernüchternder die aktuellen Daten: So hat die durch die Flurbereinigung oft erst ermöglichte Grünlandintensivierung in der Schweiz 3/5 aller Tagfalter in weiten Landesteilen bedrohen oder aussterben lassen. Die einst häufigen Perlmutterfalter, Scheckenfalter, fast alle Augenfalter und Bläulinge kommen im Schweizer Mittelland nicht mehr oder nur noch sporadisch vor! Rebflurbereinigungen im Rhonetal hatten vergleichbare Effekte: die Auslöschung eines seltenen Weißlings, des Eisenfarbigen Samtfalters, des Mohrenfalters und weiterer wärmeliebender Arten. In der BRD sind 45 Tagfalter - die Hälfte der gefährdeten Arten - durch Grünlandintensivierung bedroht. Die Ausräumung führte aber auch zur Verinselung der Restlebensräume. Weil mittlerweile die verbindenden Landschaftselemente zwischen den landwirtschaftlichen Flächen fehlen, ging der Bestand von 25 Tagfalterarten zurück!
Von 78 deutschen Rote Liste-Vogelarten sind 32 durch Entwässerungen, 31 durch die Ausräumung der Landschaft und 27 durch die Umwandlung von Grünland in Ackerland betroffen.
Daß die der Flurbereinigung folgende Anbauintensivierung ebenfalls einen beträchtlichen Artenschwund verursacht, zeigt eine Laufkäferuntersuchung aus dem Kraichgau: In kleinflächigen, nicht flurbereinigten Zuckerrübenfeldern kamen 47 Laufkäferarten vor, in Vergleichsgebieten 2 Jahre nach der Flurbereinigung noch 32 Arten, 6 Jahre später 20 Arten und nach 15 Jahren intensiver Bewirtschaftung nur noch 10 Arten.

DÜNGER UND BIOZIDE - CHEMIEDUSCHE MIT NEBENWIRKUNGEN

Im Jahre 1950 wurde ein Weizenfeld von 1 ha Größe mit durchschnittlich 25 kg Stickstoff gedüngt und warf einen Ertrag von 27 dz ab. 1979 setzte der Weizenbauer viermal mehr Stickstoff ein (103 kg), erhielt dafür aber noch nicht einmal den doppelten Ertrag (50 dz) - ein Beweis dafür, daß der Aufwand nicht im gleichen Verhältnis wie der Nutzen stieg. Inzwischen sind die Stickstoffgaben weiter angewachsen! Doch außer Stickstoff erhält ein Acker an Düngemitteln auch Phosphat, Kali und Kalk - zusammen addierte sich das auf 376 kg pro ha im Wirtschaftsjahr 1985/86 für die BRD. Insgesamt wurde die unvorstellbar hohe Menge von über 5 Millionen Tonnen Handelsdünger auf Felder und Wiesen ausgebracht! Der Absatz von Bioziden liegt seit 1980 bei 30 000 t im Jahr, wobei 1986 17 400 t nur auf Herbizide entfielen.
Eine verwirrende Vielfalt von 282 Wirkstoffen in 1 706 zugelassenen Pflanzenschutzmitteln ist auf dem Markt. Flächen mit Mais und Zuckerrüben werden im

konventionellen Anbau zu 100%, Getreide noch zu 80 - 95% mit Herbiziden behandelt, während Fungizide und Insektizide schwerpunktmäßig in Intensivobstanlagen, Weinbergen, Kartoffeläckern und Hopfenkulturen Anwendung finden.
Dieser ungehemmte Chemieeinsatz wirkt sich in katastrophaler Weise auf alle Lebensräume in der Kulturlandschaft aus: Quellen, Grundwasser, Bäche und Flüsse, Tümpel und Seen sind z.T. hochgradig mit Düngerresten und Spritzmitteln verseucht. So lag 1985 z.B. in Trinkwasserbrunnen von 295 bayerischen Wasserwerken der Nitratwert über der gesetzlichen Norm, in vielen Brunnen fanden sich erhebliche Atrazinrückstände - Folgen von Überdüngung und intensiviertem Maisanbau.
Immer mehr Bäche, Seen und Tümpel verkraften die eingeschwemmten Nährstoffe und Gifte nicht mehr und »kippen« um. Nur einige Beispiele von vielen:

- In der Lahn sind seit der verstärkten Herbizidverwendung typische Wasserpflanzengesellschaften verschwunden.
- Beim Neusiedlersee in Österreich überschreitet ein Phosphoreintrag von 90 t jährlich - vor allem durch den Weinbau - die Toleranzgrenze.
- Der Schweizer Sempachersee erhält im Jahr eine Phosphorzufuhr von 15 t, davon 7 t allein von Feldern und Wiesen - ihm dürften aber höchstens 4 t zugemutet werden.
- In der Lüneburger Heide sind viele Heidetümpel durch Gülle und Mineraldünger biologisch tot.

Die nährstoffarmen Lebensräume Heide und Moor konnten erst durch hohe Mineraldüngergaben zu Äkkern und Wiesen »kultiviert« werden, sie erlitten in der Vergangenheit auch die größten Flächeneinbußen:

Beispielsweise zerstörte die landwirtschaftliche Intensivierung 70% der Moore auf dem Bodanrück im Landkreis Konstanz. Für ganz Deutschland gesehen verringerten sich die Moorflächen sogar noch zwischen 1979 - 1985 um 8%, während in diesen 7 Jahren fast 20% der deutschen Heideflächen vernichtet wurden.
Und nicht umsonst geht der bedenkliche Schwund von Magerwiesen auf den Siegeszug des Chemiedüngers zurück. In der gesamten Schweiz nahm diese artenreiche Wiesenform von 26 000 auf 6 700 ha ab, in einzelnen Landesteilen, wie im Kanton Solothurn, sind sogar Verluste von 90% zu beklagen! Anstelle einschüriger Magerwiesen prägen heute dreischürige, intensiv gedüngte Fettwiesen das Landschaftsbild.
Dünger und Biozide beeinträchtigen darüber hinaus alle Saumbiotope. An Waldrändern, Feldhecken, Wegrainen und Uferstreifen läßt der Nährstoffeintrag gerade die wertvollen, auf nährstoffarme Standorte angewiesenen Lebensgemeinschaften verschwinden zugunsten monotoner Brennesseldickichte, Holunderbüsche und anderer Nährstoffanzeiger. Eingewehte Insektizide und Herbizide rotten Bienen, Hummeln, Schmetterlinge und viele andere Kleintiere und Wildpflanzen aus.
Die Intensivierung im Ackerbau brachte Dutzende Wildpflanzen auf die »Roten Listen«, besonders verheerend wirkten Dünger und Herbizide auf die typische Ackerwildkrautflora: Wo noch 1960 die Kornrade in bayerischen Getreidefeldern häufig blühte, fand sie sich 10 Jahre später nur noch an 12 von 1 000 untersuchten Standorten und 1980 sogar nur noch an einem! Und wo noch vor 10 Jahren Felder kornblumenblau waren, steht heute keine einzige Kornblume mehr! 14 der 280 heimischen Ackerwildkräuter sind bereits ausgestorben, 72 in starkem Rückgang begriffen.
Bei ungefähr 2/3 der Arten heißt die Rückgangsursache Herbizideinsatz, wogegen durch intensive Mineraldüngung speziell die Arten nährstoffarmer und saurer Sandäcker verdrängt wurden.
Da nach Schätzungen von den 100 häufigsten Ackerwildkräutern ca. 1 200 pflanzenfressende Tierarten leben, ist besonders die Insektenfauna der Äcker verarmt und auf 20 - 40% des ursprünglichen Bestandes

»Agrarsteppe« ist für dieses Bild sicher nicht der falsche Titel - herrschen auf solchermaßen ausgeräumten Feldern doch tatsächlich schon Steppenbedingungen: Weil Schutzhecken fehlen und der Boden schnell austrocknet, kann die Winderosion ungehindert angreifen. Umgekehrt schwemmen heftige Regenfälle die wertvolle Bodenkrume tonnenweise weg, die Bodenfruchtbarkeit schwindet. Bei Maisanbau, Zuckerrüben und Weinkulturen wurden jährliche Substanzverluste von 40 t gemessen.

Weil Mutterboden für die »moderne« Landwirtschaft nurmehr ein totes »Substrat« ist, dessen Aufgabe in der Kulturpflanzenproduktion liegt, kommt es zu Bildern wie diesem: Im Frühjahr steht der abgeerntete Maisacker bei Vechta voller Pfützen. Durch übergewichtige, aber PS-starke Schlepper, durch Tiefpflügen und Kunstdüngerwirtschaft ist der Boden derart verschlämmt und verdichtet, daß kaum noch Regenwasser eindringen kann.
In so mißhandelten Böden sterben auch die Bodenlebewesen ab, die auf natürlichem Weg kostenlos für Bodenfruchtbarkeit sorgen.

abgesunken. Dadurch verhungern aber auch räuberische Ackerbewohner. So leben z.B. statt früher 15% heute nur noch 1% der mitteleuropäischen Laufkäfer auf Äckern. Zieht man die Artendichte von Schmetterlingen und Vögeln als weiteren Anzeiger für die Lebensraumqualität heran, ist es um unsere Felder, Weinberge, Obstwiesen und Wiesen schlecht bestellt.
Die Überdüngung zerstört die Schilfröhrichte, Lebensräume von Zwergdommel und Drosselrohrsänger. Herbizide vernichten Nahrungspflanzen und Beutetiere von 10 samen- und insektenfressenden Vogelarten (u.a. Rebhuhn, Rotkopfwürger, Wiedehopf), während Insektizide bei 9 Insektenfressern zu direktem Futtermangel führen (u.a. Rotkopfwürger, Weißstorch, Steinkauz) - insgesamt sind die Bestände von 15 Vogelarten auf Grund von Überdüngung oder Biozidanwendung rückläufig. Ähnliche Verlustbilanzen wären auch für Säuger, Lurche und Kriechtiere zu erstellen, die wie Feldhasen, Fledermäuse, Frösche oder Ringelnattern auf artenreiche Wildpflanzen bzw. unvergiftete Beute angewiesen sind.

FORSTWIRTSCHAFT ALS LEBENSRAUMZERSTÖRER

Wälder bedecken in der BRD 73 600 km² (30% der Landesfläche), die Schweiz hat 10 500 km² (25%) und Österreich 37 500 km² (45%) Wald. Fast alles ist Wirtschaftswald mit einem überwiegenden Anteil an Nadelhölzern , die in Deutschland 2/3 , in Österreich 4/5 der Fläche beanspruchen. Hier wiederum überwiegt eine Baumart, die Fichte, die in Österreich mit 65% aller Bäume ihre größte Dichte erreicht. Weitere wichtige Forstbäume sind Kiefer und als Laubhölzer besonders in Deutschland die Rotbuchen und Eichen.

Die Umtriebszeit - der Zeitraum vom Pflanzen bis zum Fällen - ist bei Fichten mit 80 - 120 Jahren im Vergleich zu natürlichen Waldgesellschaften sehr kurz.
Der Hochwald hat die früher weitverbreiteten Nutzungsformen der Nieder- und Mittelwaldwirtschaft fast völlig verdrängt; sie sind heute auf weniger als 5% der Waldfläche geschrumpft.
Auf das Konto der Forstwirtschaft gehen umfangreiche Lebensraumverluste. Moore, Feuchtwiesen, Heiden und Trockenrasen wurden aufgeforstet, so daß sich die Waldfläche in den letzten Jahrzehnten bundesweit sogar noch vergrößern konnte. Drei Einzelbeispiele für viele:

- In der Vergangenheit zerstörten Fichtenforsten 26 ha Moor im Landkreis Konstanz.
- In der Lüneburger Heide vergrößerte sich zwischen 1850 - 1960 die Waldfläche von 4 auf 60%.
- Im Regierungsbezirk Stuttgart gingen seit 1960 von 1170 ha Kalktrockenrasen 460 ha durch Aufforstung verloren. Standortfremde Pflanzungen sind die Regel. So machen im Schweizer Mittelland Fichte, Lärche, Schwarzkiefer und Exoten wie Douglasie und Weymouthskiefer 70% der Neuanlagen aus.

Aber auch natürliche Waldgesellschaften werden von künstlichen verdrängt. Immer noch entwässert man Erlenbrüche und Auenwälder und ersetzt sie durch hochgezüchtete Hybridpappeln!
Die modernen Formen der Forstwirtschaft tragen entscheidenden Anteil am Artensterben. In Deutschland sind 35 von 78 Rote Liste-Vogelarten betroffen, davon:

- 19 durch die kurzen Umtriebszeiten (Auerhuhn, Birkhuhn, Dreizehenspecht, Gänsesäger, Haselhuhn, Heidelerche, Hohltaube, Kranich, Mittelspecht, Rotmilan, Schwarzmilan, Schwarzstorch, Seeadler, Sperlingskauz, Weißrückenspecht, Wendehals, Wespenbussard, Wiedehopf, Ziegenmelker)
- 19 durch Aufforstungen (Bekassine, Birkhuhn, Blaukehlchen, Brachpieper, Bruchwasserläufer, Goldregenpfeifer, Heidelerche, Kornweihe, Kranich, Raub-

Ohne mehrmalige Chemiedusche wächst im konventionellen Landbau nichts: Getreide werden bis 3mal, Zuckerrüben und Kartoffeln 5mal und öfter pro Saison mit den verschiedensten Mitteln gespritzt. Bei Sonderkulturen wie Intensivobst, Wein, Gemüse oder Hopfen sind 10 Spritzungen keine Ausnahme!
Die Nebenwirkungen der meisten der über 1700 zugelassenen Pflanzenschutzmittel im Boden, ihre Auswirkungen auf die menschliche Gesundheit sind jedoch nahezu unerforscht.

Die Geschichte Mitteleuropas ist eine Geschichte der Ausbeutung und Zerstörung der Wälder. Schon im Mittelalter waren die einst landesweiten Urwälder größtenteils abgeholzt. Die heutigen Wirtschaftswälder bestehen in der Hauptsache aus gleichaltrigen, standortfremden Nadelhölzern, angeführt von der Fichte als »Brotbaum« der Forstwirtschaft. Im Vergleich zum ursprünglichen Waldökosystem fallen die Bäume noch im Jugendalter: Auf die naturfeindliche Monokultur folgt der ökologisch nicht weniger problematische flächendeckende Kahlschlag. Das Bild zeigt die Überreste einer 80jährigen Nadelholzkultur.

würger, Uferschnepfe, Schilfrohrsänger, Schwarzkehlchen, Schwarzstorch, Steinschmätzer, Sperbergrasmücke, Sumpfohreule, Wiesenweihe, Ziegenmelker)

■ 10 wegen Aufgabe ursprünglicher Nutzungsformen (Niederwald- und Mittelwaldwirtschaft) (Auerhuhn, Haselhuhn, Hohltaube, Mittelspecht, Seeadler, Sperlingskauz, Waldschnepfe, Weißrückenspecht, Wespenbussard, Ziegenmelker)

■ 9 auf Grund der Umwandlung von Laub- und Mischwäldern in monotone Nadelholzkulturen (Auerhuhn, Haselhuhn, Hohltaube, Mittelspecht, Schwarzmilan, Sperlingskauz, Waldschnepfe, Wendehals, Wespenbussard)

■ 6 durch Entwässerung von Bruch-, Auen- und Moorwäldern (Bekassine, Kranich, Krickente, Schwarzstorch, Waldschnepfe, Wespenbussard)

Der Alt- und Totholzanteil in unbeeinflußten Naturwäldern beträgt 5 - 25% der Holzmasse, geht im modernen Wirtschaftswald aber gegen Null. Dies verdrängt aber nicht nur typische Baumhöhlenbewohner und -nutzer (Spechte, Eulen, Fledermäuse), sondern auch sämtliche holzzersetzenden Insekten. Mindestens 28 Käferarten sind aus diesem Grund in Deutsch-

Nirgends sind die Folgen weniger Eingriffe in den Naturhaushalt so offensichtlich wie bei einer Bachverrohrung: Wo vorher Erlenbestände, Kopfweiden, Mädesüß-Wasserdost-Fluren das Ufer säumten, wo auf Sandbänken und Kiesinseln Pionierpflanzen wuchsen und abgebrochene Steilhänge zum Brutplatz von Uferschwalbe und Eisvogel wurden, wo Fische am Gewässergrund laichten, überlebt mit Ausnahme einiger resistenter Abwasserpilze, Bakterien und Einzeller nichts mehr. Damit schwindet aber auch die biologische Selbstreinigungskraft eines Fließgewässers: Eingerohrte Bäche stinken wie Kloaken! Darauf sind Wasserbauingenieure noch heute stolz: Seit Kriegsende haben sie allein in Deutschland 40000 km Bachläufe verbaut und verrohrt - die Strecke rund um den Erdball.

So wie hier am Rande der Diepholzer Moorniederung sieht es um fast alle Moorgebiete aus: Selbst wenn das Moor unter strengem Schutz stehen sollte, laufen ringsherum die Gräben, die das ganze Moor entwässern. Infolgedessen können moorfremde Birken einwandern und über die Blätter zusätzlich Wasser verdunsten. Gegen die »Moorverbirkung« kämpfen Natuschutzverbände auf hoffnungslosem Posten, solange nicht alle Gräben dicht sind!

land im Rückgang begriffen, darunter der bekannte Hirschkäfer, der im Eichenmulm lebt.
Aufforstungen sind für 16 bundesdeutsche Tagfalterarten eine der Rückgangsursachen, während wegen forstlicher Intensivierungsmaßnahmen der Bestand von insgesamt 22 Arten rückläufig ist. So einschneidende Veränderungen wie die Begradigung von Waldrändern bedrohen 36 Schweizer und 20 deutsche Tagfalterarten, wobei allein durch Abholzen von Buschsäumen 18 Arten zugrundegehen.
Wie gravierend sich schon kleinsträumige Umweltveränderungen auswirken können, zeigt das Beispiel der Forststraßenverbesserung:
Werden unbefestigte Waldwege geteert, verlieren Schillerfalter, Großer Eisvogel, Großer Fuchs und Trauermantel ihre Futterstellen - in der BRD stehen 3 dieser Arten u.a. deswegen auf der »Roten Liste«. Mit der Zuschüttung von wassergefüllten Wagenspuren, mit der Entwässerung von Waldfeuchtgebieten verlieren außerdem Fadenmolch, Gelbbauchunke, Libellen und Schwimmkäfer Laichplätze und Lebensraum!
Selbst standortfremde Pflanzungen zeichnen für das Artensterben verantwortlich - Schmetterlinge wie Großer Eisvogel und Kleiner Schillerfalter legen ihre Eier anstatt auf heimischen Schwarzpappeln irrtümlicherweise auf eingeführte Hybridpappeln. Die frischgeschlüpften Räupchen aber gehen ein, weil sie die kräftigere Blattoberhaut der Hybridpappeln nicht zernagen können!
Mit dem Einsatz von Bioziden liefert die moderne Forstwirtschaft eine weitere Gefährdungsursache für Flora und Fauna. Zwar wird nur ca. 1% der Waldfläche behandelt - vor allem Wegränder, Schläge und Aufforstungsflächen -, doch dies sind gerade die ökologisch artenreichsten und wertvollsten Waldareale mit blütenreichen Staudenfluren und dementsprechend hohem Insektenbesatz. Besonders problematisch ist die Verwendung von Mäusegiften oder von Lindan gegen Borkenkäfer, da diese Stoffe schädliche Auswirkungen auf zahlreiche andere Waldbewohner haben und sich über Nahrungsketten konzentrieren!

WASSERWIRTSCHAFT ALS LEBENSRAUM-ZERSTÖRER

Neben Verkehr, Industrie und Siedlungen, neben Land- und Forstwirtschaft ist die Wasserwirtschaft der vierte große Umgestalter unserer Landschaft.
Seit Anfang 1800 veränderten wasserbauliche Maßnahmen auf radikale Weise praktisch alle der bis dahin weitgehend natürlich gebliebenen Feuchtgebiete, Bäche, Flüsse, Seen und sogar die Küste. Die Eingriffe dienten der Ausweitung landwirtschaftlicher Flächen und ihrer Intensivierung, sollten die Flüsse schiffbar und eine Energiegewinnung möglich machen und die Überschwemmungsgefahr bannen.
Ein Musterbeispiel technischer Perfektion ist der Rheinausbau. Seit 1898 bändigen 13 Staustufen den Hochrhein vom Bodenseeausfluß bis Basel, stellenweise haben sie dem einstigen Wildfluß den Charakter eines Stillgewässers verliehen. Um 1872 war es flußabwärts bereits gelungen, den Oberrhein in eine begradigte 250 breite Hauptrinne zu zwängen, so daß seine Seitenarme trockenfielen und die Flußauen urbar gemacht werden konnten. Staustufen und ausgebaute Kanalschlingen sowie der Rhein-Seitenkanal verwandelten später eine urwüchsige Landschaft in einen volltechnisierten Fluß.
Ähnlich das Schicksal anderer großer Ströme: Der Fahrrinnenausbau der Donau zerstörte 1/3 ihrer Altarme, 3/4 des Flußwattes am Elbeunterlauf wurde eingedeicht oder überbaut, Inn und Isar sind durch Stautreppen zu reinen Energielieferanten geworden, der Lech weitet sich zwischen Füssen und Augsburg 20mal zu Staubecken. Raab, Ferschnitz, Pinka, Pram, Etsch und weitere Flüsse Österreichs fließen stellenweise nur noch in Kanalform. Nicht weniger umwälzend die Flußmanipulationen der Schweiz: Abgelenkt wurden die Kander in den Thuner-, die Linth in den Walen-, die Aare in den Bielersee und gestaut die Tessin und Maggia zum Langensee.
Deutschlands Wasserwirtschafter haben bis heute etwa 40% aller Fluß- und Bachläufe ausgebaut - 4 100 der 6 600 km Flußlänge sowie rund 40 000 km kleinere Wasserläufe. Hinzu kommt der gerade bei Gräben und Bächen hohe Anteil von Verrohrungen, der z.B. in Schleswig-Holstein im Landesdurchschnitt um 25% liegt.
In der Schweiz und Österreich waren die Eingriffe teilweise noch drastischer: So sind über 2/3 der Kies- und Sandbänke dem Fließgewässerausbau zum Opfer gefallen. Allein von 1970 - 1978 wurden im ganzen Land 1018 km Bäche »korrigiert«. Als ein Beispiel für die durch die Wasserwirtschaft mitverantworteten Moorentwässerungen kann die österreichische Steiermark stehen: 1911 erbrachte eine Kartierung eine Moorfläche von 2 200 ha, 1984 dann 1 000 ha weniger!
Durch Überdüngung, Tourismus sowie Verbauung sind auch Seen stark in Mitleidenschaft gezogen. So befinden sich nur noch 37% der Ufer an Schweizer Seen in natürlichem Zustand, am Zürichsee sogar nur noch 5%!
Auch die norddeutsche Küste ist bereits weitgehend verbaut: Nur rund 150 km der 500 km schleswig-holsteinischen Nordseeküstenlinie tragen noch keine Deiche, wobei auf 1 km Seedeich durchschnittlich 570 ha eingedeichte Niederungsfläche entfallen. Die Deichbauten beschnitten vor allem die Ausdehnung der Salzwiesen des Wattenmeeres, die statt einst 1 - 2 km heute oft nur noch 100 - 200 m breit werden oder gänzlich verschwunden sind. Doch gehen die Eindeichungen weiter: Zusätzlich geplante Deichbegradigungen würden die weltweit einzigartigen Salzwiesenflächen zukünftig noch einmal um die Hälfte (oder 5 500 ha) reduzieren!
Wie hoch bedroht dieses Ökosystem ist, zeigt schon ein Einzelbeispiel: Auf Sylter Salzwiesen wurden bei einer

Kartierung 22 Pflanzen der »Roten Liste« gefunden. Durch Deichbau und die daraus resultierenden Entwässerungen gingen bei 90 der 100 Wattenmeer-Vogelarten die Bestandsdichten zurück, 21 davon sind sogar Rote Liste-Kandidaten!

Ebenso hat der Ausbau von Bächen und Flüssen zur Auslöschung ganzer Populationen geführt, für 25 Vogelarten ist er ein bedeutender Gefährdungsfaktor. Und wenn heute auf den »Roten Listen« der Süßwasserfische mit 9 von 10 Wanderfischen , 34 von 37 Kieslaichern und 10 von 15 Pflanzenlaichern hauptsächlich die Fortpflanzungsspezialisten vermerkt sind, hat dies sicher außer mit der Gewässerverschmutzung auch mit dem Gewässerausbau zu tun. Wanderfische scheitern an Wehren und Staustufen und erreichen so ihre Laichplätze nicht. Kieslaicher finden keine geeigneten unverschlammten und ausreichend überströmten Sand- und Kiesbänke mehr, weil die Geschiebekraft der Flüsse gebrochen wurde und das Wasser zu sauerstoffarm ist. Und den Pflanzenlaichern fehlen die pflanzenreichen Überschwemmungsbereiche in den Flußauen als Eiablageplatz.

Daß der Gewässerausbau neben der Artenzahl auch die Fischdichte verringert, beweisen Berechnungen für zwei österreichische Flüsse:

In verbauten Abschnitten der Pinka lebten 3 417 Fische, in naturbelassenen 11 326 (knapp 4mal mehr). In der Melk fanden sich in verbauten Strecken mit nur 665 Stück gar 9mal weniger Fische als an unverbauten Stellen, an denen 5 997 Fische gezählt wurden. Außerdem kamen an verbauten Abschnitten nur 1/3 der Arten vor.

Des weiteren ging der Gewässerbau auf Kosten der typischen Flußamphibien, die - wie Wechselkröten - ursprünglich in Tümpeln und Flachwasserzonen laichten, die der Fluß mit seinen ständigen Laufveränderungen schuf. Auch die Rotbauchunke ist als typischer »Überschwemmungslaicher« an die alljährlichen Hochwasser unregulierter Flüsse gebunden. Wo Flüsse - wie im mittleren Elbetal - noch regelmäßig über die Ufer treten dürfen, kommen Rotbauchunken noch häufig vor.

Weil Bachausbau und Flußregulierungen aber sogar die Entstehung vegetationsarmer Kies- und Sandinseln vereiteln, büßten wärmeliebende Schmetterlinge ihren Lebensraum an Fließgewässern ein. Insgesamt wurden in der Schweiz 9 Tagfalterarten durch See- und Flußausbau verdrängt, 11 Arten durch Kanalisation und Trockenlegen von Bächen, 22 Arten durch Drainage von Feuchtgebieten.

Die Drainage des Umlandes, Kanalisation, Vertiefung und Verkürzung von Fließgewässern erhöhen Wassermengendurchfluß und Strömungsgeschwindigkeit und verringern die natürliche Selbstreinigungskraft des Wassers. Dadurch verschlechtern sich die Lebensbedingungen für Wasserpflanzen, Wasserinsekten und Mikroorganismen - eine generelle Artenarmut ist die Folge.

Stellvertretend für viele Bäche und Flüsse zeigt dies das Beispiel des Rheins:

1910 ermittelten Zoologen im Wasser über 80 Tierarten, 1980 gerade noch 33. Und kamen 1960 vor dem Oberrheinstau bei Rheinau-Sundhausen Rotalgen noch an 87, Tannenwedel an 44 und Borstige Armleuchteralgen an 36 Standorten vor, blieben nach der Fertigstellung der Staustufe und des Seitenkanals im Jahre 1978 davon nur noch 9 bzw. 5 und 4 Standorte übrig!

FREIZEIT UND ERHOLUNG ALS LEBENSRAUM-ZERSTÖRER

1894 übernachteten in der Schweiz etwa 12 Millionen Gäste, 1971 fünfmal so viel. Für Österreich vervielfachten sich die Übernachtungszahlen von 1925 -1981 sogar um den Faktor 9 auf etwa 120 Millionen Gäste, bis 1990 erwartet man sogar eine nochmalige Erhöhung auf 170 Millionen. In den vergangenen 20 Jahren stieg die Anzahl der Schweizer Bergbahnen und Skilifte von 716 auf 1805, die Förderleistung pro Stunde nahm von 36 000 auf 128 000 Personen zu und in Bayern wurden zwischen 1976 - 1980 jährlich 10 neue Lifte

Oft erst im Sommer zeigen sich die Negativfolgen der Wintersportler. Der Bergwald stirbt nicht zuletzt auch wegen der Abgase von Millionen PKWs. Die für Lifte und Pisten freigeschlagenen Schneisen lassen die Dreckluft bis in die höchsten Regionen vordringen. Das Foto zeigt, daß die Fichten entlang der Sessellifttrasse als erstes gestorben sind.

STÖRUNGEN VON TAFEL- UND REIHERENTEN IM ERMATINGER BECKEN DURCH BOOTE

Uhrzeit	7	9	11	13	15	17	19	20
Bootszahl	0	5	16	18	20	16	8	3
Reiherenten	490	210	50	5	30	20	80	100
Tafelenten	300	120	30	5	40	10	40	50

oder Seilbahnen in Betrieb genommen. Der Naturschutzpark Lüneburger Heide verzeichnet mittlerweile 4,5 Millionen Besucher im Jahr.
Mit dem Touristenrummel schießen jedoch in bislang unzerstörten Lebensräumen Freizeiteinrichtungen wie Pilze aus dem Boden: Badestege, Trimmpfade, Wanderparkplätze, Ausflugslokale, Wildgehege, Minigolf- oder Golfplätze.
Nach einer Bestandsaufnahme des Jahres 1977 waren die Hälfte aller Naturschutzgebiete der BRD in ihrer Nähe durch derartige Freizeitanlagen bereits betroffen, bei 1/4 befanden sich diese Anlagen sogar im Naturschutzgebiet selbst!
Selbst wenn Wanderparkplätze noch 500 - 1 000 m vom Naturschutzgebiet entfernt liegen, werden 1/4 des Naturschutzgebietes erheblich, 1/3 gering gestört. Noch ein bedrückendes Ergebnis der Bestandsaufnahme: Schon vor 12 Jahren war fast jedes 6. Naturschutzgebiet durch seinen Besucherverkehr überlastet! Wie stark der Erholungsdruck gerade in Ballungsgebieten wirkt, zeigt das Beispiel des 63 ha großen Naturschutzgebietes Westruper Heide nördlich von Recklinghausen: An sonnigen Sonntagen kommen bis zu 2 000 Besucher in das Dünengelände, das bereits viele charakteristische Pflanzen verloren hat. Damit vergleichbar ist das Schicksal zweier bodensaurer Magerrasen im Nordpfälzer Bergland und im Nahetal, wo Trittschäden und Feuerstellen die typische Gras- und Krautschicht bereits um 1/3 reduzierten. Eine bestimmte Magerwiese im Neuenburger Jura mit den seltenen Ragwurz-Orchideen wird zur Blütezeit von Hunderten von Hobbyfotografen heimgesucht, die ein dichtes Trampelpfadnetz hinterlassen. Auf einem Trockenrasen an den bayerischen Osterseen verursachte die Verzehnfachung des Besucheraufkommens von 25 auf 250 Erholungssuchende innerhalb von 2 Jahren den Rückgang von 3/4 der Trockenrasenpflanzen, während unspezifische Arten der Wirtschaftswiesen und Trittgesellschaften neu Fuß fassen konnten.
Auch Wasserlebensräume werden in Mitleidenschaft gezogen: Während an der Berliner Havel die Röhrichtfläche von 1967 - 1977 um über 60% (54 000 m^2) abnahm, vervielfachte sich die Zahl der Motorboote. An Badeplätzen kommen inzwischen auf 1 m Uferlinie 10 Personen!
Mit steigender Bootszahl flüchten die Wasservögel. Im Ermatinger Becken am Bodensee reichten 20 Boote aus, um rund 800 Tafel- und Reiherenten zu vertreiben.
Gravierend sind auch die Beeinträchtigungen des Surftourismus, die in Wasservogel-Brutgebieten zu permanentem Streß, Verlassen der Nester und Gelegeaufgabe führen.
Von Land aus zerstören Trampelpfade, Stege und An-

legestellen von Anglern die hochempfindlichen Uferröhrichte und vertreiben die Tierwelt.
An 10 kleineren Inn-Altwässern verhinderten 1 - 2 Angler pro Tag die Brut von 90% aller Enten, an größeren Gewässern kommen ca. 80% der Wasservögel aus diesem Grund nicht zur Brut. Ein unerwünschter Nebeneffekt dieser Störungen ist die Zunahme unempfindlicher Arten (Bleßhühner, Schwäne, Stockenten) zu Ungunsten seltener und sensibler Tiere.
Vom unteren Inn ist auch der Störungseinfluß der Wasservogeljagd bekannt: Wurde nur ein kleiner Teil der Gebiete bejagt, rasteten 11 000, bei starkem Jagddruck nur noch 2 000 Individuen in den untersuchten Gebieten. Tendenziell vergleichbar sind die Ergebnisse der Wasservogelzählungen an der Rhone bei Genf. Durch die dort verordnete Jagdruhe stieg die Menge der Wasservögel um das 17fache - von durchschnittlich 283 Tieren auf 4 829.
Die Jagd ist aber auch ein Verursacher der Lebensraumzerstörung zu Land. So schädigt der künstlich hoch gehaltene Schalenwildbestand auf eine nicht mehr zu verantwortende Weise Hecken, Feldgehölze und den Wald. Das Hauptproblem liegt hierbei in den hohen Verbißschäden, so daß die Naturverjüngung des Waldes unmöglich gemacht wird und bei Anpflanzungen kostspielige Schutzvorrichtungen getroffen werden müssen.
Nach einer 1986 durchgeführten landesweiten Untersuchung von etwa 22 000 Verjüngungsflächen in Bayern lagen Verbißschäden vor bei

- 2/3 aller Jungpflanzen im Landesdurchschnitt
- 2/3 aller Laubhölzer
- 1/2 der Nadelhölzer
- 3/4 der Jungeichen
- 2/3 der Weißtannen und Rotbuchen

Außerdem konnte außerhalb umzäunter Gebiete oft kein natürlicher Strauchbewuchs mehr hochwachsen. Speziell der Lebensraum Bergwald ist in höchster Gefahr, da er nur langsam nachwächst, durch das Waldsterben überproportional betroffen ist und sich hier auch der Ski-, Bergwander- und Klettertourismus konzentriert. Welche immense Belastung besonders die Alpenregion aushalten muß, sollen hier zwei Zahlen andeuten:
Auf 40 000 Skipisten mit 40 000 Abfahrtskilometern veranschlagen Experten die bisherige Negativbilanz nur des Skifahrens. Die Auswirkungen sind bekannt: abrasierte Bergwiesen, erodierte und rutschende Hänge, verspätetes Pflanzenwachstum, verjagte Schneehühner, Auerhühner und Rotwild, das aus Mangel an Fortbewegungsmöglichkeiten in seinen Zufluchtsstätten den Wald gezwungenermaßen schädigen muß.
Bei dieser Vielzahl der Einflüsse wundert es kaum, daß der Tourismus mit allen seinen negativen Begleiterscheinungen nach der Landwirtschaft als Verursacher für den Wildpflanzenrückgang an zweiter Stelle steht: Die Gefährdung von insgesamt 112 Arten geht u.a. auf diesen Komplex zurück.
Nach den Pflanzen diesbezüglich am besten untersucht ist die Vogelwelt. Für 41 von 78 Brutvogelarten der BRD ist Freizeitbetrieb ein maßgebender Bedrohungsfaktor. Baden, Bootfahren und Angeln verdrängten Flußregenpfeifer, Flußseeschwalbe, Schwarzhalstaucher, Gänsesäger und Uferschwalben, die Modellfliegerei den Großen Brachvogel, der Klettersport Wanderfalke, Uhu und Dohlen, das Skifahren Birkhuhn, Auerhuhn und Schneehuhn. Und - ein letztes Beispiel für die unbeabsichtigten Nebenwirkungen der Naturnutzung - der ständig zunehmende Höhlentourismus und die damit verbundenen Störungen sind sicher Gründe für die Verwaisung zahlloser früherer Fledermausschlafplätze.

Mit zunehmendem Naturinteresse wächst auch die Naturnutzung. Selbst so harmlose Hobbys wie die Pflanzenfotografie hinterlassen noch dauerhaft Spuren. In vielbesuchten Trockenrasen ziehen sich Trampelpfade rings um die attraktivsten Fotoobjekte. Auch die Brutvögel werden vertrieben.

ROTE LISTE BEDROHTER LEBENSRÄUME

Freizeit und Erholung, Wasser-, Forst- und Landwirtschaft sowie Verkehr tragen - jeder auf seine Weise - zur Veränderung und Zerstörung von Landschaften bei. Landschaften, die über Jahrhunderte und Jahrtausende ungestört wachsen konnten, ein Stück Kulturgeschichte geworden sind.
Oft erscheinen die Eingriffe klein, fallen nur wenigen auf, erregen wenig Widerstand: Was macht es schon, wenn ein Tümpel mit Bauschutt verfüllt, ein Graben verrohrt, woanders ein Stück Wiese drainiert wird, ein Wegrain verschwindet - schließlich bleiben ringsherum genug Feuchtgebiete, Obstwiesen, Hecken erhalten.
Doch die Praxis zeigt: Auch kleine Eingriffe summieren sich zu großen - Landschaftszerstörung in Raten! Vor allem aber sind fast alle Landschaftsverluste unwiederbringlich: Welcher Landwirt stopft schon die Drainagerohre zu, die doch erst die Bewirtschaftung von Feuchtwiesen rentabel werden ließen? Wie viele Wasserwirtschaftsämter haben zugestimmt, daß die von ihnen mit großem finanziellen und technischen Aufwand kanalisierten Bäche wie früher mäandern und über die Ufer treten dürfen? Wie viele Bergbahn-AG´s haben bis zum heutigen Tag ein einmal erschlossenes Gletscherskigebiet wieder in seinen Naturzustand zurückgeführt? Wie viele Autobahnen wurden in Moore, Heiden, Felder und Wälder zurückverwandelt? Und wer könnte denn eine 300 Jahre gewachsene Wallhecke ersetzen, wenn sie durch doch nichts zu ersetzen ist?
Da sich die vielen kleinen und großen Zerstörungen addieren, da es für kaum einen Eingriff einen Ausgleich gibt, tritt mit der Zeit ein grundlegender Landschaftswandel ein. Es gibt wenig Belege, die uns ein übergreifendes Bild vom irreversiblen Schwund von Naturgütern einer harmonisch, vom Menschen geprägten Landschaft über einen längeren Zeitraum vermitteln können. Für die Schweizer Kulturlandschaft liegt eine solche Dokumentation von Klaus Ewald, Mitglied beim Schweizerischen Bund für Naturschutz, vor. In mühseliger Kleinarbeit dokumentierte er anhand von Kartenmaterial die Landschaftsveränderungen der letzten 100 Jahre. Nimmt man als Beispiel den Kartenausschnitt Andelfingen im Mittelland (Blatt Nr. 1052 der Landeskarte der Schweiz, Maßstab 1 : 25 000, ca. 210 km^2 Fläche) - eine naturnahe Moränenlandschaft mit zahlreichen Feuchtgebieten, fällt die Verlustbilanz wie folgt aus:
Zwischen 1881 und 1972 veränderte sich die Landschaft u.a. in folgenden Punkten

- 382 Gehölze und Hecken von 14,8 km Länge und
- 561 ha Feuchtgebiete verschwanden,
- 102,2 km Bachläufe und Flüsse wurden ausgebaut,
- 367 km Straßen kamen hinzu oder wurden verlegt,
- 492 Einzelgebäude entstanden,
- 143 ha Land wurden überbaut.

Neu angelegt wurden lediglich Hecken und Ufergehölze auf einer Fläche von weniger als 3 ha. Auch die umfangreichen Waldrodungen wurden durch Neupflanzungen nicht ausgeglichen. Alles in allem verschwanden auf dem untersuchten Areal 80% der naturnahen und vielfältig strukturierten Bereiche innerhalb von einem Jahrhundert. Unnötig noch hinzuzufügen, daß sich die Landschaft von 1972 bis heute nocheinmal grundlegend änderte.
Es ist an der Zeit, daß wir uns von dem bisherigen Naturschutzdenken lösen - der Blick in die Vergangenheit und die Aufnahme immer neuer Pflanzen- und Tierarten in die »Roten Listen« beweist das Versagen des traditionellen Naturschutzes auf der ganzen Linie. Was wir heute brauchen, ist vielmehr ein Lebensraumdenken, ein Denken in ökologischen Details und Zusammenhängen, das in der Lage ist, die allumfassende Bedrohung von Tier- und Pflanzenarten mit der Bedrohung ihrer Lebensräume zu verknüpfen und daraus wirksame Konsequenzen zu ziehen!
Ganz gewiß sind zum effektiven Lebensraumschutz mehr als die 1 - 2% der Landesfläche nötig, auf denen hierzulande »Alibi-Naturschutz« betrieben wird - nur um auf den restlichen 99% die Natur umso hemmungsloser ausbeuten zu können! Aber selbst 10% der Landesfläche - wie es Ökologen fordern - wären nicht genug. Nein, auf der ganzen Fläche muß soweit mit naturnahen Prinzipien gewirtschaftet werden, daß Landschaft und Lebensräume erhalten bleiben! Wobei eine konsequent durchgeführte Lebensraumerhaltung kein naturschützerischer Selbstzweck wäre, sondern nichts Geringeres als der Versuch, das zu erhalten, was seit ungezählten Generationen gut genug war, um zu leben und leben zu lassen.

ROTE LISTE BEDROHTER LEBENSRÄUME

Am höchsten bedroht Schutz sofort notwendig	Hoch bedroht Schutz notwendig	Weniger bedroht Schutz nicht sofort notwendig
Hochmoore	Steinriegel	Ruinen
Torfstiche	Sandgruben	Schuttplätze
Heiden	Tongruben	Brachland
Feuchtwiesen	Lehmgruben	Feldgehölze
Salzwiesen	Steinbrüche	Waldränder
Trockenrasen	Stollen	
Magerrasen	Höhlen	
Flüsse	Hecken	
Meer	Streuobstwiesen	
Hochwald	Quellen	
Mittelwald	Tümpel	
Niederwald	Niedermoore	
Auenwald	Bäche	
Wegraine	Seen	
Hohlwege	Dünen	
Alte Weinberge		
Felder		

ÜBERFLUTUNG SCHAFFT ÜBERFLUSS

Das Geäst von Korbweiden und Stieleichen ist noch völlig kahl und zögernd erst zeigt sich an Grasspitzen frisches Grün. Doch ist nicht die Ankunft der Wiesenbrüter der beste Beweis dafür, daß der Frühling nicht mehr fern sein kann? Schwarzweißbefrackte Kiebitzpaare schreiten ihren traditionellen Brutplatz ab. Ein rostrot gefärbtes Uferschnepfenmännchen demonstriert vom Zaunpfahl aus für alle sichtbar seinen Revieranspruch auf dieses Feuchtwiesenstück. Die buntgefiederten Kampfläufer befinden sich bereits mitten im Balzgeschehen. In randvollen Wassergräben paart sich der Grasfrosch und Feldhasen feiern wieder einmal Hochzeit.

FEUCHTWIESEN

Feuchtes Grünland ist ausgesprochen typisch für weite Teile Norddeutschlands - etwa für die Niederungen von Ems, Weser und Elbe mit ihren Nebenflüssen. Feuchtgrünland findet sich aber auch ebenso im nordwestdeutschen Tiefland entlang des Rheins bis weit in die Niederlande. Nicht zu vergessen sind die Auengrünländer im Einzugsbereich von Rhein, Donau und Rhone mit ihren Zuflüssen in Süddeutschland, Österreich und der Schweiz. Jede Region weist dabei ihre Besonderheiten auf: Die Wümme-Niederung um Bremen unterscheidet sich in mancherlei Hinsicht von der Eider/Treene/Sorge-Niederung zwischen Husum, Schleswig und Rendsburg. Feuchtgrünland kann in den Niederungen durchaus beträchtliche Flächenanteile einnehmen. Rund 10% sind es beispielsweise im Gebiet von Weser und Aller. Auch sind die einzelnen Grünlandgebiete oft recht ausgedehnt. In Niedersachsen sind die Feuchtwiesen-Vorkommen durchweg zwischen 1 und 30 ha groß, wobei der größte Teil in die Kategorie 3-10 ha Flächengröße fällt.

Außer den typischen Feuchtwiesen der Niederungsgebiete gibt es auch noch ein vegetationskundlich unterscheidbares montanes Feuchtgrünland. Es tritt an vielen Stellen des Mittelgebirgsraums auf (beispielsweise im Harz) und natürlich im gesamten Alpengebiet. Hier wollen wir jedoch vorwiegend das Feuchtgrünland der Tieflandbereiche etwas genauer in den Blick nehmen. Kennzeichnend für feuchtes Grünland sind ganzjährig nasse Wiesen und Weiden, vielfach durchzogen von einem künstlich angelegten Netz von Gräben und Kanälen. Besonders nach Niederschlagsperioden sind die ständig wasserführenden Gräben randvoll. In Vertiefungen bilden sich große Pfützen, und in größeren Mulden oder Senken sammeln sich sogar soviel Niederschläge, daß das Wasser über Wochen und Monate bleibt. Aber auch außerhalb solcher Tümpel ist der Boden selbst im Sommer durch und durch naß, eine Erinnerung an die ausgedehnten Überschwemmungen von Bächen und Flüssen im Winter und Frühjahr. Wasserundurchlässige Sperrschichten aus Ton und Lehm verursachen im Boden generell sehr hohe Grundwasserstände. Oft genug kommt auch beides zusammen: die regelmäßige Überflutung und der wasserundurchlässige Unterboden.

Staunaß sind die Grünlandflächen oft auch noch aus einem anderen Grund: Trotz weitreichender und

Voll Wasser stehende, knietiefe Mulden und Senken gehören zu den Charaktermerkmalen einer Feuchtwiese. Schwimmkäfer und Schnecken, Libellen und Lurche sind auf solche Stellen angewiesen. Sie verbringen ihre Jugend oder ihr ganzes Leben hier. Damit erschließt sich für wiesenbrütende Vogelarten eine neue Futterquelle.

1 Uferschnepfe
2 Kampfläufer
3 Grasfrösche
4 Kiebitze
5 Korbweide

Die Feuchtwiesen in der Wümme-Niederung östlich von Bremen bilden zusammen mit dem Gewässernetz ein sehr weitläufiges Lebensraumgefüge. Für viele Teilgebiete der norddeutschen Niederungslandschaft sind solche Feuchtgrünland-Standorte ausgesprochen typisch.

Für die Höckerschwäne (Cygnus olor) im Ellerwicker Feld, einem wertvollen Feuchtwiesenkomplex zwischen Zwillbrock und Vreden, ist die mit Wasser gefüllte Senke am Wiesenrand so gut wie ein kleiner See. Allerdings reicht die Wassertiefe für Schwimmvögel nur vorübergehend und nur in sehr nassen Frühjahren aus. Mit zurückweichendem Wasserstand wird das Schwanenpaar deshalb von den wiesentypischen, langbeinigen Watvögeln abgelöst.

reichverzweigter Entwässerungskanäle ist das Gefälle in den großen Ebenen und Niederungen einfach zu gering, um das Wasser in Mengen abzuführen. Eine weitere Eigenart kommt noch hinzu - das Klima. Im norddeutschen und nordwestdeutschen Verbreitungsgebiet der Feuchtwiesen und -weiden sind die Sommer oft ausgesprochen kühl und regenreich, die Winter dagegen verhältnismäßig mild und schneearm. Solche Bedingungen begünstigen große Grundwasservorkommen und Staunässe im Boden. Im atlantisch geprägten Westmünsterland, einem ausgedehnten Grünlandkomplex in Nordrhein-Westfalen, ist es nur an 20 Tagen im Jahr wärmer als 25°C. Im Kältemonat Januar liegt die Durchschnittstemperatur mit 1°C aber immer noch über dem Gefrierpunkt. Innerhalb eines Jahres fallen im Mittel 750 mm Niederschlag (= 750 Liter pro m^2), davon am wenigsten von Februar bis April und am meisten zwischen Juli und August. Nicht von ungefähr kreuzen die Westfalen besonders heiße Sommertage als Naturereignis im Kalender rot an! Gänzlich anders liegen die Verhältnisse im Süden: Für die Feuchtwiesen im württembergischen Alpenvorland sind jährlich 1000-1800 mm Niederschläge bei gleichzeitig recht kalten und schneereichen Wintermonaten völlig normal. Wiederum anders fallen die Bedingungen für die Feuchtwiesen am Bodensee aus: Hier fallen nur etwa 800 mm Niederschlag im Jahr bei einer sehr milden Jahresdurchschnittstemperatur von etwa 15°C. Wie das Feuchtgrünland sich entwickelt, welche Pflanzen und Tiere es besiedeln und welche Funktionen es

im Landschaftshaushalt erfüllt, ist aber nicht nur eine Frage der geographischen Lage und der Klimadaten - viel entscheidender ist der Bewirtschaftungsrhythmus! Ob die Feuchtflächen gedüngt werden oder ungedüngt bleiben, ob sie als Streuwiesen nur einmal oder höchstens zweimal im Jahr gemäht oder vom Vieh beweidet werden, bleibt natürlich nicht ohne Einfluß auf Flora und Fauna. Von ökologisch besonders hohem Wert sind die ungedüngten und nur einmal im Spätsommer gemähten (einschürigen) Wiesen. Bei dieser früher allenthalben üblichen Extensivbewirtschaftung konnte sich ein beachtlicher Artenreichtum einfinden. Feuchtwiesen mit über 100 verschiedenen Blütenpflanzenarten sind da durchaus keine Seltenheit. Insgesamt kommen im Feuchtgrünland etwa 350 verschiedene Pflanzenarten vor. Den immensen Wert solcher Flächen verdeutlicht aber erst recht die Feuchtwiesen-Fauna: Etwa 3 500 verschiedene Arten sind nachgewiesen - rund 1500 von ihnen verbringen ihre gesamte Lebensspanne in der Feuchtwiese. Der Rest entfällt auf Gäste aus anderen Ökosystemen, die hier nur ihre Jugendentwicklung durchlaufen, saisonal auftreten oder zur Nahrungssuche kommen. Das Feuchtgrünland ist heute durchaus keine ungetrübte Öko-Idylle mehr, denn vielerlei Eingriffe haben auch diesen Lebensraum weithin gewandelt. Mit der Lebensraumzerstörung verschwindet aber zwangsläufig auch ein Großteil seiner typischen Bewohner. Schon so geringfügig erscheinende Veränderungen wie die Verlegung der Mähtermine können zu einschneidenden Konse-

Jeden Herbst fliegen einige Zehntausend Kurzschnabelgänse (Anser brachyrhynchus) von Island, Grönland und Spitzbergen zu ihren traditionellen Überwinterungsplätzen auf Feuchtwiesen entlang der Nordseeküste, im Emsland und am Niederrhein. Hier äsen sie von November bis Mai, dann geht der Wildgänsezug wieder zurück in die nordischen Brutgebiete.

Ende März erwachen die Moorfrösche (Rana arvalis) aus ihrer winterlichen Ruhe im tiefen Schlamm. Am Rande eines Entwässerungsgrabens versammeln sich Männchen und Weibchen zum nächtlichen Laichgeschäft. Wochen später wird aus den wabbeligen Laichballen tausendfaches Gewimmel schlüpfen. So mancher Graben ist dann schwarz von Kaulquappen.

quenzen führen. Eine Feldstudie an Schmetterlingen im württembergischen Alpenvorland belegt es in aller Deutlichkeit: Wurden die Feuchtwiesen nicht, wie eigentlich seit Jahrhunderten üblich, einmal im Herbst, sondern schon vor dem September gemäht, konnten sich die Falterpopulationen nicht mehr halten oder aufbauen. Statt 11 Schmetterlingsarten auf spätgemähten Streuwiesen fanden sich auf den zu früh geschnittenen Flächen nur noch 3 Arten! Ungünstig wirkt sich auch die völlige Nutzungsaufgabe aus. Auf brachgefallenen Streuwiesen sank die Anzahl von 11 auf nur 8 Arten.
Doch weitaus verheerender als die Vorverlegung der Mähtermine wirken sich Großraumentwässerungen (Meliorationen), starke Düngung oder gar das Umbrechen des Grünlandes in Ackerfluren für den Maisanbau aus. Diese landwirtschaftlichen Eingriffe führten zu katastrophalen Artensterben! Orchideen wie das Breitblättrige Knabenkraut oder die Echte Sumpfwurz wird man kaum noch finden. Kennarten der Feuchtwiesen wie Schachblume, Trollblume oder Sibirische Schwertlilie sind heute im Bestand hochgradig gefährdet. Einer solchen nachhaltigen Pflanzenausrottung folgt natürlich das Aussterben der von ihnen abhängigen Tiere. Wenn etwa der feuchteliebende Wiesenstorchschnabel flächig verschwindet, verliert die Raupe des Schwarzbraunen Bläulings ihre Futterpflanze. Diese Bläulingsart ist nur einer von 21 Faltern, die in der BRD allein durch Entwässerungsprojekte an den Rand des Aussterbens gebracht wurden und deshalb in der »Roten Liste« stehen.
Nehmen wir als weitere (augenfällige) Beispiele für den enormen Artenschwund die auf großräumige, aber kurzrasige Feuchtflächen angewiesenen Vogelarten, die für solche Lebensräume so typischen Wiesenbrüter. Auch hier fällt die Bilanz wenig erfreulich aus. Praktisch alle europäischen Bestände von Kampfläufer, Rotschenkel, Brachvogel, Uferschnepfe oder Bekassine erlitten in den zurückliegenden drei Jahrzehnten allein aufgrund intensiver Bewirtschaftungsmethoden katastrophale Einbrüche. Nur die Kiebitze scheinen bisher vom Landschaftswandel noch nicht so stark betroffen zu sein - vielleicht, weil sie auf Ersatzflächen ausweichen konnten.

Uferschnepfen (Limosa limosa) weisen - wie andere Wat- und Weidevögel - spezielle Anpassungen an feuchte Lebensräume auf: Der extralange Stocherschnabel ist ein optimales Werkzeug für die Futtersuche im weichen Wiesenboden oder im schlammigen Küstenwatt. Dank der langen Stelzbeine behalten die Vögel auch in höherem Gras den Überblick und behalten beim Waten in Flachwassertümpeln einen trockenen Bauch.

KUNSTFLUG FÜR DIE LIEBE

In den ersten Strahlen der aufgehenden Märzsonne führen die Kiebitzmännchen ein seltsames Flugschauspiel auf: Mit einem kräftigen Sprung hebt sich der Vogel in die Luft, zieht die abgerundeten Schwingen zeitlupenartig nach unten und hält sich dabei ziemlich dicht über dem Boden. Das Abwärtsgeräusch der Schwingen ist als leises Rauschen oder »Wuchteln« deutlich zu hören. Aus dem bodennahen Flug steigt der Vogel mit einem langgezogenen »chächuit« plötzlich steil auf, schließt einen kurzen Höhenflug mit leicht angewinkelten Flügeln und begleitet von scharfen »wittwitts« an, steigt nochmals kurz hoch und läßt sich dann kopfüber nach unten fallen. Knapp vor dem Aufprall fängt das Männchen den Sturzflug ab, wirft sich elegant auf die Seite und führt mitunter auch regelrechte Rollen um die Längsachse aus. Bei diesem ständigen Herumwerfen von der einen auf die andere Körperseite präsentiert das Kiebitzmännchen abwechselnd seine hellen und dunklen Körperpartien.
Mit diesem kraftvollen Ausdrucksflug, einem optisch und akustisch beeindruckenden Spektakel, sichern sich die Kiebitzmännchen ein Brutrevier und gehen gleichzeitig auf Brautwerbung. Die Flugspiele sollen Rivalen irritieren und Weibchen aufmerksam machen.

FRÜHLINGSZEIT IST PAARUNGSZEIT

Nicht nur der schwarzweiße Kunstflieger mit dem metallischgrünen Schimmer im Gefieder bereitet mit seiner Balz das Brutgeschäft vor - auch die anderen Feuchtweidevögel sind in Balzstimmung. Da setzen sich die Uferschnepfenmänner ganz demonstrativ auf Zaunpfähle und lassen ihren charakteristischen Ruf

In Naßwiesen oder auch Niedermooren kommt sehr selten das Übersehene Knabenkraut (Dactylorhiza praetermissa) vor - eine Pflanze, die im Niederrheingebiet die Südostgrenze ihrer Verbreitung in Europa erreicht. Bis zu 60 Blüten trägt der große, ansehnliche Blütenstand. Die Pflanze ist bei uns vom Aussterben bedroht - ein Grund mehr, Feuchtgrünland zu erhalten.

Die Sumpfdotterblume (Caltha palustris) ist eine der Charakterarten sehr nasser Wirtschafts- oder Seggenwiesen. Zur Blütezeit im April bilden die zahlreichen goldgelben Blüten einen lebhaften Kontrast zum glänzend dunkelgrünen Blattwerk. Das großflächige Vorkommen auf unserem Bild liegt in einem der Hamburger Naturschutzgebiete im Elbe- Urstromtal.

vernehmen; Kampfläufer versammeln sich in Trupps auf ihren Turnierplätzen zur Gruppenbalz, einem außerordentlich komplizierten Schauspiel, das heftige Kampfszenen ebenso einschließt wie spielerische, nur auf Schaueffekte abgestellte Auseinandersetzungen. Nur dominante Territorialmännchen verteidigen eine feste Balzarena - man erkennt sie an ihren auffälligen rotbraunen oder schwarzvioletten Halskrausen. Schwächere Männchen nehmen am Turnier nicht teil. Mit ihrem eher unscheinbaren Halsgefieder, das dem Schlichtkleid der Weibchen ähnelt, lenken sie sogar von ihrem eigentlichen Geschlecht ab - so werden sie von den kampflustigen Platzhaltern durchaus geduldet. Dem einen oder anderen dieser »getarnten« Männchen gelingt im unbeobachteten Augenblick aber dennoch die Verpaarung.

HOCH GEHT ES BEI DEN HASEN HER

Der März bringt auch die Feldhasen in Stimmung: Ein halbes Dutzend Hasen stürmt über die Weide - allen voran eine Häsin, hinterdrein eine Schar Rammler. Ab und zu hält die wilde Jagd inne. Die Rammler gehen aufeinander los, richten sich auf und bearbeiten sich mit den Vorderläufen, daß (fast) die Fetzen fliegen. Mehrfach kommt es zwischen den Rivalen zu solchen Handgreiflichkeiten, bis sich schließlich ein Hasenpaar zur Hochzeit zurückzieht. Nach rund 6 Wochen Tragzeit setzt die Häsin in einer geschützten Mulde ihre 1-3 Jungen.

In den Wassergräben nebenan hat sich zu dieser Zeit ebenfalls neues Leben entwickelt: Aus den anfangs so eigenartig gallertigen Laichballen der Grasfrösche ist inzwischen ein quirliges Gewimmel geworden. Überall schlängeln sich Schwärme schwarzer Kaulquappen - jede nur so groß wie ein kleiner Fingernagel - durch das Pflanzengewirr der verkrauteten Gräben. Nach der Umwandlung zum fertigen Frosch werden viele von ihnen vielleicht einmal Graureiher, Weißstorch oder auch Ringelnatter ernähren.

Zu den charakteristischen, gleichzeitig aber auch am stärksten vom Aussterben bedrohten Vogelarten im Lebensraum Feuchtwiese gehört ein hochspezialisierter Greifvogel, die Wiesenweihe. Als bodenbrütende Art baut sie ihr Nest auf trockenem oder auch feuchtem Grund zwischen hochwüchsigen Pflanzen des Grünlandes, aber auch in Bachröhrichten oder Verlandungszonen von Seen. Heidegebiete und Moore werden gleichfalls als Brutbiotope angenommen. Auf bewirtschaftetem Wiesengelände sind die Bruterfolge erwartungsgemäß nur sehr gering. Tatsächlich gibt es von diesem Greifvogel, der mit gaukelndem Suchflug dicht über dem Boden Jagd auf Kleinsäuger und Reptilien macht, in Deutschland nur noch wenige Brutpaare!

BEDROHTE SCHÖNHEIT - WIESEN-ORCHIDEEN

Feucht- oder Streuwiesen sind bei extensiver Bewirtschaftung außerordentlich blumenreiche Pflanzengesellschaften. Auch Orchideen gehörten ursprünglich zu ihrem festen Artenbestand, selbst im atlantisch geprägten Nord- und Nordwestdeutschland. Zu ihnen gehört das stattliche Sumpfknabenkraut, eine bis etwa 60 cm hohe Pflanze, deren Blätter im Gegensatz zu den verwandten Arten keine Bodenrosette bilden, sondern frei über den Stengel verteilt sind. In Niedersachsen wird man die schmucke Feuchtwiesen-Orchidee mit den großen, violettrosa bis dunkelrot gefärbten Blüten wohl nicht mehr antreffen - sie gilt hier als ausgestorben! Vor einem ähnlichen Schicksal stehen die übrigen in Feuchtgebieten vorkommenden Orchideen-Arten wie die Echte Sumpfwurz, das Wanzen-Knabenkraut, die Drehwurz-Arten und etliche andere. Weltweit gehören die Orchideen zwar zu den artenreichsten Pflanzenfamilien (über 30 000 verschiedene Arten), in unseren Breiten jedoch zu den am stärksten gefährdeten Blütenpflanzen.

Wie ihre tropischen Verwandten weisen auch unsere einheimischen Orchideen einen recht bemerkenswer-

ten Blütenbau auf: Ihre Blüte besteht aus 6 Blütenblättern, 3 äußeren und 3 inneren. Das oberste der inneren Blütenblätter wird in Form und Farbe meist besonders ausgestaltet - es bildet die auffällige, den gesamten Blüteneindruck beherrschende Lippe. Während ihrer Entfaltung dreht sich die Orchideenblüte jedoch genau um 180°, so daß das nun zur Unterlippe umfunktionierte Blütenblatt anfliegenden Insekten als bequemer Landeplatz dienen kann. Sein rückwärtiger Teil ist zu einem langen Sporn ausgezogen - hier können die Blütengäste reichlich Nektar tanken. Dafür sollen sie umgekehrt die Bestäubung übernehmen. Orchideen streuen keine einzelnen Pollen aus, sondern kleben ihren Besuchern die gesamte, keulenförmige Pollenmasse an den Kopf. Wenn eine Hummel oder Biene hintereinander mehrere Blüten aufgesucht und etliche Pollenfrachten übernommen hat, kann es Probleme geben: Die Lage ihres Schwerpunktes stimmt nun nicht mehr, das Insekt fliegt nun leicht taumelnd.

Falls sich einmal keine Bestäuberinsekten einfinden sollten, etwa infolge längerer Schlechtwetterperioden, schreiten die Orchideen zur Selbsthilfe: Sie können sich nämlich auch selbst bestäuben und auf diese Weise die Samenproduktion sichern. Genetisch ist dies zwar nicht allzu vorteilhaft, aber als Notlösung auf jeden Fall wirksam.

Die Samen der Orchideen sind staubfein und auch nur so schwer wie ein größeres Staubkorn- Zehntausende gehen auf ein Gramm! Das erleichtert zugegebenermaßen den Lufttransport über weite Entfernungen, bringt aber andere Probleme mit sich: Orchideensamen, diese Superleichtgewichte, enthalten nicht das übliche Nährgewebe, das bei anderen Pflanzenarten den Samen mitgegeben wird. Das erschwert die Keimung, denn ohne jede Reserve in der Samenschale ist der Keimungsvorgang eine recht kritische Zeit. Orchideen benötigen daher anderweitige Start und Entwicklungshilfe. Sie verbünden sich dazu mit bestimmten Pilzen im Boden, bilden eine gemeinsame Mykorrhiza aus und lassen sich auf diese Weise die benötigten Nährstoffe anliefern. Während des ganzen Lebens bleibt die Orchidee auf ihre hilfreichen Wurzelpilze angewiesen. Die Orchideen-Mykorrhiza entwickelt sich im Wurzelinneren, nicht als außen anliegendes Fadengeflecht wie bei unseren Waldbäumen. Die lebensnotwendige Hilfe wird den Mykorrhiza-Pilzen mitunter schlecht gedankt: Pilzhyphen, die sich zu weit in das Wurzelinnere einer Orchidee vorgewagt haben, werden aufgelöst und verdaut!

Manche Feuchtwiesen-Orchideen, z.B. das Gefleckte oder das Breitblättrige Knabenkraut, zeigen eine eigenartige braunrote bis purpurrote Blattfleckung. Sie wird durch Anthocyane hervorgerufen - Farbstoffe, die im Pflanzenreich auch in Blüten und Früchten weitverbreitet sind. Die Flecken werden als Wärmefalle gedeutet: Die dunklen Farbtupfer auf dem Blattwerk speichern wie ein Sonnenkollektor jeden Wärmestrahl. Dadurch erhöhen sich die Temperaturen im Blattinneren, und der Stoffumsatz kann viel eher beginnen, als es nach der Außentemperatur möglich wäre. Die Pflanze erhält dadurch an ihrem feuchtkalten Standort einen Produktionsvorteil, den die einheitlich grüne Konkurrenz nicht aufzuweisen hat. Andererseits können die Orchideen es sich ohne weiteres leisten, ihren Stoffwechsel über längere Zeiten einfach untertourig zu betreiben, denn im Boden sind ja nach wie vor und ohne Pause die Wurzelpilze aktiv, die die Nährstoffbilanz ebenfalls aufbessern.

Orchideen sind ungemein interessante und in ihrer komplizierten Biologie geradezu faszinierende Blütenpflanzen. Wir pflücken sie daher auch nicht, sondern lassen sie dort, wo sie wachsen - in Feuchtwiesen zum Beispiel!

IN FEUCHTWIESEN NACHGEWIESEN:

Pflanzenarten	**über 350**
Tierarten	**über 3500**
Säugetiere	10
Vögel	78
Amphibien	9
Reptilien	5
Libellen	20
Heuschrecken	23
Bienen, Hummeln, Wespen	403
Käfer	490
Schmetterlinge	60
Fliegen	500
Wanzen	219
Spinnen	43
Schnecken	33

LEBEN WIE IM GARTEN EDEN

Der Frühling eilt mit Riesenschritten voran. Auf sämtlichen Felssimsen, Vorsprüngen und Ebenen grünt und blüht es. Die Luft ist erfüllt vom Summen und Brummen. Bienen und Hummeln umschwärmen die goldgelben Blütenköpfe des Huflattichs und die schneeweiße Pracht der Schlehen. Der Steinschmätzer macht reiche Beute. Schwalbenschwänze torkeln im Liebestaumel daher und Kreuzottermännchen ringen kämpfend um das Platzrecht. In einer Felsnische hat der selten gewordene Wanderfalke seinen Horst. Szenen wie aus dem Paradies.

STEINBRÜCHE

Lava in der Eifel, Basalt im Westerwald, Schiefer im Hunsrück, Granit im Harz, Plattenkalk in der Fränkischen Alb, Marmor in den Alpen - die Palette abbauwürdiger Gesteinsarten ist mindestens ebenso vielfältig wie die Landschaften, die sie aufbauen. Seit Jahrhunderten baut der Mensch hauptsächlich in den Mittelgebirgen und im Alpenraum die verschiedensten Gesteine ab. Löcher entstehen dabei in der Haut der Erde, Aufschlüsse und Steinbrüche. Ihre Größe schwankt zwischen wenigen 100 m^2 und mehr als 100 ha, je nachdem, ob ein Kleinunternehmer oder ein Großbetrieb am Werk waren. Gerade die flächengroßen Steinbrüche bieten nach der Stillegung oft ein imposantes Bild: Da ragen über 50 m hohe Steilwände auf, wie etwa in zwei aufgelassenen Kalksteinbrüchen von 10 bzw. 25 ha Flächengröße im Landkreis Hildesheim.
Mit der Zeit siedeln sich auf den Rohböden eines aufgelassenen Steinbruchs schüttere Grasfluren und Gebüsche an. Nur die steil abfallenden, glatten Abbauwände bleiben zunächst noch frei. Läßt man der Natur freien Lauf, können sich gerade die aufgelassenen Steinbrüche zu ausgesprochen wertvollen Lebensräumen entwickeln. In einigen Fällen wurden stillgelegte Steinbrüche aus Gründen des Arten- und Biotopschutzes sogar unter Naturschutz gestellt. Ein Beispiel von vielen ist der »Blaue Steinbruch«, ein Naturschutzgebiet im Alb-Donau-Kreis. Obwohl nur rund 200 m breit und knapp 250 m lang, bietet dieser aufgelassene Bruch seit seiner Stillegung um 1925 vielen vom Aussterben bedrohten Arten ein dringend benötigtes

Aufgelassene Steinbrüche mit ihren zahlreichen Kleinstrukturen entwickeln sich innerhalb weniger Jahre zu überaus interessanten Lebensräumen, die für viele Arten dringend benötigte Rückzugsquartiere darstellen. Diese Aufnahme stammt aus dem Hohen Venn bei Aachen.

1 Huflattich
2 Sandbiene
3 Wiesenhummel
4 Gebänderte Pillenkäfer
5 Rote Sechsaugenspinne
6 Kreuzottern beim Kommentkampf
7 Schwalbenschwänze
8 Wanderfalke
9 Steinschmätzer

Rückzugsquartier, darunter verschiedenen Orchideen-Arten, Lurchen und Vögeln. Auf seinen Halbtrockenrasen kommt z.B. die Mücken-Händelwurz zusammen mit der Fliegen-Ragwurz vor. Echte Sumpfwurz und Großes Zweiblatt bevorzugen dagegen benachbarte Rohböden aus kalkführendem Lehm. Im Steingrubensee laichen Kreuzkröte und Fadenmolch. In den Riedgraswiesen und Schilfgürteln am Ufer brüten Zwergtaucher und Reiherente. In 8 Steinbrüchen aus der Umgebung von Regensburg wurden 25 Brutvogelarten nachgewiesen. Diese hatten ihre Nester direkt in den Steilwänden angelegt (Dohle, Mauersegler, Hausrotschwanz) oder bevorzugten vegetationsarme Flächen (Bachstelze), einzelne Sträucher (Baumpieper, Goldammer) bzw. dichteres Gebüsch (Sumpfmeise, Fitis). Und in einem Steinbruch bei Hildesheim wurden zusammen 328 Schmetterlingsarten gezählt, davon 38 im Waldbereich, 69 im Gebüsch, 43 auf Halbtrockenrasen, 12 an Schuttpflanzen und 163 Arten in mehr als einem Biotoptyp.

Diese wenigen Beispiele sollen verdeutlichen, wie wertvoll stillgelegte Steinbrüche in ökologischer Hinsicht sein können. Hier bietet sich Abwechslung auf kleinstem Raum: Staunasse Flächen wechseln mit ständig überrieselten ab. Magere und knochentrockene Hänge, dazu auch offene oder bebuschte Stellen, schattige Winkel und voll besonnte Steine bilden ein lebhaftes Mosaik aus grundverschiedenen Kleinbiotopen. Hinzu kommen alle möglichen Größen von Gesteinstrümmern, vom fein zermahlenen Gesteinsschutt über lockeres Geröll bis zu grob zerkleinerten Felsbrocken. Und über allem ragen mehrere steile Felswände auf, die ihrerseits wieder in eine Vielzahl von Nischen, Simsen, Bändern, Galerien, Fugen und Vorsprüngen gegliedert sind.

Oft genügt schon ein haarfeiner Riß im Gestein, eine Fuge von nur einem Zehntel Millimeter oder dem Durchmesser eines menschlichen Haares und be-

Zwergkirschen (Prunus fruticosa) siedeln besonders gerne im sonnigen Gebüschsaum von Wegen oder Felskanten. Die ausgesprochen wärmeliebende, kontinental verbreitete Art erreicht im südwestlichen Rheinland die Westgrenze ihrer natürlichen Verbreitung und findet u.a. auch in aufgelassenen Steinbrüchen einen zusagenden Ersatzlebensraum.

Bei der Feldwespe (Polistes gallicus) gründen viele befruchtete Weibchen ein gemeinsames Nest, das nur aus einer Wabe mit wenigen Zellen besteht. Das stärkste Weibchen setzt sich als Königin durch und degradiert die anderen Wespen zu Arbeiterinnen. Die Nahrung der Feldwespen besteht aus kleineren Insekten, die - zerkaut und zu einer Kugel geformt - zum Nest transportiert werden.

stimmte Felsenpflanzen finden genügend Wurzelraum, können sich hier ansiedeln und ihre Wurzelorgane ausbilden.
Obwohl Festgesteine so gut wie überhaupt kein Wasser speichern, sind Felsstandorte nicht unbedingt wüstentrocken. Versickerndes Niederschlagswasser aus der Umgebung des Steinbruchs sammelt sich und tritt über Klüfte oder angeschnittene Gesteinsflächen in Menge aus. Das erklärt die so imposante Eiszapfenbildung in den winterlichen Steinbruchwänden. Außerdem kann auch die Bodenkrume, die sich in Spalten und Rissen sammelt, in gewissem Umfang Wasser aufnehmen und speichern. Grundsätzlich zeichnen sich viele Felssiedler durch ein besonders langes Wurzelwerk aus, um das knapp bemessene Wasser und die nicht allzu üppig anfallenden Nährstoffe optimal nutzen zu können. Die Rundblättrige Glockenblume kann in einer nur um 1 mm breiten Felsspalte Wurzeln wachsen lassen, deren größere Verzweigungen durchaus die Länge eines Menschenarmes erreichen. Sobald sich eine Pflanze einmal erfolgreich angesiedelt hat, sichert sie mit zusätzlichen Tricks ihren Standort: Stengel, grundständige Blätter und Wurzeln halten alle Krümel fest, die der Wind als Feinstaub milligrammweise auf die Simse trägt. Tote Insekten, abgestorbene Pflanzenteile und anderes organisches Material bleiben irgendwie hängen, vermodern und werden so zu Humus, der weiteren Pflanzenwuchs fördert.
Doch nicht nur im Hinblick auf die Wasserversorgung oder die unregelmäßige Nährstoffzufuhr ist der Felsstandort ein durchaus ungewöhnlicher, ja sogar extremer Biotop: Anstehender Fels leitet und speichert die Sonnenwärme wesentlich besser als Gesteinsschichten, die von Boden überdeckt sind. Besonders auf dunklem Gestein sind daher an Hochsommertagen enorme Temperaturen zu erwarten. Auf fast 70°C können sich grauschwarze Schieferplatten aufheizen! Umgekehrt sorgen an freien, ungeschützten Stellen auch Eis und Frost für Temperaturextreme. Da kommen leicht Temperaturschwankungen von fast 100°C im Verlauf eines Jahres zusammen - eine strenge Auslese, die gewiß nur besonders angepaßte Pflanzen überleben können!
Etwas günstiger als an der exponierten Steilwand sind die Wuchsbedingungen in geschützten Nischen, auf breiten Galerien oder anderen Stellen, wo schon allein größere Feinerdeansammlungen für bessere Wasserspeicherung und Temperaturausgleich sorgen.
Insgesamt besser sind die Lebensbedingungen natürlich auch auf den Halden, in denen sich das durch Frost (oder Dynamit) abgesprengte Gesteinsmaterial ansammelt. Oft finden sich hier alle Übergänge von tonnenschweren, übereinandergetürmten Felsbrocken über Grobgeröll mit größeren Zwischenräumen bis zum feinerdehaltigen Schutt. Ebenso wie in Sand-, Kies- und Tongruben finden sich in Steinbrüchen natürlich auch noch Haufen zusammengeschobenen Mutterbodens oder anderen Abraummaterials. Hier, über tieferem Grund, setzt gewöhnlich die Bestockung mit verschiedenen Pioniergehölzen ein.
Eine große Gefahr für aufgelassene Steinbrüche ist die

Häufig wird die Glatt- oder Schlingnatter (Coronella austriaca) mit der Kreuzotter verwechselt. Glattnattern haben jedoch eine runde Pupille, während die Pupille der Kreuzottern senkrecht steht. Der Lebensraum beider Arten ist ziemlich ähnlich: Offenes, sonniges Gelände mit vielen Versteckmöglichkeiten, darunter auch bewachsene Steinbruchhalden, werden bevorzugt.

Normalerweise blüht das Langhaarige Habichtskraut (Hieracium pilosella) zwischen Mai und August. An klimatisch günstigen Standorten können die schwefelgelben Blütenköpfe jedoch auch noch später im Jahr erscheinen. In der Wärme des Steinbruches kam diese Pflanze sogar Mitte November noch zur Blüte - und wurde dabei vom ersten Schnee überrascht.

Auf Geröllhalden unterhalb der Steilwände findet der Rote Fingerhut (Digitalis purpurea) auf kalkfreiem Gestein gute Wuchsbedingungen. Die leuchtenden Glockenblüten werden fast ausschließlich von Hummeln besucht.

Trockenwarme Felsgesimse werden mitunter von einer Flora eingenommen, in der die hübsche Pfingst-Nelke (Dianthus gratianopolitanus) bestandsbildend auftritt. Nur während der Blütezeit fällt die ausdauernde, oft in Rasen wachsende Pflanze besonders auf. Mit einer dicken Wachsschicht schützen sich die Blätter gegen Sonnenstrahlung und Wasserverlust.

legale oder illegale Verfüllung mit Bauschutt, Straßenaufbruch oder Wohlstandsmüll. Wenn die Behörden als Folgenutzung für einen Steinbruch Mülldeponien oder Verfüllen vorsehen, wird gewöhnlich ein geradezu unglaublicher Artenreichtum zerstört! Wäre beispielsweise der Basaltsteinbruch Kuckstein bei Bonn-Oberkassel 1982 wie geplant zugeschüttet worden, wäre ein Standort von 157 Pflanzenarten ausgelöscht worden. Weitere Gefahren drohen dem Lebensraum Steinbruch von der Landwirtschaft : Agrarchemikalien und Gifte werden über den Grundwasserstrom eingeschwemmt, oft genug werden Steinbruchseen als Angelgewässer, die Abbausohlen als Grillplätze mißbraucht. Klettersport und andere Freizeitaktivitäten entwerten den Lebensraum zusätzlich. Da verlieren streng geschützte Felsbrüter wie Wanderfalke oder Uhu ihren Brutplatz, Orchideen werden zertrampelt, Reptilien aus ihrem Lebensraum vertrieben.

MIT SPALTZUNGE UND GIFTZAHN

In vielen Steinbrüchen innerhalb ihres ehemaligen Verbreitungsgebietes haben Kreuzottern einen Ersatzlebensraum gefunden. Auf den verschiedenen Abbausohlen und an nicht zu steilen Hängen kann man sie in der warmen Jahreszeit antreffen. Sie lieben dichtbebuschte Orte, an denen sie sich ungestört ausruhen und aufhalten können, bevorzugen aber auch lichte und offene Bereiche, weil sie hier auf Eidechsenjagd gehen können. Besonders die ungefähr unterarmlangen, knapp zweijährigen Jungtiere stellen den Eidechsen nach, während ausgewachsene Kreuzottern vorwiegend Mäuse fressen. Bei der Jagd auf Eidechsen wenden die Kreuzottern eine spezielle Technik an, denn bei dieser Beute reicht es keinesfalls aus, einmal kräftig zuzuschnappen, die Füllung des Giftzahnes zu injizieren, das Opfer dann laufen zu lassen und seiner Spur Minuten später einfach nachzuzüngeln - auf diese Weise lassen sich nur Mäuse erbeuten. Bei der Eidechsenjagd müssen die Kreuzottern ihr Opfer nach dem Biß noch zusätzlich festhalten, denn bei den Eidechsen wirkt das Kreuzottergift nicht so gut wie bei Mäusen, außerdem hinterläßt eine entkommene Eidechse keine allzu deutliche Duftspur.

Giftdrüse und Giftzähne sind eine gefährliche Jagd- und Verteidigungswaffe, beim Rivalenstreit werden sie allerdings nicht eingesetzt. Statt dessen zeigen konkurrierende Kreuzottermännchen einen sehr eigenartigen Ringkampf, einen »Kommentkampf«, wie die Verhaltensforscher die Vergleichskämpfe rivalisierender Männchen nennen. Treffen im Frühjahr zwei frischgehäutete und paarungsbereite Männchen zufällig aufeinander, folgt eine in vielen Einzelheiten festgelegte Zeremonie, die durch die Anwesenheit eines paarungswilligen Weibchens noch enorm gesteigert werden kann: Zunächst bezüngeln sich die Rivalen eingehend - Kreuzottern sind wie alle Schlangen sehr kurzsichtig, dafür außerordentlich geruchs- und geschmacksempfindlich. Nach der Geruchskontrolle richtet der Angreifer seinen Vorderkörper auf und stößt in Richtung des Gegners. Dieser antwortet mit ruckartigen Vorstößen auf die Attacke. Bald wird dann der eigentliche Ringkampf eingeleitet: Beide Männchen verbiegen sich S-förmig, gleiten aneinander hoch und verhaken sich gegenseitig. Jeder versucht nun, den Gegner auf den Boden zu drücken. Über Stunden pendeln und schwingen die Rivalen hin und her. Schließlich wird die Entscheidung herbeigeführt: Mit einem gewaltigen Ruck schleudert das kräftigere Tier seinen Gegner zur Seite. Der Verlierer wird nur zum Schein ein kleines Stück weit verfolgt, bevor der Gewinner seine Aufmerksamkeit dem Weibchen zukommen läßt.

Häufiger als Kreuzottern sind auf den Geröllhalden und Schuttfluren der Steinbrüche die ungiftigen Schling- oder Glattnattern anzutreffen, die wegen der ähnlichen Fleckenzeichnung jedoch häufig mit Kreuzottern verwechselt werden; anhand der runden Pupille, dem kaum vom Rumpf abgesetzten Kopf und dem sehr schlanken Schwanz aber eindeutig zu unterschei-

den sind. Schlingnattern ernähren sich in der Hauptsache von Eidechsen, gewöhnlich Zauneidechsen. In Steinbrüchen finden diese einheimischen Reptilien geradezu optimale Lebensbedingungen: Hier gibt es genügend sonnige Bereiche mit vielerlei Insekten, daneben zahlreiche Verstecke in Hohlräumen der Gerölle und auch Gebüsche als Zufluchtsorte, Schlafplatz oder schattenspendende Unterkunft in der sommerlichen Mittagshitze.
Mauereidechsen sind in Steinbrüchen wesentlich seltener anzutreffen. Das mag erstaunen, wo doch dieser Lebensraumtyp auch für sie wie geschaffen erscheint. Hier müssen jedoch auch biogeographische Gegebenheiten berücksichtigt werden: Die Mauereidechse ist von Natur aus eigentlich ein Südländer, der bei uns in Mitteleuropa seine nördliche Verbreitungsgrenze erreicht. Nur in den Wärmegebieten (Weinbauregionen) und den dort vorhandenen Steinbrüchen ist daher mit Einzelvorkommen der Mauereidechse zu rechnen. Und noch eine Eigenart muß bedacht werden: Eidechsen sind ziemlich ortstreu, sehr große Distanzen zwischen potentiellen Lebensräumen können kaum überwunden werden. Besiedlungsfähig sind auch hier nur Biotope, die untereinander einen Verbund bilden.

HÄRTETEST FÜR SPROSS UND WURZEL

Nur vergleichsweise wenige Pflanzenarten können unter den Extrembedingungen einer steilen Abbauwand bestehen. Nährstoffarmut, Sonnenglut, Winterkälte, Windschur und periodische Wasserverknappung lassen keinen üppigen Wuchs zu, sondern zwingen eher zu bodenkriechenden, nicht selten sogar zwergenhaften Wuchsformen. Verhältnismäßig günstig nehmen sich dabei die nach allen Seiten abgerundeten oder abgeflachten Polster der Moose aus. Die extremen Steinbruchstandorte werden (ebenso wie die Mauerkronen und -fugen von Ruinen) vor allem von den Vertretern der Familien Drehzahnmoose und Kissenmoose erobert. Diese winzigen Pflänzchen vertragen tatsächlich Bedingungen, die jede andere Pflanze glatt umbringen würden. Nach längeren Sonnenscheinperioden sind sie staubtrocken, erwachen aber doch beim nächsten Regen wieder rasch zu neuer Lebenstätigkeit. Übertroffen werden sie darin eigentlich nur noch von den felsbewohnenden Flechten, jenen eigenartigen Doppelwesen aus Pilzen und Algen, die sich sogar auf sonnendurchglühten Felsflanken einfinden. Nur im feuchten Zustand sind Flechtenalge und Flechtenpilz stoffwechselaktiv. In der sommerlichen Mittagshitze verfallen sie dagegen in eine Art Trockenschlaf. Andererseits verbleiben ihnen bei dieser Anpassungsstrategie nur relativ kurze Phasen für die Stoffproduktion. Gesteinsbewohnende Krusten- oder Blattflechten bringen es daher im Jahr auch nur auf minimale Zuwachsleistungen im Millimeterbereich.
Flechten und Moose vollbringen wichtige Pionierleistungen. Ständig sammeln sie Feinstäube aus der Luft und lagern sie um sich herum ab. Durch Verwesung ihrer eigenen abgestorbenen Teile leiten sie die Bil-

Mit der ersten wärmenden Märzsonne kriechen Feuerwanzen (Pyrrhocoris apterus) aus ihrem Winterversteck hervor. Diese Wanzenart tritt immer in Gruppen auf. Im Steinbruch ernähren sich die Tiere von Pflanzensäften und toten Tieren.

Wie der Blick ins Innere einer stillgelegten Porphyrgrube bei Wonsheim im Rheinhessischen Hügelland zeigt, sind nicht alle Steinbrüche reine Trockenstandorte. In verdichteten Sohlen ohne Abflußmöglichkeit kann sich Wasser ansammeln und so zum reizvollen Nebeneinander von feuchten und trockenen Elementen führen.

dung von Humus ein, der sich in Nischen und Ecken ansammeln und dort als Wuchssubstrat für Blütenpflanzen dienen kann. Nicht zu vergessen ist auch, daß selbst so winzige Gebilde wie ein verfilzter Moosrasen oder ein streichholzschachtelgroßes Flechtenlager der Lebensraum für zahlreiche Kleinstorganismen, vor allem für Insekten und andere Gliedertiere, sind. Es ist kaum zu glauben, wie viele Winzlinge allein in einem einzigen Moospolster munter umherturnen!

Besondere Anpassungen an den Wärmestandort Steinbruch finden sich auch bei vielen Pflanzen. In Mengen und bestandsbildend vertreten sind hier beispielsweise verschiedene Vertreter der Dickblattgewächse, u.a. der Scharfe Mauerpfeffer oder die Weiße Fetthenne. Zur Blütezeit überziehen sie die Geröllfluren oder Gesimse eines Steinbruchs weithin mit leuchtendem Hellgelb oder reinem Weiß. Die besondere Gestaltung ihrer Blätter verrät sparsamen Umgang mit dem kostbaren Wasser: Statt flächiger Blattorgane besitzen sie nur kurze, dickliche Gebilde, die im Verhältnis zum Volumen eine sehr kleine Oberfläche aufweisen. Durch einen besonderen biochemischen Trick können sie an warmen oder heißen Sommertagen die Spaltöffnungen ihrer Blätter schließen, damit unnötige Wasserverluste vermeiden, aber dennoch Stoffgewinn durch Photosynthese erzielen. Außerdem speichern sie im Zellsaft verschiedene organische Verbindungen, die bei tiefen Temperaturen das gefährliche Durchfrieren der Zellen und Gewebe verhindern - gerade so wie das Frostschutzmittel im Kühlwasser. Eine etwas andere Taktik zeigt das Langhaarige Habichtskraut, ein sehr kennzeichnender Besiedler von Geröllfluren mit auffallenden, schwefelgelben Blütenköpfen. Die kleine Pflanze schützt sich mit einer Rosette bodenanliegender, dichtbehaarter Blätter vor den wetter- und klimabedingten Problemen ihres Standortes. Bei anderen Pflanzenarten kommen noch dicke Wachsschichten auf den Blattorganen oder die Fähigkeit zum Einrollen der Blattspreiten als spezielle Anpassungsvorteile hinzu. Gerade diese Eigenart ist bei verschiedenen Gräsern oder auch bei mehreren Kleinfarnen entwickelt. Pflanzen wie der Violette Schwingel oder der Nördliche Streifenfarn, der Einjährige Knäuel oder das Brillenschötchen, das Wimper-Perlgras oder das Steinkraut sind allesamt ökologische Spezialisten, die im Lebensraum Steinbruch zusagende Wuchsbedingungen vorfinden.

So verwundert es sicherlich nicht, daß gerade die aufgelassenen, ungestörten Steinbrüche sich zu ungemein blumigen Steingärten entwickeln können.

IN STEINBRÜCHEN NACHGEWIESEN:

Pflanzenarten	**über 350**
Tierarten	**über 450**
Säugetiere	12
Vögel	63
Amphibien	8
Reptilien	6
Schmetterlinge	360

WER ANDERN EINE GRUBE GRÄBT

Immer wieder ein Wunder ist die Geschwindigkeit mit der Mutter Natur von stillgelegten Sandgruben Besitz ergreift. Binnen Jahresfrist schießen gelbblütige Sumpfschwertlilien und Rohrkolben hervor.

Im Röhricht turnen Laubfrösche munter umher, immer auf Ausschau nach schlüpfenden Libellennymphen und eierlegenden Fliegen. Jagdspinnen machen sich inmitten der Wasservegetation zu schaffen. Zu Land bereichern Nachtviolen, Königskerzen, Purpurweiden und andere Pionierpflanzen das Bild. Die Grube lebt.

SAND- UND KIESGRUBEN

Wo einst die Meere das Land unter Wasser setzten, Gletscher ihre Schutt- und Geröllwälle vor sich herschoben und Flüsse ihr Transportgut talabwärts anhäuften, da lagern heute große Vorräte an Schottern, Kiesen und Sanden. Manche dieser Lockergesteinsvorkommen sind überraschend alt. Als sich vor rund 50 Millionen Jahren in der Hessischen Senke oder im Oberrheingraben Sande ablagerten, war die Weltherrschaft der Dinosaurier noch nicht allzulange zu Ende. Die meisten Kies- und Sandlagerstätten sind jedoch wesentlich jünger. Sie entstanden erst im Eiszeitalter (Würm-Weichsel-Kaltzeit), und sind daher zwischen einigen 100 000 oder etwa 10 000 Jahre alt.
Großflächige Sand- und Kiesvorkommen finden sich z.B. überall südlich der Donau - eine unmittelbare Folge der am nördlichen Alpenrand abgeschmolzenen Gletscher. Daneben bergen die großen Flußtäler von Rhein und Main, von Donau und Inn, von Weser und Elbe oder von Aare, Reuß und Rhone mächtige Ablagerungen.
In den riesigen Braunkohletagebauen der Niederrheinischen Bucht kann man einen unmittelbaren Eindruck von der Schichtmächtigkeit der Kies- und Sandserien gewinnen, die hier die Braunkohlenflöze überlagern. Auch in Schleswig-Holstein gibt es großflächige Vorkommen, was die geologische Karte ebenso ausweist wie die zahlreichen Kies- und Sandgruben. Nach wie vor besteht eine enorme Nachfrage nach den Rohstoffen Sand und Kies. Allein in der BRD werden jährlich rund 300 Millionen t verbraucht - das sind etwa 17 Millionen Güterwaggons, aneinandergereiht ein 1 700 km langer Güterzug oder die Strecke Hamburg - München und zurück! Entsprechend riesig ist natürlich auch der Flächenbedarf für Sand- und Kiesgruben. Bundesweit gehen jährlich zehntausende Hektar Land für den Abbau verloren.
Je nach Schichtmächtigkeit der Lagerstätte schaffen Planierraupen und Bagger beim Abbau Löcher von 10 - 30 m Tiefe unter Flur. Da Sand und Kies verhältnismäßig nährstoffarm sind, entstehen dabei Standorte, die in unserer sonst so überdüngten Kulturlandschaft eher eine Ausnahme darstellen.
Eines der ökologisch wichtigsten Merkmale solcher Lebensräume aus zweiter Hand ist ihre überraschende Vielgestaltigkeit. Gerade die kleineren, weniger intensiv und planmäßig abgebauten Sand- und Kiesvorkommen zeigen eine Oberflächenvielfalt und Standortfülle, wie man sie sonst wohl nicht so häufig antrifft!

Stellenweise wurde der Boden durch die schweren Fahrzeuge und Maschinen verdichtet, so daß sich in Senken und Mulden Wasser ansammeln kann. Oft wird der Kies auch von Tonschichten unterlagert, die als sichere Wassersperre wirken. So können sich überall am Boden einer Grube Kleingewässer bilden, von denen die kleineren und flacheren im Sommer allerdings periodisch austrocknen.
Rund um die Pfützen, Tümpel und Kleinweiher zeugen Bestände von Schilf, Rohrkolben und Wasserschwertlilie vom hohen Grundwasserstand im Boden. Bis an die Uferzonen grenzen offene, häufig ebenfalls sickerfeuchte Sand- und Kiesflächen, die nur eine schüttere Pflanzendecke tragen und stellenweise mit Purpurweidengebüsch durchsetzt sind. Sicher liegen auch irgendwo die beiseitegeräumten Holzreste, Baumstämme, Wurzelteller oder Stubben, die beim Abbau gestört haben. Und überall gibt es Wälle aus Mutterboden oder Halden aus Grobschotter und Blockwerk. Manche Kies- und Sandgruben sind mit hohen Steilwänden in die umgebende Landschaft ein-

Gewichtige Baumaschinen verdichten den Grubenboden während des Kies- oder Sandabbaus oft so stark, daß sich hier Regenwasser sammeln kann. Die entstehenden Flachwassertümpel besitzen den Wert einer feuchtigkeitsspendenden Oase in der Wüste.

1 Geburtshelferkröte
2 Hufeisen-Azurjungfer
3 Laubfrosch
4 Gerandete Jagdspinne
5 Sumpf-Schwertlilie
6 Chamäleon-Fliege
7 Uferschwalben

getieft, die sich durch Erosion stellenweise in Bewegung gesetzt haben und herunterbrechen. In anderen Fällen sind die Übergänge weniger schroff: Über sanft geneigte, mit Grasfluren oder Gebüschen bestandene Böschungen ist der Grubengrund zu erreichen. Jede Grube sieht irgendwie anders aus, aber allen gemeinsam ist die große Anzahl unterschiedlicher Kleinlebensräume, aus denen sie sich zusammensetzen.
In ökologischer Hinsicht sind Abgrabungsstellen unter anderem auch als Wärmeinseln interessant: Im Inneren ist es deutlich windstiller als im Umland, so daß es im Sommer leicht zum Wärmestau kommen kann. Zudem nimmt der Sandboden die Wärme auch recht gut auf, gibt sie aber auch ebenso rasch wieder ab. Im Winter können sich in der Grube dagegen Kaltluftseen ansammeln. Die jährliche Temperaturkurve einer Sandgrube fällt daher völlig anders aus als für ihre nähere Umgebung.
Nur die wenigsten Sand- und Kiesgruben bleiben nach ihrer Ausbeutung für die Natur erhalten. Wenn die Förderbänder stillstehen und die letzte Fuhre weggekarrt wurde, melden andere Nutzer ihre Ansprüche an: Viele Gruben werden dann einfach zugeschüttet, entweder mit Müll, Baustellenaushub oder anderem Abraum. Zuletzt breiten Planierraupen den aufgehäuften Mutterboden aus, und die ausgekieste Fläche ist landwirtschaftlich rekultiviert!
Doch auch offene Gruben werden vielfältig genutzt: Große Baggerseen sind beliebte Surf- und Badegewässer, kleinere Grubenweiher werden Angelclubs überlassen - für den Naturschutz sind sie gleichermaßen verloren!
Es wird künftig sehr darauf ankommen, aufgelassene Sand- und Kiesgruben zu Biotopen zu entwickeln. Das Ende des Abbaus ist jedoch nicht immer der Beginn von Renaturierung, gerade die mit Großgeräten betriebene Auskiesung hinterläßt eine monotone Wüste, in der sich durch spontane Ansiedlung nur mühsam ein wenig Abwechslung einstellt. Hier sorgt ein geeignetes »Biotopmanagement« für die richtige Starthilfe! Wichtig ist ja gerade die Verschiedenartigkeit der Kleinlebensräume. Also werden etwa Steilwände erhalten oder gar neugeschaffen, flache, buchtenreiche Tümpel ebenso angelegt wie Inseln, Hänge oder Bodenwellen, auf denen sich Gehölze ansiedeln können. Mancherorts wird auch ein Ringgraben sinnvoll sein: Er fängt den eingeschwemmten Dünger von den angrenzenden Acker- und Feldfluren ab. Ebenso nützlich ist ein Saum von Büschen und Bäumen um den Grubenrand, der Schadstoffeintrag ebenso eindämmen kann wie den Lärmpegel des Verkehrs. Wenn solche »Entwicklungshilfe« geleistet wurde, kann man eine Grube getrost sich selbst überlassen!

EIN KÖNIGREICH FÜR FROSCH UND KRÖTE

Wenn man im Frühjahr während der Dämmerung an einem Kiestümpel vorbeikommt, kann man sich in kurzer Zeit inmitten eines ohrenbetäubenden Konzerts befinden. Was vielleicht nur mit einem zaghaften »käk« begonnen hat und nun zu einem stimmgewaltigen Chor angeschwollen ist, sind die Lockrufe der Laubfrösche. Kilometerweit macht unser kleinster einheimischer Frosch vom Dämmerungsbeginn bis nach Mitternacht von sich hören!
Nur die Laubfroschmännchen rufen. Die ersten Proben beginnen bereits Ende März, die lautstärksten Chorkonzerte werden jedoch im Mai aufgeführt. Äußerer Anlaß ist die Froschhochzeit, denn die Quakgesänge

sollen laichbereite Weibchen herbeirufen. Die Brautwerbung ist nicht zu überhören, und so legen die Laubfroschweibchen in der Nacht walnußgroße Laichballen mit je etwa 150-300 Eiern ab. Der Laich wird mit den Hinterbeinen an Uferpflanzen befestigt, abgelaicht wird vorzugsweise im wadenhohen Flachwasser.
An den Laichplatz werden keine besonderen Ansprüche gestellt: Die Gewässer können groß oder klein, flach oder tiefer, offen oder bewachsen sein. Wichtig ist offenbar nur die sonnige Lage des Laichtümpels, denn sonnenerwärmtes Wasser verkürzt die Entwicklungszeit der Kaulquappen. Die kleinklimatischen Besonderheiten einer Sandgrube kommen diesem Erfordernis natürlich besonders entgegen!
Dichten Bewuchs nimmt unser einziger einheimischer Frosch, der hervorragend klettern kann, gerne an. Im Uferröhricht geht er mit Vorliebe auf die Jagd nach schlüpfenden Libellen oder anderen wasserlebenden Insekten. Wenn die Ufer dicht bewachsen sind, hält er sich praktisch den ganzen Sommer in Gewässernähe auf. Ist der Randbereich des Gewässers eher offen und lückig bestanden, wandert der Laubfrosch zur nächsten Hecke, zum unterholzreichen Waldrand oder einem vergleichbaren Gebüsch mit reichem Insektenleben.
Dichte Vegetation sichert nicht nur einen gedeckten Tisch, sondern auch das Überleben! Und da greift der Laubfrosch zu einem weiteren Trick: Mit veränderlichen Pigmentzellen in seiner Haut kann er sich seiner Umgebung farblich anpassen und somit perfekt tarnen. Wer nach dem klassischen Lehrbuchbild vorgeht und einen grasgrünen Laubfrosch sucht, wird vielleicht nur wenig Erfolg haben, denn grün ist der Kletterfrosch tatsächlich nur auf grünem Untergrund.

Nach der Paarung übernehmen die Männchen der Geburtshelferkröte (Alytes obstetricans) die Laichschnüre und schlingen sie um die Unterschenkel der Hinterbeine. Regelmäßig werden die Eier nun an Pfützen oder anderen Wasserstellen befeuchtet, bis die Kaulquappen schlüpfen. In den Eiern erkennt man bereits die sich entwickelnden Jungen.

Rauhhaarige Weidenröschen gehören ursprünglich zu den Begleitern im Kiesbett von Bächen und Flüssen. Heute haben die hübschen Pionierpflanzen mit den purpurroten Blüten in Kiesgruben eine zweite Heimat gefunden.

Die an ihrem spitzen Kopf gut erkennbare Schwebfliege (Rhingia campestris) entwickelt eine besondere Vorliebe für die Blüten von Schwertlilien. Gewöhnlich wird die Gelbe Sumpf-Schwertlilie (Iris pseudacorus) von Hummeln aufgesucht. Wenn sich das Griffelblatt über das äußere Blütenhüllblatt senkt, wird aus der Hummelblume jedoch eine Schwebfliegenblume mit sehr schmalem Zugang. Die Schwebfliege

kann hier einschlüpfen und die beiden Blütenblätter so auseinanderzwängen, daß die großen Staubbeutel frei werden. Jetzt kann das Insekt vom Pollenvorrat naschen (links). Im rechten Bild ist zu sehen, wie die Schwebfliege noch tiefer in die Blüte taucht, um an die Nektardrüsen zu gelangen.

Mindestens ebenso häufig sind Laubfrösche auch aschgrau, gelbbraun, bräunlich oder rötlich ausgefärbt, je nachdem, welche Farbstellung die Umgebung vorgibt. Für stachelbewehrtes Brombeergebüsch scheinen Laubfrösche eine besondere Vorliebe zu haben. Das setzt andererseits natürlich besonders vorsichtiges und geschicktes Klettern voraus - bei der zarten Haut!
Laubfrösche sind gewiß nicht die einzigen Amphibien, die in Kiesgrubengewässern ein zweites Zuhause gefunden haben. Für fast alle übrigen einheimischen Lurche bieten die Tümpel in Sand- und Kiesgruben eine neue Heimat.
Repräsentative Untersuchungen haben wiederholt ergeben, daß in den Kiesgrubengewässern sämtliche einheimischen Amphibien vertreten sein können. In ungestörten Tümpeln dieses Typs werden kaum weniger als 2 Arten vorkommen. Häufig genug sind es fast ein halbes Dutzend Arten. Keine Sand- oder Kiesgrube wird indessen in ihrem Artenbesatz einer zweiten völlig gleichen. Wenn in einem Gewässer Grünfrösche und Geburtshelferkröte vertreten sind, wird ein anderes vielleicht überwiegend von Gelbbauchunke und Kreuzkröte bewohnt. Artenvielfalt und Besiedlungsmuster hängen eben von der Vielfalt des Lebensraumangebotes ab, aber nicht alle ökologischen Ansprüche können in einer einzigen Grube realisiert werden. Die einzelne Kiesgrube ist somit höchstens der kleinste Teil des Ganzen, die ökologisch wirksame Menge kommt jedoch erst durch viele solcher Gruben zustande!
Wichtig ist, daß die Wohngebiete der Amphibien in der Kulturlandschaft nicht allzuweit voneinander entfernt sind, denn nur dann können sie auch von den verschiedenen Arten erfolgreich besiedelt werden. Für Teichmolche sollten die besiedelbaren Gewässer nicht weiter als etwa 300 m auseinanderliegen, für Erdkröten höchstens 3 km. Unterhalb dieser Entfernungen können die Teilpopulationen im Kontakt und im Austausch bleiben - ein auch genetisch sicherlich sehr wichtiger Gesichtspunkt.
Natürlich ist auch nicht jedes vom Menschen geschaffene Gewässer für alle Arten gleichermaßen als Laichplatz geeignet: Ältere, schon stärker verkrautete Baggerweiher werden besonders gerne von Grünfröschen, Erdkröten und Kammolchen bewohnt; neue, noch weitgehend offene Sand- und Kiesgrubengewässer werden dagegen von Geburtshelferkröte, Gelbbauchunke oder Kreuzkröte bevorzugt. Diese Tümpel müssen jedoch im Frühsommer mindestens 6 Wochen Wasser führen, da sich sonst die Kaulquappen nicht zum fertigen Lurch entwickeln können.

Auf Rohböden stellt sich nach kurzer Zeit in großen Mengen auch das Schmalblättrige Weidenröschen (Epilobium angustifolium) ein. Ursache für seine beachtlichen Ausbreitungserfolge sind die flugfähigen Samen, die als Segelflieger und Fallschirmspringer unterwegs sind. Die Samen liegen in einer Kapsel so verpackt, daß sie sich beim Start gegenseitig losreißen und in alle Winde verweht werden.

Leuchtendgrün zeigt sich die Oberseite des Feld- Sandlaufkäfers (Cicindela campestris), der Lebensräume mit zumindest stellenweise freiem Sandboden benötigt und daher gerne in Sandgruben auftritt. Die Weibchen legen ihre Eier direkt in den Sandboden ab. Die schlüpfenden Larven graben sich dann dort tiefe Wohnröhren, an deren Eingang sie auf Beute lauern. Sie überwintern ein oder mehrmals und verpuppen sich dann am Grunde ihrer Wohnröhre.

Sandwespen (Ammophila sabulosa) sind in fast jeder Sandgrube zu finden. Die Weibchen haben ein besonderes Brutpflegeverhalten: Sie graben Niströhren in den weichen Untergrund, füllen sie mit gelähmten Nachtfalterraupen, legen dann darauf ihre Eier ab und verschließen die Neströhren dann mit Steinchen und grobem Material. Zur Überprüfung der Eientwicklung wird die Röhre hin und wieder geöffnet. Wenn die Larve geschlüpft ist, wird auch - wenn nötig - wieder neues Futter in die Röhre eingetragen.

Wie die Sandwespen, so gehört auch der Bienenwolf (Philanthus triangulum) zu den hochspezialisierten Grabwespen - leider ist diese Art heute recht selten geworden. Einzig und allein Honigbienen werden als Beutetiere und Nahrung für die Brut gejagt und in die Nesthöhlen eingetragen. Die mächtigen Kieferzangen der Weibchen (siehe Foto) können die Beute mühelos zerkleinern. Der metertiefe Gang jedoch wird in sandigen Grubenwänden oder an Lößböschungen von Hohlwegen nur mit Hilfe der Beine ausgegraben - eine Schwerstarbeit für Wochen.

AN NEUEN UFERN

Manchmal wird der aufmerksame Besucher des Lebensraumes Sandgrube vielleicht von einem scharfen »tschrrp« überrascht: Dicht über der Oberfläche des Gewässers jagen Schwalben im rasanten Tiefgleitflug nach Insekten. Es sind jedoch nicht die bekannten Rauchschwalben mit ihren langen Gabelschwänzen und auch nicht die schwarzweißbefrackten Mehlschwalben, sondern ihre viel kleineren braunweißen Verwandten, die Uferschwalben. Uferschwalben sind in besonderem Maße auf ungestörte Kiesgruben angewiesen, denn in den Steilhängen finden sie die dringend benötigten Brutmöglichkeiten. Hier graben die Männchen armlange Röhren in das Lockermaterial, an deren Ende das Nest eingerichtet wird. Männchen und Weibchen brüten gemeinsam und teilen sich auch die Aufzucht der Jungen. Uferschwalben sind übrigens ausgesprochene Koloniebrüter: Unter günstigen Bedingungen können sich mehr als 100 Brutpaare zusammenfinden. Dabei sind Sand- und Kiesgruben eigentlich Ersatzbiotope für diese schneidigen Flieger, denen die natürlichen Brutplätze in der Kulturlandschaft weitgehend zerstört wurden. Wo gibt es noch unverbaute Bäche oder Flüsse, deren Uferanrisse auch die Ansiedlung einer Uferschwalbenkolonie ermöglichten? So verwundert es gewiß nicht, daß etwa in Nordrhein-Westfalen über 80% aller bekannten Vorkommen der Uferschwalbe in Sand- und Kiesgruben liegen. Ohne Baggerzahn und steile Abbauwände in Gruben wäre diese Vogelart bei uns schon längst ausgestorben!

PIONIERE AUF UNWIRTLICHEM BODEN

Zu Beginn des Sommers, wenn der Uferschwalbennachwuchs längst noch nicht flügge ist, machen sich andere Nachkommen von Kiesgrubenbewohnern bereits auf die Luftreise: Flockenweise segeln überall die weißen Bäusche von Pappeln und Weiden durch die Luft. Unsere Weidengewächse produzieren geradezu Unmengen an Samen: Jedes einzelne Gehölz schickt buchstäblich Millionen davon auf die Reise. Millionen werden auch von Luftströmungen in alle Winde verweht. Tausende erreichen vielleicht einen geeigneten neuen Standort, einige Hundert keimen auch tatsächlich aus, aber nur wenige Dutzend wachsen zu größeren Gehölzen heran. Unter günstigen Umständen werden auch davon vielleicht nur ein oder zwei Exemplare fortpflanzungsreif. Es ist nun einmal das Los aller Pionierpflanzen, daß nur eine Massenproduktion und -verbreitung von Samen letztlich ihre weitere Verbreitung sichern kann!
In der Sand- und Kiesgrube treffen die niedergehenden Flugsamen auf Rohboden, ein ökologisch recht unwirtliches Substrat. Aber gerade darin liegt die besondere Chance der Pionierpflanzen. Auf besserem Boden würden sie nämlich sehr bald von nachfolgenden Konkurrenten verdrängt. Pionierpflanzen wie Weiden, Pappeln und Birken wachsen zwar sehr schnell, ertragen aber überhaupt keine schattenbringende Konkurrenz. Und diese bleibt in der Sandgrube mit ihren oft heißen und auch regelmäßig trockenen Böden weitgehend aus. Die Erstbesiedler einer Sand- oder Kiesgrube bleiben daher lange Zeit unter sich - sogar so lange, daß das ungefähre Alter einer aufgelassenen Grube anhand der Bewuchsmerkmale kaum abzuschätzen ist. Eine Fläche, die in Wirklichkeit schon seit Jahren ungestört blieb, sieht manchmal so aus, als sei sie erst im vorigen Jahr von Pionierpflanzen erobert worden. Die Pionierzeit stabilisiert sich hier zum Dauerzustand.
Pionierpflanzen gibt es natürlich nicht nur unter den Gehölzen, sondern auch bei den krautigen Blütenpflanzen. Weitverbreitet ist beispielsweise die Gemeine Nachtkerze, die ursprünglich nur in Nordamerika beheimatet war. Als Neubürger konnte sie nur auf dem relativ konkurrenzschwachen Standort »Sandgrube« erfolgreich Fuß fassen. Ähnliches ist seit einigen Jahren auch beim Ungleichzähnigen Kreuzkraut zu beobachten, einem hübschen Korbblütengewächs, das gar aus Südafrika stammt und sich über ganz Europa ausbreitet. Sandmohn, Sandkraut und Steinklee, Hasenklee und Strahlenlose Kamille sind einige weitere, oft sogar bestandsbildende Arten, die mit ihrem reichen Blütenflor sehr wirksame Farbtupfer in den Lebensraum Sandgrube bringen. Damit sind jedoch gleichzeitig auch schon einige Pflanzenarten benannt, die nicht nur als Sandgrubenpioniere in Erscheinung treten, sondern auch in anderen Lebensgemeinschaften vertreten sind. Genauere Untersuchungen haben ergeben, daß rund 260 Arten in Sandgruben vorkommen, die gewöhnlich Bewohner von Magerrasen sind (etwa Wildes Löwenmaul, Wilde Möhre oder Kleines Habichtskraut). Andererseits sind aus den Kiesgrubengewässern und ihren Säumen fast 240 Pflanzenarten nachgewiesen worden, die auch sonst in Feuchtgebieten zu erwarten sind, u.a. Laichkräuter, Froschlöffel oder Blutweiderich. Und natürlich ist mit Hirtentäschelkraut, Echter Kamille oder Klatschmohn auch eine arten- und individuenreiche Gruppe der Ackerwildkräuter vertreten. Ein großer Teil dieser Artengruppen lebt durchaus in Existenznot und gilt nach den Festlegungen der »Roten Liste« als gefährdet.
Sand- und Kiesgruben, besonders aufgelassene und für die spontane Entwicklung vorgesehene Abgrabungen, sind ein besonders klarer Fall für den Arten- und Biotopschutz!

IN SAND- UND KIESGRUBEN NACHGEWIESEN:

Pflanzenarten	**über 2096**
Tierarten	**über 700**
Säugetiere	13
Vögel	166
Amphibien	11
Reptilien	4
Libellen	39
Heuschrecken	18
Bienen, Hummeln	91
Grabwespen	73
Käfer	171
Schmetterlinge	17
Köcherfliegen	8

ERBE DER EISZEIT

Ein Hochmoor beherbergt lauter Überlebenskünstler. Aufgrund des allgemeinen Nahrungsmangels dauert die Entwicklung einer Libellenlarve dreimal länger als normal, muß der Wasserschlauch winzige Insekten in Reusenfallen fangen und der fleischfressende Sonnentau die wenigen Moorfalter und Ameisen mit seinen tödlichen Schleimtröpfchen ins Verderben locken. Schuld an allem sind die vielen Torfmoose. Seit der letzten Eiszeit diktieren sie die harten Lebensbedingungen im Moor.

Das Biogenetische Reservat "Gildehauser Venn" im westlichen Emsland ist ein typisches Niedermoor. Kennzeichnende Pflanzengesellschaften wie der ausgeprägte Schwimmblattpflanzengürtel oder der Röhrichtsaum tragen zur Verlandung des Gewässers bei. Der Moorrandwald kann daher mit der Zeit immer weiter vorrücken. Unter Umständen kann sich ein solches Niedermoor zum Hochmoor fortentwickeln.

Aufschießende Birken und Heidekrautbüsche umgeben das Zentrum vieler bestehender Hochmoore, sind aber auch Anzeiger für ehemalige, bereits trockengelegte Moorflächen. Die Aufnahme zeigt den Rand des Amtsvenns imWestmünsterland.

M O O R E

Unsere Moore sind echte Kinder der Eiszeit. Als vor ungefähr 10 000 Jahren in Mitteleuropa die letzten Gletscher wegschmolzen, hinterließen die schwindenden Eismassen zahlreiche kleinere und größere Seen. Viele dieser Gewässer verlandeten allmählich, und über Verlandungsstadien konnten sich Moore entwikkeln. In manchen Gebieten ist die Verlandung wegen der Größe der eiszeitlichen Seebecken in den Anfängen steckengeblieben, z.B. bei den bayerischen Voralpenseen oder im Fall der Holsteinischen Seenplatte. In anderen Fällen ist vom ursprünglichen Gewässer überhaupt nichts mehr zu sehen. Ungefähr im siebenten vorchristlichen Jahrtausend setzte die Verlandung mit Moorbildung ein, zuvor reichten Wärme und Niederschlagsmengen für das Wachstum der Moorpflanzen kaum aus.

Blütenübersät - wie ein Meer aus Wattebäuschchen - erscheint dieses Moor im Juni. Tatsächlich ziehen aber die auffälligen Fruchtstände des Schmalblättrigen Wollgrases (Eriophorum angustifolium) die Blicke auf sich. Wollgrasblüten dagegen haben ein unscheinbares Aussehen und sind bereits im April zu finden.

1 Gemeiner Wasserschlauch
2 Furchenschwimmer
3 Moorfrosch, Moorfrosch-Kaulquappe
4 Hochmoor-Mosaikjungfer, Larve der Hochmoor-Mosaikjungfer
5 Hochmoorgelbling
6 Rundblättriger Sonnentau
7 Sumpfschrecke

Grundsätzlich unterscheidet man Hoch- und Niedermoore. Zu den Niedermooren gehören alle Moortypen, die vom Grund- oder Fließwasser versorgt werden. Meist sind ihre Standorte recht nährstoffreich, so daß sich auch ein entsprechend üppiges Pflanzenwachstum einstellen kann. Abgestorbene Pflanzenteile werden wegen des Sauerstoffmangels in den tieferen Wasserschichten nicht oder nur sehr unvollständig abgebaut - es entsteht Torf. Bei den Niedermooren bildet sich der Torf vor allem aus Schilf-, Seggen- und Erlen-

Gerade das Moor bietet dem Betrachter immer wieder faszinierende Augenblicke: Mit den ersten Sonnenstrahlen erwacht eine Libellengruppe aus der nächtlichen Kältestarre - Morgentau glitzert an den Körpern und Flügeln wie kostbare Diamanten.

Die Blutrote Heidelibelle (Sympetrum sanguineum) zählt zu den wenigen Hochmoorarten, die gegenwärtig noch nicht bedroht sind. Bei der Paarung ergreift das blutrot gefärbte Männchen das etwas unscheinbarer gefärbte Weibchen mit seinen zangenförmigen Hinterleibsanhängen am Kopf, beide bilden die sogenannte Paarungskette, aus der im Flug ein Paarungsrad wird, indem das Weibchen seinen Hinterleib soweit nach vorne und unten biegt, daß seine Geschlechtsöffnung das männliche Geschlechtsteil erreicht.

beständen. Ein Niedermoor ist der Geländeform vollkommen angepaßt, im Normalfall also völlig eben oder als Hangmoor mitunter auch stärker geneigt. Hangmoore leiten aber häufig schon zum Hochmoor über.

Beim Hochmoor hat sich die wachsende, lebende Mooroberfläche durch Torfanhäufung über das Grundwasserniveau angehoben und aufgewölbt. Der Moorrand überragt daher die ursprüngliche Oberfläche um mehrere Meter. Vom Grundwasser können die auf dem Hochmoor wachsenden Pflanzen nicht mehr versorgt werden. Sie können ihren Wasserbedarf daher nur aus den Niederschlägen decken. Hochmoore kann es daher nur in niederschlagsreichen Gebieten mit vergleichsweise kühlen Sommern geben.

In den norddeutschen Hochmoorgebieten fallen jährlich etwa 800 mm Niederschläge, in den Mittelgebirgshochmooren von Harz, Hohem Venn, Rhön oder Schwarzwald sind es bereits rund 1200 mm, und im Voralpenland kommen im Jahresdurchschnitt 1700 mm zusammen.

Reines Regenwasser ist ausgesprochen arm an Nährsalzen. Ein Hochmoor, das von der Grundwasserversorgung mit ihrer Nährstoffzufuhr abgeschnitten ist, kann daher nur ein ziemlich nährstoffarmer Standort sein. Hochmoorpflanzen können deshalb auch nicht so rasch und üppig wachsen wie die Besiedler eines Niedermoores. Daher übernehmen im Hochmoor vorzugsweise kleine und niedrigwüchsige Pflanzen die Torfbildung - Torfmoose vor allem und dazu auch die Wollgräser und Heidekrautgewächse.

Ein Hochmoor bildet im Jahr nur etwa 1mm Torf. Ein Torfpaket von 5 m Mächtigkeit benötigte zu seiner Entwicklung also rund 5000 Jahre!

Wie im Niedermoor ist auch im Hochmoor die Torfbildung nur eine Folge der schlechten Bodendurchlüftung. Sauerstoffabschluß schafft Bedingungen wie in einer Konservendose: Totes Pflanzenmaterial und andere Moorleichen bleiben darin über Jahrtausende erhalten.

Außer Nährstoffarmut und Sauerstoffmangel im Untergrund bestimmt noch ein dritter Ökofaktor die Verhältnisse in einem Hochmoor: die beträchtliche Versauerung des Moorwassers. Gewöhnlich bewegen sich die Säurewerte unter pH 4. Im Wurzacher Ried, einem bedeutenden oberschwäbischen Hochmoor, wurde sogar schon einmal der Säurewert pH 2,9 gemessen (Essig liegt bei pH 2). In dieser stark sauren Umgebung können die üblichen Feuchtgebietsbewohner nicht überleben.

Schließlich weicht ein Hochmoor auch noch in seinem Temperaturgang deutlich von seiner Umgebung ab. Der riesige Wasserspeicher Hochmoortorf wirkt wie ein Kühlschrank, der den Winter tatsächlich um Wochen verlängern kann. Wenn Anfang Mai ringsum die Birkenknospen schon längst aufgebrochen sind und der Zilpzalp sein monotones Lied anstimmt, liegt über dem Moor noch der Hauch des Spätwinters. Hier hält das Frühjahr nur sehr zögernd Einzug.

Hochmoore sind kleinklimatische Inseln in unserer Landschaft, in denen beinahe subarktische Verhältnisse anzutreffen sind. Auch auf kleinem Raum machen sich enorme Unterschiede bemerkbar. Überall im Hochmoor finden sich kleine, recht tiefe, mit braunem Wasser gefüllte Moortümpel, die Schlenken. Sogar im Sommer können sie sich während der Nacht mit einer zerbrechlichen Eisdecke überziehen. Mittags kann das Oberflächenwasser schon um 30°C wärmer sein, weil sich der durch Huminsäuren dunkel gefärbte Moortümpel in der Sonne rasch erwärmt. Eine Handspanne tiefer kann die Wassertemperatur indessen immer noch bei rund 10°C liegen. Kaum ein zweites Gewässer zeigt eine derart auffällige Temperaturschichtung. Mit solchen Bedingungen müssen die Pflanzen und Tiere der Schlenken jedoch leben können.

Aber auch von den Bewohnern der Bulte, der aus den Schlenken herausragenden Polster, werden beachtliche Anpassungsleistungen gefordert. Immerhin steigen auch hier die Temperaturen an einem Sommervormittag bis zu 20°C - innerhalb nur einer Stunde.

In Deutschland besaßen die heutigen Bundesländer Niedersachsen, Bremen und Schleswig-Holstein einst die meisten und größten Moore - rund 400 000 ha oder rund 10% der gesamten Landesfläche entfielen auf die Moore. In Süddeutschland lagen die Dinge im Grunde nicht anders: Rund 20 000 ha in Baden-Württemberg standen fast 60 000 ha Hochmoorflächen in Bayern gegenüber. Einzelne Moore erreichten dabei erstaunliche Abmessungen: Das Königsmoor in der Eider/Treene-Niederung war ursprünglich wohl 1500 ha groß. Von einigen Ausnahmen abgesehen (Wurzacher Ried, Murnauer Moos) waren die Moore im Alpenvorland und im Alpenraum selbst meist kleinflächiger als im Niederungsland. Auch in den Mittelgebirgen gab es immer nur kleinere Hochmoorflächen, einige nicht einmal so groß wie ein Fußballfeld.

Von den einst riesigen Moorflächen im norddeutschen Tiefland oder im Voralpenland sind heute nur noch Reste erhalten. Die rund 250000 ha Hochmoorflächen Niedersachsens waren bis 1967 bereits auf ein Zehntel der Ausgangsfläche geschrumpft. Um 1880 gab es in Schleswig-Holstein noch etwa 53000 ha Moorfläche, 100 Jahre später ebenfalls weniger als 10%, nämlich um 5000 ha. In Österreich waren Moore nie sehr verbreitet. Ganze 22000 ha oder gerade 0,25% der Landesfläche entfielen auf Nieder- und Hochmoorbildungen. Mit noch geringeren Flächenanteilen waren die Moore in der Schweiz vertreten, nämlich nur annähernd 1500 ha. Wäre dort nicht die fast 1000 ha große Moorlandschaft um Rothenturm per Volksentscheid vor dem Zugriff der Militärs gerettet worden (es sollte dort ein Truppenübungsplatz entstehen), wären tatsächlich nur knapp 500 ha Gesamtmoorfläche übriggeblieben.

Moore sind ein aussterbender Lebensraum, denn vielfach befinden sich nicht einmal die verbliebenen Reste im natürlichen Zustand. Torfabbau (sogar inmitten der Naturschutzgebiete wie im Venner Moor bei Osnabrück), Entwässerung für die Forst- und Landwirtschaft, Eintrag von Dünger und Ackergiften, Zerschneidung durch Straßen- und Wegebau, Schadstoffbelastung durch die Luft, Jagd und Freizeittourismus - dem Moor drohen zahlreiche Gefahren!

Deutlich zeigt das wiedervernässte Pietzmoor in der Lüneburger Heide den Wechsel von Bulten aus erhöhten Pflanzenhorsten und wassergefüllten Schlenken, in denen verschiedene Torfmoose wachsen. Die Gehölze, die sich bereits angesiedelt hatten, ertragen auf die Dauer den hohen Wasserstand eines Hochmoores nicht und sterben daher wieder ab.

Nicht nur in Bergregionen findet man Enziane: Der Lungen- Enzian (Gentiana pneumonanthe) ist ein sehr seltener Bewohner von Niedermooren und Moorwiesen. Früher wurde er sogar als Heilpflanze verwendet, obwohl er keine Wirkstoffe gegen Lungenerkrankungen enthält, wie sein Name vermuten läßt. Heute ist die Art im Bestand gefährdet.

Eine Gerandete Jagdspinne (Dolomedes fimbriatus) eilt über wassergetränktes Torfmoos. Sie ist nicht nur eine unserer schönsten, sondern auch eine unserer interessantesten Spinnen: Sie kann gewandt auf der Wasseroberfläche laufen und sogar unter Wasser tauchen, um hier Wasserinsekten zu erbeuten oder vor Freßfeinden zu fliehen. Leider ist diese Art heute auf Grund schwindender Lebensräume im Bestand gefährdet.

Diese Fliege war neugierig genug und ist an den Klebefallen des Langblättrigen Sonnentaus (Drosera longifolia) hängengeblieben. Mehrere Drüsententakel haben sich bereits eingekrümmt, um ihre Verdauungssäfte auf die Beute einwirken zu lassen. Die verflüssigten Insektenteile bessern die Stickstoffbilanz des Sonnentaus erheblich auf.

OHNE MOOS NICHTS LOS

Ohne Torfmoose gäbe es weder Hochmoortorf noch Hochmoore. Die an sich so unscheinbaren Pflänzchen - rund 30 verschiedene Arten in Mitteleuropa - sind die wichtigsten Gestalter eines Hochmoores. Alle Torfmoose kommen in dichten, oft großflächigen Polstern vor. Jedes Pflänzchen besteht aus einem Stengel mit nur wenigen, meist an den Enden gedrängten Verzweigungen, eine Wurzel gibt es nicht. Während der Stengel am oberen Ende immer weiterwächst, stirbt er unten einfach ab.
Torfmoose bestimmen weitgehend die Farben eines Hochmoores. Oft schützen sich die Pflänzchen auf der schattenfreien Moorfläche mit besonderen lichtabsorbierenden Pigmenten und nehmen dann schöne Rot- oder Rotbrauntöne an. Andere Arten verzichten auch völlig auf eine besondere Schutzfärbung und bleiben daher hellgrün. Saftig dunkelgrün sind nur wenige Torfmoose oder auch nur dann, wenn sie tatsächlich einmal im Schatten des Moorrandwaldes wachsen.
Ganz enorm ist bei den Torfmoosen die Fähigkeit zur Wasserspeicherung ausgebildet: Bis zum 25fachen des eigenen Trockengewichtes können sie in besonderen Speicherzellen festhalten. Drückt man auf ein Bündel Torfmoos, so läuft das Wasser daraus ab wie aus einem nassen Schwamm.
Die Torfmoose speichern das Wasser nicht nur, sondern leiten es auch mit beachtlicher Geschwindigkeit nach oben. Durch die Moospflanzen, die in den Bulten die Schlenken überragen, fließt das Wasser mit einer Geschwindigkeit von 2 cm in der Minute oder rund 1 m in der Stunde. Diese Wassernachführung aus den tieferen Schichten zur Oberfläche vollzieht sich als rein physikalischer Vorgang nur aufgrund von Kapillarkräften.
Einige Torfmoose besitzen jedoch keine Wasserspeicherzellen. Solche Arten, beispielsweise das Spießtorfmoos, können daher nur im Wasser der Blänken und Schlenken leben. Auf die Torfmoose geht letztlich auch die erstaunliche Versauerung des Moorwassers zurück. Die Pflänzchen haben nämlich ein Verfahren entwickelt, das heute in jedem Chemielabor eingesetzt wird: den Ionenaustausch. Im Wasser sind mineralische Nährstoffe grundsätzlich als Ionen gelöst. Diese über die Niederschläge oder Stäube eingetragenen Stoffe, darunter auch Kalium und Calcium, werden von den Torfmoosen dem Schlenkenwassser gezielt entzogen: Für jedes eingefangene Metall-Ion geben sie ein Wasserstoff-Ion ab. Torfmoose sichern sich dadurch auf elegante Weise die ohnehin nur knapp bemessenen Nährstoffvorräte des Moorwassers und sind damit den übrigen Pflanzen des Standortes bei weitem überlegen. Auf der anderen Seite säuern die freigesetzten Wasserstoff-Ionen das Wasser immer mehr an.

NOT MACHT ERFINDERISCH

Fast alle Zwergsträucher, die auf den Hochmoorflächen oder zumindest an ihren Rändern bestandsbildend wachsen, gehören zur Familie der Heidekrautgewächse: Moosbeere, Moorbeere, Preiselbeere, Blaubeere, Rauschbeere, Rosmarinheide, Sumpfporst oder Glockenheide.
Alle diese Arten besitzen sehr kleine, zum Teil sogar immergrüne Blätter, deren Ränder nach unten eingerollt sind. Die Blattseite, auf der die wasserabgebenden Spaltöffnungen sitzen, werden also zusehends verkleinert und bei den meisten Arten auch noch durch eine Haarleiste abgedichtet, - Merkmale, wie man sie sonst nur bei den Bewohnern von Trockenstandorten findet. Äußerst interessant ist eine andere Besonderheit ver-

schiedener Moorpflanzen, nämlich die Zusatzversorgung durch Tierfang. Die Mineralstoffe, die die Torfmoose dem Wasser so wirksam entziehen, müssen sich andere Pflanzen anderweitig beschaffen.
Auf nacktem Moorboden oder manchmal auch mitten auf Torfmoospolstern leben z.B. Sonnentau-Arten, insektenfressende Pflanzen, die hochwirksame Klebefallen auslegen: Durch lange, purpurrote Drüsententakel der Blätter werden klebrige Tröpfchen ausgeschieden, die in der Sonne glitzern wie süßer Nektar. Kleine Schmetterlinge, Hautflügler, Fliegen und Ameisen, erliegen der Faszination dieser lockenden Tröpfchen und werden buchstäblich »geleimt«. Fast immer ist dieser Irrtum tödlich, denn durch Herumzappeln verklebt sich das kleine Opfer immer mehr. Die Sonnentaublätter rollen sich indessen langsam zusammen und beginnen mit der Verdauung ihrer Beute, aus der ihnen lebensnotwendige Mineralstoffe und vor allem eine ganze Reihe Stickstoffverbindungen zufließen.
Der Wasserschlauch, eine andere fleischfressende Pflanze, arbeitet unter Wasser mit raffiniert gebauten Saugfallen: Den eigentlichen Fangraum bildet ein bläschenförmiges Gebilde mit Klapptür und Reusenhaaren. Kleine Planktonorganismen wie Hüpferlinge oder Wasserflöhe werden durch die Klapptür regelrecht eingesaugt, falls sie sich zu sehr in ihre Nähe gewagt und die empfindlichen Reusenhaare berührt haben. Auch hier dient die Verdauung der tierischen Gewebe der Zusatzversorgung mit Mineralstoffen und Stickstoffverbindungen.
Die Moorflora ist zwar hochspezialisiert, aber dabei verhältnismäßig artenarm. Außer den Torfmoosen kommen noch etwa 30 andere Moosarten in Mooren vor. Das gleiche Bild bietet sich bei den Flechten: Die meisten moorbewohnenden Flechten, gewöhnlich nicht einmal zwei Dutzend Arten, gehören zudem zur Gattung *Cladonia*, den Becher- und Rentierflechten. Nur ausnahmsweise schmückt sich das Moor einmal mit einem auffälligen Blütenflor, etwa dort, wo Moorlilie oder Moltebeere vorkommen. Die hübschen, vor allem am Rand von Schlenken auftretenden Wattebäusche sind keine Blüten, sondern die reifen Fruchtstände der Wollgräser.
Auch die Moorfauna ist vergleichsweise artenarm. Viele Tiergrupen, beispielsweise die bodenbewohnenden Asseln, Würmer und Schnecken fehlen völlig, ebenso auch die Heuschrecken und Grillen. Hochmoortümpel sind auch kein rechter Lebensraum für Eintagsfliegen, Köcherfliegen oder viele andere Wasserinsekten. Nur etwa 80 pflanzenfressende Landinsekten sind durch Bindung an ihre Futterpflanze Bestandteil der Moore. Insgesamt dürften in diesem Lebensraum nur etwa 150 Arten spezialisierter wirbelloser Tiere vorkommen. Selbst unter den Wirbeltieren gibt es nur wenige ausgesprochene Moorbewohner. Die fast vollständige Zerstörung oder Beeinträchtigung unserer Moore hat auch diese Arten weitgehend verdrängt. So stehen Moorfrosch oder Bergeidechse ebenso auf der »Roten Liste« wie Kranich, Birkhuhn, Goldregenpfeifer, Bruchwasserläufer oder Sumpfohreule.

VOM MOOR ABHÄNGIG - DIE MOORLIBELLEN

Wenn das Moor stirbt, gehen auch die meisten seiner Bewohner zugrunde, denn sie können keine Ausweichbiotope besiedeln. Zwei an den Lebenraum Hochmoor gebundene Libellen-Arten zeigen dies deutlich, die Kleine Moosjungfer und die Hochmoor-Mosaikjungfer. Außer diesen beiden Arten leben noch 10 weitere Libellen-Arten in Hochmoorgebieten, und von diesem Dutzend Arten sind 11 in der BRD im Bestand gefährdet!
Hochmoor-Mosaikjungfern legen ihre Eier ausschließlich an Torfmoosrasen ab, möglichst nahe am Rand von Schlenken. Da die nährstoffarmen Moorschlenken jedoch nur wenig Beute ernähren können, muß sich die Libellenlarve auf eine Langzeitentwicklung einstellen: 4-5 Jahre dauert es bis zum fertigen, flugfähigen Insekt! Anfangs stehen im wesentlichen Wassermilben und Wasserflöhe, später Moorzuckmücken-Larven auf dem Speiseplan. Der Fang einer Kaulquappe des Moorfrosches ist da schon ein extrem seltenes Ereignis. Bis zu 12 Häutungen muß die Larve durchlaufen, ehe sie schlüpfreif ist.
Auch die Weibchen der Kleinen Moosjungfer legen ihre Eier ausschließlich an flutenden Torfmoosrasen ab. Mit sehr kennzeichnendem, fast ein wenig hüpfendem Flug streifen sie ihre Gelege an den Moospflänzchen der Schlenken ab. Die schlüpfenden Libellenlarven gehen im Gewirr der Torfmoospflanzen auf Beutefang und durchlaufen in den nächsten 2-3 Jahren fast 14 Häutungen.
Zum Schlüpfen steigen die schlüpfbereiten Libellenlarven ein paar Zentimeter aus dem Wasser aus und halten sich an einem Pflanzenstengel fest, während die Rückennaht aufplatzt und die fertige Libelle gleichsam aus der Haut fährt. Noch sind die Flügel weich und biegsam, sie müssen erst ein paar Stunden zum einsatzfähigen Flugorgan aushärten - eine kritische Phase im Leben der Libelle.
Gemessen an ihrem jahrelangen Larvendasein verbringen die Libellen nur relativ kurze Zeit als Vollinsekt, gewöhnlich nur 6-8 Wochen. Diese Zeit dient im wesentlichen der Geschlechtsreife, der Paarung und der Eiablage.
Und dann dauert es wieder einige Jahre, bis die Folgegeneration aus dem Wasser steigt.

IN MOOREN NACHGEWIESEN:

Pflanzenarten	**über 130**
Tierarten	**über 200**
Säugetiere	2
Vögel	17
Amphibien	1
Reptilien	3
Libellen	20
Käfer	30
Ameisen	2
Schmetterlinge	35
Zikaden	22
Wanzen	20

ALLERLEI AM WEG ICH FAND...

Schon vom Weg aus läßt sich eine Zwergstrauchheide mit ihren Wacholderbüschen erforschen. Zur Heidekrautblüte im Spätsommer ist jedes Pflänzlein in bezaubernde Rosarottöne getaucht. Tagsüber gehören Wildbienen zu den Blütengästen. Nachtschwärmer-Raupen fressen gut getarnt im Gebüsch, fallen aber dennoch Heidelerchen, Grabwespen und den hier seltenen Smaragdeidechsen zum Opfer. Stierkäfer stehen als Musterbeispiel für ökologisches Recycling, für sie ist Heidschnuckenkot ein unentbehrlicher Rohstoff zur Eiablage.

HEIDEGEBIETE

Unter dem Stichwort Heide fallen den meisten Menschen wohl Bilder aus der Lüneburger Heide ein: Rosarotblühende Heidekrautteppiche überziehen flächendeckend eine weithin baumfreie Landschaft, die Eintönigkeit wird allenfalls durch weidende Heidschnucken und Ausflügler belebt. Doch außer dieser für das nordwestdeutsche Tiefland so typischen Zwergstrauchheide gibt es noch eine ganze Reihe anderer Lebensgemeinschaften, die als Heide bezeichnet werden: Die durch Bewuchs festgelegten, zur Braundüne entwickelten Sandkörper im Küstensaum von Nord- und Ostsee überziehen sich ebenfalls mit dichten Zwergstrauchbeständen. In der Mittelgebirgsregion, auf Kalk ebenso wie auf saurem Gestein, breiten sich prächtige Wacholderheiden aus. Im Alpenraum gibt es die Sonderform der Waldheide, und selbst in

Die nur aus Besenheide (Calluna vulgaris) bestehende Zwergstrauchheide, wie sie früher so manches Kalenderblatt zierte, ist in der Lüneburger Heide weitgehende Vergangenheit. Rohhumusanhäufung unter den Zwergsträuchern fördert die Ansiedlung von Geschlängelter Schmiele (Deschampsia flexuosa) und somit die Vergrasung der Heide.

1 Heidekraut
2 Raupe der Heidekraut-Eule
3 Smaragdeidechse
4 Heide-Sandbienen
5 Heidelerche
6 Grabwespe
7 Stierkäfer
8 Wacholder

Die Raupe des Heidebürstenbinders (Orgyia erica) ist ein Musterbeispiel perfekter Tarnung. Aus einiger Distanz läßt sich das Tier kaum noch vom Gewirr trockener Äste und Blätter unterscheiden. Wie viele Schmetterlingsraupen der Heide frißt auch diese Art nur nachts - noch eine Strategie, um Freßfeinden zu entgehen.

Plaggenhieb, bei dem die oberste Schicht des Heidesandbodens mit dem Pflanzenwuchs entfernt wird, garantierte früher den Fortbestand der Zwergstrauchheide, die sich auf abgeplaggten Flächen rasch regenerierte. Heute wird durch flächiges Abschieben der Bodendecke versucht, die nötige Verjüngung der Zwergstrauchheide in Gang zu bringen. Unser Foto zeigt eine maschinell abgeplaggte Fläche.

der sogenannten Kampfzone der Gehölze zwischen alpinem Nadelwald und den blumigen Hochgebirgsmatten breiten sich Zwergstrauchformationen von Heidecharakter aus.

Nur wenige Heiden sind natürlichen Ursprungs - etwa die westeuropäischen Küstenheiden, an deren Standort die Windbelastung keinen Waldwuchs zuläßt. Die großen Heidegebiete des nordwestdeutschen Tieflandes oder auch der Mittelgebirgsregion sind dagegen erst durch menschliche Aktivität entstanden. Fast alle großen Heidegebiete außerhalb des unmittelbaren Küstenbereiches sind eigentlich ehemalige Moor- oder Waldstandorte. Die Moore wurden gerade in Norddeutschland großflächig trockengelegt, um Siedlungs- und Ackergebiete zu gewinnen - austrocknende Moore gehen jedoch unter anderem auch in Heiden über. Die Wälder wurden durch Holzeinschlag übernutzt oder so intensiv mit Schafen, Ziegen und Rindern beweidet, daß eine Naturverjüngung nicht mehr möglich war, die aufgelichteten Flächen entwickelten sich allmählich zu Zwergstrauchheiden. Auf solchen Standorten konnte sich auch der lichtbedürftige und völlig verbißfeste Wacholder enorm ausbreiten.

Der Beginn der Verheidung weiter Gebiete kann in das zweite vorchristliche Jahrtausend datiert werden. Die vollständige Abholzung der ursprünglichen Wälder erfolgte jedoch zumeist erst in nachmittelalterlicher Zeit. Zahlen aus dem 17. Jahrhundert belegen dies beispielsweise für den Raum Lüneburg.

Mit der Ausweitung der Heidegebiete entwickelte sich vielerorts sogar eine eigenständige Landnutzungsform, die Plaggen-Esch-Kultur, über die zum ersten Mal bereits im 14. Jahrhundert berichtet wird. Die Heidesträucher dienten dabei als Einstreu in den Viehställen, während der Heideboden als Dünger verwendet wurde. In Plaggen wurde er ungefähr dezimetertief abgehoben und anschließend, vermischt mit Schafmist, auf die Winterroggenfelder (Esch) verteilt. Diese Wirtschaftsform erforderte große Flächen. Im 18. Jahrhundert besaß ein mittelgroßer Bauernhof im Gebiet des Zwillbrocker Venns (westliches Münsterland) etwa 5 ha Esch. Jedes Jahr mußten dafür 5 ha Heidegrund abgeplaggt werden, und erst nach 7-30 Jahren konnte auf der gleichen Fläche ein zweiter Plaggenhieb erfolgen.

Die dazu nötigen riesigen Heidegebiete sind heute beinahe vollständig verschwunden. In Schleswig-Holstein sind von den um 1780 noch vorhandenen rund 258000 ha Heide heute nur noch knapp 500 ha geblieben. In Niedersachsen verringerte sich der Flächenanteil etwa in der gleichen Größenordnung, und selbst der Naturschutzpark Lüneburger Heide verlor seit dem 18. Jahrhundert mehr als 2/3 seiner heidekrautbestandenen Flächen. Sie umfaßt heute nur noch etwa 4800 ha, wovon allerdings (im Naturschutzgebiet!) ein großer Teil als Panzerübungsgelände ausgewiesen ist.

Ähnliche Entwicklungen zeigten sich auch in den Mittelgebirgen. Die heute in der Eifel noch vorhandenen Heideflächen, die noch im letzten Jahrhundert etwa 1/5 des Gebietes bedeckten, kann man an den Fingern einer Hand abzählen!

Die Ursachen für das Schwinden der Heideflächen sind vielschichtig: Von den seit 1960 allein im Regierungsbezirk Stuttgart verlorengegangenen 1770 ha Heideflächen fielen 830 ha durch Aufgabe der früheren Weidewirtschaft weg, 460 ha durch Aufforstungen mit Fichten und Kiefern, 310 ha durch Umwandlung in Intensivkulturen und 170 ha durch Flächenverbrauch für Straßen, Parkplätze, Modellflugplätze und andere touristische Installationen. Flächenwirksame Eingriffe sind natürlich auch Grundwasserabsenkungen infolge Trinkwasserentnahme. Über das Wasserwerk Nordheide z.B. entnimmt die Stadt Hamburg der Lüneburger Heide jährlich 25 Milliarden Liter Grundwasser.

Die Folgen für das Naturschutzgebiet sind verheerend: Kristallklare Bäche versiegen, Heidemoore trocknen aus, Heideweiher verschwinden und alte Eichenbestände sterben ab.

Mit der Heide verschwindet eine einzigartige Pflanzen- und Tierwelt. Dabei geraten nicht nur einzelne heidebewohnende Arten auf die »Rote Liste« und an den Rand der Ausrottung - vielmehr geht auch hier ein ganzes, komplexes Ökosystem verloren. Allein die Kleintierfauna der trockenen Heiden kann man auf etwa 2500 verschiedene Arten veranschlagen - überwiegend hochspezialisierte Insekten: Zahlreiche Wildbienen, Käfer und Schmetterlinge, dazu auch etliche Spinnen und andere Gliedertiere, leben nur im oder vom Heidekraut.

Die Wacholderheiden der Kalkgebiete sind darüber hinaus außerordentlich wertvolle Orchideenstandorte. Viele besondere Arten werden aussterben, wenn die Heideflächen aus unserer Kulturlandschaft eines Tages völlig verschwinden sollten. Arnika, Katzenpfötchen, Kolbenbärlapp, Heidelaufkäfer, Heidegrünwidderchen, Heidelerche, Raubwürger und Kreuzotter sind bereits jetzt in Deutschland, Österreich und der Schweiz bedrohte Arten. Ob sie wohl zu retten sind?

In dieser stark vergrasten Heide stellt der Gemeine Wacholder (Juniperus communis) - das einzige einheimische Zypressengewächs - eindrucksvolle Strauchgestalten. Wacholder ist völlig verbißfest und entwickelt ohne die erdrückende Konkurrenz durch andere Gehölze prächtige Bestände.

Töpferwespen (Eumenes papillarius) bauen kunstvolle kugelige Larvenkammern aus Lehm, die vom Weibchen mit durch einen Stich gelähmten Beuteinsekten bestückt werden. In der geöffneten Kammer rechts hat die Larve die Futtervorräte schon ganz aufgezehrt und sich bereits verpuppt.

MONOKULTUR UND DOCH NICHT MONOTON

Die Charakterpflanze der mitteleuropäischen Zwergstrauchheiden ist das Heidekraut. Früher wurde es von der ländlichen Bevölkerung zum Besenbinden verwendet, heißt deshalb auch Besenheide. Dieser selten mehr als einen halben Meter hoch werdende Zwergstrauch, fälschlich oft auch als Erika bezeichnet, bestimmt Aussehen, Entwicklungsabläufe und Lebensrhythmus auf trockeneren Standorten von der Ebene bis in Höhenlagen um 2000 m. Entwässerte Hochmoore, Magerrasen, lichte Eichen- und Kiefernbestände sind typische Standorte dieses Zwergstrauches. An sehr feuchten Stellen weicht das Heidekraut der Glockenheide. Im westlichen Europa mischen sich weitere Arten wie Graue Heide oder Wimperheide hinzu, an manchen Stellen der französischen Atlantikküste sogar meterhoch wachsende Arten, die sonst nur im Mittelmeergebiet zu Hause sind.

Wie kaum eine andere Pflanze ist Heidekraut bzw. Besenheide auf das Kleinklima und die Bodenverhältnisse eines Heidestandortes bestens abgestimmt: Der windoffene Standort auf saurem, nährstoffarmem, kaum wasserspeicherndem Magerboden scheint den Zwergstrauch so zu fördern, daß er sich gegen alle Konkurrenz durchsetzt. So entsteht der in der Natur durchaus seltene Fall einer Monokultur. Teppichartig dicht breitet sich die Pflanze daher an allen Stellen aus, die ihr zur Verfügung stehen, für artfremden Unterwuchs ist kein Raum! Nicht einmal Heidekrautkeimlinge haben hier eine Chance, denn der dem Boden anliegende Rohhumus - die kaum oder überhaupt nicht zersetzte Streuschicht vertrockneter Blätter und Zweigstückchen - ist kein allzu förderliches Milieu für Jungwuchs. In großen Heidekrautbeständen finden sich daher kaum einmal jüngere Pflanzen. Der gesamte Bestand ist nahezu altersgleich.

Dennoch kann sich auch die Zwergstrauchheide aus Besenheide verjüngen, denn die kleinen, dichtverzweigten und oft auch nur liegenden Sträucher werden ja allenfalls 25 Jahre (selten mehr) alt. Nach Erreichen des Höchstalters sterben mitunter ganze Bestände ab. Damit schaffen sie Raum für andere Besiedler, beispielsweise für Pilze und Strauchflechten, die sich über den aufgehäuften Rohhumus hermachen und ihn bis auf den Mineralboden abbauen. Fleckenweise folgen den Zersetzern bunte Blütenpflanzen: Blaue Bergjasionen, gelbe Doldenhabichtskräuter, Borstgras, Schafschwingel, Sandkraut und andere Magerrasenpflanzen. Doch auch dieser üppige Blütenflor ist nur eine Zwischenstation, denn mit der Verlichtung und dem Abbau der Rohhumusvorräte verbessern sich auch wieder die Keimungsbedingungen für die Heidekrautsamen. Bis zu 800 000 von ihnen liegen in jedem Quadratmeter Heideboden bereit. Sobald sie aufgewachsen sind, beherrscht das Heidekraut wieder das Bild des Standortes, und für Jahrzehnte werden die schwächeren Konkurrenten verdrängt. Die Landschaft wirkt jedoch nie eintönig, da auf einer größeren Fläche immer die verschiedensten Abbau- und Regenerationsprozesse nebeneinander ablaufen. Heide ist eben eine natürliche Monokultur, die auch durchaus Rhythmus und Abwechslung zuläßt.

NATURSCHÜTZER IM SCHAFSPELZ

Schafe können den natürlichen Lebenszyklus von Heideflächen tatsächlich um Jahrzehnte verlängern. Wenn eine Schafherde über die Heide getrieben wird, werden beim Abweiden auch die holzigen Teile der Zwergsträucher verbissen. Den Pflanzen schadet dieser Verlust nicht - im Gegenteil: Bald treiben überall neue Zweige aus. Der Weidebetrieb führt also zur Verjüngung der Sträucher, der Verbiß verhindert die sonst unausbleibliche Vergreisung. Gleichzeitig stellt sich ein recht wünschenswerter Nebeneffekt ein: Die Heidschnucken verbeißen sehr wirksam auch den aufkommenden Jungwuchs von Bäumen, vor allem von Birken, die sich durch Samenanflug sehr rasch an lückigen Stellen einfinden und die Besenheide überwuchern würden. Bäume sind die einzigen Konkurrenten, die eine Zwergstrauchheide nachhaltig verändern könnten.

Schafbeweidung ist daher eine sehr geeignete Methode, die alte bäuerliche Wirtschaftslandschaft Heide in ihrem Artenreichtum zu erhalten. Erwiesenermaßen bleiben bei extensiver Beweidung auch die Vorkommen seltener und daher besonders wertvoller Pflanzen langfristig erhalten. Auch die Gelege bodenbrütender Vögel haben bei dieser Art der Geländenutzung eine gute Chance. Die Wirkung der vierbeinigen Weidegänger wird so hoch eingeschätzt, daß sie auch außerhalb der Lüneburger Heide für Naturschutz und Landschaftspflege eingesetzt werden: Vor einiger Zeit wurde unter anderem auch für das Zwillbrocker Venn, einem bedeutenden nordrhein-westfälischen Naturschutzgebiet, eine Schnuckenherde »in Betrieb genommen«.

TAUSENDFACHES LEBEN IM VERBORGENEN

Obwohl die mitteleuropäischen Zwergstrauchheiden überwiegend nur aus einer aspektbildenden Pflanzenart - der Besenheide - bestehen, sind sie dennoch für eine Vielzahl von Tieren ein zusagender Lebensraum. Die etwa 2500 heidebewohnenden Kleintierarten unterstreichen den besonderen ökologischen Wert von Heideflächen - eine überraschend hohe Artenzahl übrigens, wenn man bedenkt, daß das ebenfalls relativ pflanzenartenarme Hochmoor nur etwa 200 verschiedene Arten aufweist.

Allein das Heidekraut selbst ist für rund 300 verschiedene Tierarten lebensnotwendig - Arten, die die hübschen rosaroten Glockenblüten besuchen, um am Nektar zu saugen oder Pollen einzusammeln; Arten, die sich von den immergrünen winzigen Blättern ernähren oder auch die reichverzweigten Wurzeln benagen. Das Heidekraut ist, so scheint es, in unseren mitteleuropäischen Breiten überhaupt eine der attraktivsten Futterpflanzen.

Eigenartig ist jedoch, daß der Wanderer in der Heide außer ein paar Vögeln fast keine Tiere sieht. Offenbar

verbirgt sich das tausendfache Leben vor dem neugierigen Blick. Es ist schon erstaunlich, wie die vielen Tierarten den etwas einförmig strukturierten Lebensraum unter sich aufgeteilt haben und es dabei zusätzlich durch Anpassungen in Färbung, Körperbau und Verhalten schaffen, kaum aufzufallen.
Viele Heideinsekten sind einfarbig braungrün, hellgelb oder weißlich gepunktet oder auch mit einer feinen Längsstreifung versehen, so daß sie mit ihrem Aufenthaltsort optisch nahezu verschmelzen.
Mit bloßem Auge ist die Raupe der Heidekrauteule kaum auszumachen, denn sie verharrt bei Beunruhigung völlig starr im Gezweig der Zwergsträucher. Ein Baumpieper, der die Strauchbestände absucht und auch vom Boden her abgeht, wird daher den größten Teil der Raupen übersehen. Auch die Falter sitzen völlig reglos im Zweigdickicht.
Der Heidespinner fliegt in rasantem Zickzackflug davon und entgeht auch damit mancherlei Nachstellungen. Bis zu 50 km/h kann er bei seiner Flucht erreichen und hält damit den Geschwindigkeitsrekord seines gesamten Verwandtschaftskreises.
Viele Heideschmetterlinge sind nachtaktiv und könnten somit allenfalls eine Beute der Fledermäuse werden. Aber auch dagegen haben manche Arten eine zuverlässige Abwehr entwickelt: Sie können die Peillaute der Fledermäuse mithören und lassen sich blitzschnell aus dem Schallkegel fallen.
Spezialisten gibt es nicht nur unter den Schmetterlingen, sondern auch bei den rund 100 verschiedenen Käferarten, die für unsere Heidegebiete nachgewiesen sind.
Da wäre etwa der marienkäfergroße, aber nur unscheinbar grau gefärbte Heideblattkäfer, ein Pflanzenfresser, der es nur auf die Blätter der Besenheide abgesehen hat und bei Massenauftreten sogar ganze Bestände kahl frißt. Solche Massenentwicklungen kommen allerdings nur epidemisch vor, ebenso wie beim knapp stecknadelkopfgroßen Heidespringrüßler.
Die große Artenfülle der heidebewohnenden Kleintierwelt bleibt dem Besucher und Wanderer u.a. auch deshalb verborgen, weil sich viele Arten nur während kurzer Phasen zeigen. Wildbienen z.B. treten schon allein deswegen kaum in Erscheinung, weil sie nahezu drei Viertel des Jahres als Larven, Puppen oder Vollinsekten im sicheren Sandbodennest auf die Blütezeit ihrer Trachtpflanzen warten. Das Doldenhabichtskraut steht kaum vor Juli in Blüte - entsprechend sind auch die daran gebundenen Heidehosenbienen vor dessen Blühtermin kaum zu sehen. Die Besenheide blüht erst gegen Ende Juli auf - erst jetzt werden die Heidesandbienen munter und zeigen sich auf ihrer Haupttrachtpflanze.
Außer der großen Zahl pflanzenfressender Insekten kommen in der Heide auch räuberisch lebende Arten vor: Heidegrabwespen haben es beispielsweise auf ganz bestimmte Fliegenarten abgesehen. Mit einem gezielten Stich lähmen sie ihre Beute und schleppen sie als Larvennahrung in ihre Bodennester. Die Große Stachelfliege parasitiert dagegen die Raupen des Kleinen Nachtpfauenauges und sorgt so für eine wirksame Bestandskontrolle.
Trauerwollschweber sind harmlose Blütenbesucher, die wie Kolibris vor einer Blüte auf der Stelle stehen und sogar rückwärts fliegen können. Feldheuschrekken sind häufig übersehene Vegetarier - dennoch sind diese beiden Arten durch eine kurios erscheinende Ernährungsbeziehung miteinander verbunden: Die Wollschweberlarven ernähren sich nämlich als Parasiten von den im Heidesand vergrabenen Heuschrekkeneiern.

Wie hier im Naturschutzgebiet Amtsvenn bei Vreden arbeiten Moorschnucken als natürliche Landschaftspfleger in Feuchtheiden. Durch den Schafverbiß wird die Ansiedlung junger Birken unterdrückt. Vergrasung von Heideflächen ist ein Anzeichen für ungenügenden Beweidungsdruck. Auf Trockenheiden nehmen die bekannteren Heidschnucken diese naturschützerischen Aufgaben wahr.

Der Brombeerzipfelfalter (Callophrys rubi) ist ein häufiger Gast auf Heideflächen. Anders als sein Name es vermuten läßt, frißt seine Raupe nicht nur auf Brombeeren, sondern auch auf Ginster-Arten, Faulbaum und Klee.

Der gut sperlingsgroße Brachpieper (Anthus campestris) ist erst durch die raumgreifenden Heidezerstörungen zum Aussterbekandidaten geworden. Als trockenheitsliebender Bodenbrüter ernährt er sich vor allem von Spinnen und Kleininsekten. Schon nach 2 Wochen Fütterung verlassen die Jungen das Nest.

WOHNGEBIET HEIDEKRAUT

Überaus faszinierend und aufschlußreich ist auch ein genauer Blick auf die Spinnenfauna der Heidegebiete, denn auch hier finden sich zahlreiche Arten mit besonderen Anpassungs- oder Leistungsmerkmalen. Im Heidekrautdschungel kommen etwa 140 verschiedene Arten vor.
Ein von so vielen Arten besetzter Lebensraum muß entsprechend aufgeteilt werden, und tatsächlich sind den verschiedenen Artengruppen einzelne Stockwerke im Zwergstrauchgebüsch vorbehalten:
Ganz unten, sozusagen im Souterrain des Heidebodens, haben die Wolfsspinnen Wohnung genommen. Die Bodenoberfläche ist dagegen eher eine Domäne der überraschend flinken Zwergspinnen. Die verschiedenen Etagen des Geästs und Gezweigs beanspruchen solche Spinnenarten, die auch sonst die Krautschichten offener Fluren bewohnen: Die Rotgestreifte Haubennetzspinne spannt zwischen den aufrechten Ästen und Trieben überall ihre nach oben gewölbten Fangnetze auf. Heidespringspinnen eilen emsig die Ästchen auf und ab, während die farbenfrohen Krabbenspinnen zwischen den Blütenständen des Heidekrautes Position beziehen und nur darauf warten, daß ein Besucher sie mit einer besonders attraktiven Blüte verwechselt - dieser Irrtum allerdings ist absolut tödlich! Heidekreuzspinnen, Baldachinspinnen und Trichternetzspinnen stellen an geschickt ausgesuchten Plätzen ihre filigranen Fangnetze auf. Wenn sich die Tröpfchen des Morgentaus an den Spinnfäden sammeln und sich die Strahlen der Morgensonne darin brechen, bietet die tausendfach verwobene Heide ein besonders zauberhaftes Bild. Mehr noch: Selten kann man einem Lebensraum auf den ersten Blick so ansehen, wie »vernetzt« er tatsächlich ist.

IN HEIDEGEBIETEN NACHGEWIESEN:

Pflanzenarten	**über 200**
Tierarten	**über 2500**
Säugetiere	4
Vögel	18
Reptilien	4
Heuschrecken	16
Spinnen	140
Zikaden	18
Wanzen	30
Käfer	100
Schnecken	35

NICHTSTUN TREIBT BLÜTEN

Wer eine Wiese wenig düngt, mäht oder beweidet, also fast nichts tut, tut Gutes. Der sommerliche Blüten- und Insektenreichtum besonders an mageren und trockenen Orten ist von traumhafter Vollkommenheit. Erdhummeln beehren himmelblaue Glockenblumen. Feuerfalter und Bienenameisen naschen von Schafgarbenpollen. Raubfliegen und sogar der Ortolan stellen den Insekten nach. Doch die meisten Wiesenbewohner sind wie die grasgrünen Plumpschrecken bestens getarnt oder wie Smaragdeidechsen geschickt genug, um sich Angriffen zu entziehen.

MAGER- UND TROCKENRASEN

Die meisten Magerrasen verbindet mit den Zwergstrauchheiden eine gemeinsame Entstehungsgeschichte, denn auch sie verdanken ihre Standorte und ihr Aussehen im wesentlichen einer unnachsichtigen Waldnutzung. So sind auch diese Lebensgemeinschaften eigentlich Zeugnisse eines jahrtausendelangen, bis zur Jungsteinzeit zurückreichenden Raubbaus an der Natur. Magerrasen entwickelten sich nicht nur auf Grenzstandorten, sondern sogar dort, wo überaus fruchtbare Böden einmal prächtige Waldbestände ernährten. Intensive Beweidung, Laubstreunutzung oder gar die Entnahme der obersten Bodenschichten führten zunehmend zu einer Verarmung an Nährstoffen, zur Ausmagerung.

Magerrasen sind recht verschiedenartig. Nach den Bodeneigenschaften lassen sich zwei standörtliche Hauptgruppen voneinander trennen: Einerseits die bodensauren Magerrasen, die auch als Silikat- und manchmal als Sandmagerrasen bezeichnet werden, auf der anderen Seite die vielgestaltigen Kalkmagerrasen.

Bodensaure Magerrasen haben sich über sauer verwitterndem Ausgangsgestein entwickelt. Man findet sie daher in Gebieten, deren Untergrund von Granit, Sandstein, Gneis, Schiefer, vulkanischen Tuffen und vergleichbarem Gestein aufgebaut wird. In diese

In basenreichen bis mäßig sauren Magerrasen des Hügel- und Berglandes kommt die Gewöhnliche Küchenschelle (Pulsatilla vulgaris) vor. Sie blüht meist schon im März und bestimmt somit den ersten Blühaspekt ihrer Standorte.

1 Erdhummel
2 Plumpschrecke
3 Rundblättrige Glockenblume
4 Trockenrasen-Raubfliege
5 Kleiner Feuerfalter
6 Segelfalter
7 Bienenameise

Gruppe gehören auch die Magerrasen auf reinen Sandböden, etwa die Pflanzengesellschaften der Küsten- oder Binnendünen.
Über Deutschland, Österreich und die Schweiz verteilen sich diese Magerrasen-Formen in zahlreichen isolierten Vorkommen. Oft bilden die großen Talsysteme gewisse Verbreitungsschwerpunkte, etwa die Talzüge von Rhein, Mosel, Nahe oder Ahr innerhalb des Rheinischen Schiefergebirges. Andererseits kommen sie auch auf den Mittelgebirgshöhen selbst vor, wie etwa auf der Langen Rhön, im Harz, in der Eifel, im Schwarzwald, im Sauerland oder auf der Schwäbischen Alb. Und natürlich sind diese Lebensgemeinschaften auch im Bereich der Urgesteinsalpen recht weitverbreitet.
Kalkmagerrasen sind dagegen an basisch reagierende Ausgangsgesteine wie Muschelkalk, Dolomit und Kalkschiefer, gelegentlich auch an Porphyr und Basalt gebunden. Sie kommen entsprechend in den großen Kalkmulden der Eifel, auf den Gipshügeln im Harzvorland, in der Frankenalb ebenso vor wie auf eiszeitlichen Endmoränenketten oder kalkreichen Schotterebenen (beispielsweise im Gebiet von Iller, Lech, Isar und Inn). Weitverbreitet sind verschiedene Magerrasengesellschaften auch in den Kalkalpen.
Bodensaure und Kalkmagerrasen siedeln gewöhnlich auf ziemlich flachgründigen Böden. Überall wird daher das nackte Gestein sichtbar. Größere Blöcke, die vielleicht schon lange Zeit freiliegen, werden von Flechten und Moosrasen überzogen. In Hanglagen sammeln sich am Hangfuß oft auch kleinere Schutt- und Geröllhalden, in deren Zwischenräumen sich etwas Feinerde anreichert. Überhaupt ist die Oberfläche von Magerrasen vielfach sehr uneben. Kennzeichnend sind beispielsweise die im Alpenraum verbreiteten Buckelwiesen. Sie zeigen besondere Verwitterungsvorgänge (Karsterscheinungen), wie sie nur in großen Kalkgebieten vorkommen.
Auch klimatisch weisen die Standorte der Magerrasen etliche Besonderheiten auf: Trockenheit und Wärme sind typische Kennzeichen dieser Lebensräume, besonders in süd- oder südwestexponierter Lage. Weil der flachgründige Boden nur wenig Wasser speichern kann, sich dafür aber rasch erwärmt, besitzen Magerrasen ein sehr kennzeichnendes Kleinklima. Die Jahresdurchschnittstemperatur eines solchen Standortes kann durchaus so ausfallen wie in einem benachbarten Waldstück, dafür liegen aber die Temperaturextreme eines sonnendurchglühten, offenen Südhangs viel weiter auseinander. Im Fränkischen Jura wurden schon einmal Bodentemperaturen nahe 70°C gemessen!
Wegen ihrer Standorttrockenheit werden die Magerrasen mitunter auch als Trocken- oder Halbtrockenrasen bezeichnet. Und da die hier siedelnden Pflanzen nicht nur Trockenheit, sondern auch Wärme ertragen müssen, bilden sie die pflanzengeographisch und ökologisch so überaus interessante Trockenwarme-Vegetation.

In Trockenrasen überwiegen schon in den Hochsommermonaten herbstliche Gelb- und Brauntöne. Die Samen der meisten Wildstauden sind ausgereift, auch die hochwüchsigen Gräser verdorren. Dennoch gelangen immer noch einzelne Arten zur Blüte. In unserem Bildbeispiel ist dies der Gekielte Lauch (Allium carinatum), eine der gefährdeten Arten der Kalktrockenrasen.

Der Artenreichtum von Magerrasen löst immer wieder Erstaunen aus. Blanke Felsbuckel, Bänder oder Köpfe sind ein typisches Merkmal humusarmer Standorte. Das Bild zeigt einen mäßig bodensauren Magerrasen in Norddeutschland.

Anhand ihres Pflanzenkleides sind Silikat- und Kalkmagerrasen klar und eindeutig unterscheidbar. Ein Blick auf die Flora eines Magerrasenstandortes genügt, um seine Bodeneigenschaften sofort abzuschätzen. In bodensauren Magerrasen treten beispielsweise bevorzugt verschiedene Ginster-Arten auf, etwa der kleine Flügel-Ginster, der Behaarte Ginster oder der als Zeigerpflanze für saure Böden besonders kennzeichnende Besenginster. Diese Pflanzen fehlen in Kalkgebieten. Typisch für die bodensauren Magerrasen sind auch Schafschwingelfluren oder Borstgrasbestände, zur Blütezeit sehr wirkungsvoll angereichert mit Mauerpfeffer, Kleinem Habichtskraut, Kleinem Sauerampfer, Kleinem Wiesenknopf, Zypressen-Wolfsmilch oder Feldmannstreu.
Wesentlich blumiger und bunter, dazu auch viel arten- und typenreicher sind gewöhnlich die Kalkmagerrasen. Viele der hier wachsenden Pflanzenarten erreichen in Mitteleuropa die Nordgrenze ihrer natürlichen Verbreitung, stellen also ausgesprochene Pioniere am Rande ihres Areals dar. Verbreitungsschwerpunkte dieser Arten sind die Flaumeichengebüsche und -wälder in Süd- und Südosteuropa. Sogar Steppenpflanzen können in diesen Pflanzengesellschaften vertreten sein. Federgras und Hain-Wachtelweizen, Steppenfenchel und Steppen-Fahnenwicke, Faserschirm und Steppen-Wolfsmilch gehören zu dieser bemerkenswerten Artengruppe. Viele davon wachsen auf der Fränkischen oder Schwäbischen Alb, kommen im Oberrheingraben vom Kaiserstuhl bis zum Mainzer Sand vor oder besetzen einzelne Vorposten auch noch an der unteren Nahe oder im Ahrtal. Einige Arten erreichen ihre nordwestlichsten Verbreitungsnachweise am Drachenfels, der wohl bekanntesten Bergkuppe im Siebengebirge bei Bonn. Viele dieser verbreitungsgeschichtlich und ökologisch gleichermaßen bemerkenswerten Pflanzenarten sind in großer Gefahr. Bereits jetzt steht jede fünfte Mager- bzw. Trockenrasenart auf der »Roten Liste«!
Aber nicht nur die Magerrasenpflanzen sind von einschneidenden Verlusten bedroht. Auch die tierischen Magerrasenbewohner gehen in beängstigendem Maße zurück! Von den 40 Schmetterlingsarten, die auf Magerrasen fliegen oder durch Futterpflanzen an diese Pflanzengesellschaften gebunden sind, gelten zur Zeit nur 2 Arten als noch nicht bedroht, 2 sind in der BRD dagegen schon ausgestorben, 3 sind akut bedroht, 11 stark gefährdet und 22 Arten gefährdet - eine wahrhaftig traurige Bilanz!
Ursache für diesen Artenrückgang sind enorme Flächenverluste und damit Lebensraummangel. Ähnlich wie bei den Heiden gehen sie auf das Konto von Land- und Forstwirtschaft: Aufgabe der bisherigen Nutzung (Beweidung), Intensivierung oder Umbruch mit Dünge- und Gifteintrag sind ebenso beteiligt wie Aufforstung mit gebietsfremden Nadelhölzern. Bebauung und Verkehrswege, Freizeiteinrichtungen und andere Installationen gehen den Magerrasen an die Substanz. Allein auf der Schwäbischen Alb gingen zwischen 1900 und 1980 die Hälfte aller Magerrasen verloren - von ursprünglich 7420 ha blieben nur 3800 ha. Im Marchfeld um den Neusiedler See wurden zwischen 1966 und 1975 rund 6000 ha neue Rebfluren angelegt - ebenfalls auf Kosten ungemein artenreicher Trockenrasenvorkommen.

Die Große Höckerschrecke (Acryptera fusca) steht unmittelbar vor dem Aussterben. In der Irndorfer Hardt und der Garchinger Heide ist dieser Grashüpfer mit den leuchtendroten Beinen bereits erloschen. Jetzt existiert nur noch ein einziges Vorkommen auf Trockenrasen bei Augsburg.

Die Steppen-Sattelschrecke (Ephippiger ephippiger), so benannt nach dem sattelförmig eingedrückten Halsschild, bewohnt trockenwarme Magerrasen mit locker eingestreuten Gebüschen, in deren Blattwerk sie gerne umherklettert. Hier suchen sich die Männchen auch weit vorragende Äste als Zirpwarten aus. Die heutigen Vorkommen dieser Schrecke gelten als Relikte aus der nacheiszeitlichen Wärmeperiode.

SPRINGLEBENDIGE GESELLEN

Jeder Schritt über einen Magerrasen scheucht Dutzende Grashüpfer und Heuschrecken auf. Rund 100 verschiedene Arten sind für die mitteleuropäische Fauna nachgewiesen, und der wohl größte Teil von ihnen kommt in Mager- und Trockenrasen der verschiedensten Ausbildungen vor. Grashüpfer, Grillen und Heuschrecken gehören zu unseren größten Insekten. Sie sind nicht nur gestaltlich enorm verschieden, sondern auch in der Färbung recht variabel: Manche Arten sind grasgrün, andere laubbraun, erdfarben, steingrau oder auch braunschwarz. Fast immer sind sie an ihrem Lebensraum hervorragend getarnt, so daß man sie zwar überall hört, aber kaum sieht. Ödlandschrecken sind beispielsweise so perfekt an den graubraunen Boden ihres Lebensraumes angeglichen, daß sie optisch völlig mit ihm verschmelzen. Nur im Flug zeigen sie ihre prächtig hellblau- oder rotgefärbten Hinterflügel.
Die größte auf Magerrasen vorkommende Heuschrek-

kenart ist das Grüne Heupferd, gut kenntlich an seiner einheitlich grasgrünen Färbung und an den sehr lauten, weithin hörbaren ß-ß-ß-ßßß-Folgen. Mit 40 mm Körperlänge erreichen die Tiere schon fast die Größe einer Streichholzschachtel. Die Weibchen sind immer rund ein Drittel größer als das Männchen. Heupferde sind nicht nur Pflanzenfresser, die Blätter oder andere Pflanzenteile benagen, der größere Teil ihrer Kost besteht aus tierischem Material: Blattläuse oder Raupen, kleine Schnecken oder Würmer.
Eine andere, fast ebenso große Art ist der Warzenbeißer, der über seiner grasgrünen Grundfärbung ein dunkles Fleckenmuster trägt. Die sehr wuchtig wirkenden Tiere halten sich bevorzugt zwischen niedrigwüchsigen Pflanzen auf und machen dort mit minutenlangen, sehr schrillen und lauten zick-Lautfolgen auf sich aufmerksam. Auch der Warzenbeißer ernährt sich von Mischkost: Pflanzen, Kleintiere und sogar Aas.
Während die grünen Laubheuschrecken gerne im Gewirr der Halme und Stengel umherklettern, sind Feldgrillen überwiegend Bodentiere, die man fast nur in der Nähe ihrer selbstgegrabenen Wohnröhren antrifft. Am Eingang der Wohnung sitzend, versuchen die Männchen mit endlosen zri-zri-Folgen paarungsbereite Weibchen herbeizulocken. Zirpende Männchen reagieren sehr empfindlich auf Bodenerschütterungen und verstummen sofort, selbst wenn man sich mit vorsichtigem Schritt nähert.
Nur sehr selten wird man auf extrem trockenen Magerrasen in Süddeutschland, Österreich oder in der Schweiz die Gottesanbeterin erleben, die einzige bei uns vorkommende Art der weitgehend tropisch verbreiteten Fangschrecken. In Deutschland ist dieses bis 70 mm lange, sehr schlanke Insekt vom Aussterben bedroht! Die Gottesanbeterin ist ein lauernder Räuber: Völlig reglos sitzt sie auf Grashalmen und breitet ihre Vorderbeine aus. Blitzschnell können die dornenbewehrten Schienen zusammenschlagen und überrumpelte Insekten festhalten.

PROBLEME MIT DEM WASSER

Viele Magerrasen, insbesondere die Kalktrocken- und Halbtrockenrasen offener, sonnenexponierter Lagen sind ökologische und klimatische Inseln in der Landschaft - Lebensgemeinschaften, die in ihrem Artengefüge oft eher an eine südosteuropäische Steppe als an eine mitteleuropäische Graslandformation erinnern. Mit einer gewöhnlichen Wiese sind diese Standorte in

Dunkelbraune Bläulinge (Aricia agestis) lieben kräuterreiche, buschige Steppenhänge, Sandheiden und Wegböschungen in Waldnähe. Die Futterpflanzen der Raupen sind Sonnenröschen, Reiherschnabel und Storchschnabel-Arten.

Der Heufalter (Colias australis) aus der Familie der Weißlinge ist ein typischer Vertreter für Trockenstandorte. Die erste Generation fliegt von Mai bis Juni, die zweite von Juli bis August. Seine Raupen sind spezialisiert auf Hufeisenklee.

der Tat überhaupt nicht zu vergleichen. Ihre besondere Eigenart läßt nur Pflanzen zu, die die trockenwarmen Bedingungen ihres Standortes, vor allem den zeitweiligen Wassermangel, besonders gut ertragen. Erstaunlich dabei ist, daß verschiedene Pflanzengruppen höchst unterschiedliche Strategien entwickelt haben, um dem Wassermangel zu begegnen:
Grundsätzlich fällt auf, daß in einem Trockenrasen das Mengenverhältnis unterirdische Pflanzenmasse zu oberirdische Pflanzenmasse völlig anders ausfällt als für eine hochgedüngte Wirtschaftswiese. Im Trockenrasen liegt das Verhältnis bei etwa 14:1, in der schnittreifen Fettwiese dagegen nur bei etwa 5:1. Die Wurzelmasse ist bei den Pflanzen der Trockenstandorte also viel größer. Die Wurzeln verlagern sich in das tiefere, kühlere Erdreich und können dort das spärlich vorhandene Bodenwasser relativ besser ausnutzen.
Eine ganze Reihe von Trockenrasenpflanzen - z.B. Kü-

chenschelle und Fransen-Enzian - richtet ihre Vegetationszeit auch so ein, daß sie in das niederschlagsreichere Frühjahr oder in die taufeuchten Herbstwochen fällt.
Andere Pflanzenarten sorgen durch besondere Einrichtungen für eine deutliche Verminderung der Wasserverdunstung aus ihren Blättern: Viele Arten entwikkeln nur verhältnismäßig kleinflächige Blätter (Karthäusernelke und Thymian) oder schützen sich mit dichtem Haarpelz (Wundklee und Spitzkiel). Gräser entgehen dem unnötigen Wasserverbrauch durch Einklappen oder Einrollen ihrer Blätter (Schwingel, Schillergras, Trespe). Dicke Wachsauflagen oder verdickte Zellwände der äußeren Blattgewebe sind ebenfalls wirksame Hilfsmittel. Was geschieht aber, wenn durch Insektenfraß eine undichte Stelle zu Wasserverlust führt? Die Zypressen-Wolfsmilch z.B. dichtet leckgeschlagene Stengel- oder Blattbereiche mit ihrem Milchsaft ab. Die Wolfsmilch zeigt gleichzeitig noch eine weitere Schutzmaßnahme, die vor größeren Verlusten bewahrt: Ihr Milchsaft ist für viele Pflanzenfresser giftig. Damit ist sie zwar nicht absolut geschützt, schränkt aber den Konsumentenkreis sichtlich ein.

GATTENTÄUSCHUNG UND ANDERE VERFÜHRUNGSKÜNSTE

Manche Blütenpflanzen benötigen zur Bestäubung ganz bestimmte Insekten, spezielle Strukturen der Blüten sprechen daher nur einen ausgewählten Kreis von Bestäuberinsekten an. Auf diese Weise kommen mitunter recht kurios anmutende Beziehungen zwischen Pflanzen und ihren Blütenbesuchern zustande. Überaus erstaunliche Beispiele dafür liefern etwa die einheimischen Ragwurz-Arten, Vertreter der Orchideengewächse:
Ragwurz-Blüten sehen in Form, Farbe und Größe aus wie Insekten, bis ins Detail der Behaarung stimmt die Nachahmung. Mehr noch: Ragwurz-Blüten sind ungemein wirksame Weibchenattrappen, und tatsächlich werden sie mit erstaunlicher Häufigkeit von Männchen bestimmter Insektenarten besucht. Außer mit verführerischen Formen locken die Blüten auch noch mit chemischen Signalen. Der Erfolg bleibt nicht aus! Die Männchen von Fliegen, Hummeln, Grabwespen und anderen Hautflüglern unternehmen auf der Orchideenblüte sogar Begattungsversuche. Dabei stoßen sie mit dem Kopf an die Pollenpakete, die nun aus ihrer Halterung reißen und im Pelz des Besuchers kleben bleiben. Auf diese Weise werden sie zielgenau zu einer benachbarten Blüte versendet, denn das betreffende Insektenmännchen fällt bei nächster Gelegenheit schon wieder auf eine falsche Adresse herein.

AUF DEN RHYTHMUS KOMMT ES AN

Die Flora der Magerrasen zeigt meist einen etwas anderen Blührhythmus als eine normale Wirtschaftswiese. Während die Hauptblühwellen einer gedüngten Fettwiese oder -weide bis Anfang Juli abgeschlossen sind, reicht das Wachsen und Blühen etwa eines Kalktrockenrasens noch bis weit in den September hinein. Mit der Gemeinen Küchenschelle beginnt die Blühfolge in günstigen Lagen schon in der zweiten Märzwoche. Kurz darauf öffnet das Rauhe Veilchen seine Spornblüten, gefolgt von Schlüsselblume, Frühlingsfingerkraut, Zypressen-Wolfsmilch und Leimkraut. Bis Mitte Mai kommen Kugelblume, Hufeisenklee, Rauhe Gänsekresse und Affen-Knabenkraut hinzu. Von Woche zu Woche wird die Blütenfülle reichhaltiger! Mitte Juli blühen auf dem Trockenrasen mehr als drei Dutzend Arten gleichzeitig. Zum Spätsommer hin nimmt die Zahl zwar etwas ab, aber der Reichtum ist noch längst nicht erschöpft. Ganz zuletzt werden mit Großer Prunelle, Doldigem Habichtskraut und der Goldhaaraster noch einmal besondere Farbakzente gesetzt.
Für die weithin gerühmten Trockenrasen des Kaiserstuhls ist eine solche Aspektfolge durch viele Beobachtungen gesichert. Interessant ist jedoch, daß auch die blütenbesuchenden Insekten nicht allesamt gleichzeitig auftreten, sondern ebenfalls in Besucherwellen anrücken:
So sind Anfang Mai beispielsweise die Käfer besonders reichlich vertreten. Hautflügler wie Bienen, Hummeln oder Wespen treten verstärkt gegen Ende Juni und mit einem zweiten Gipfel Ende Juli auf. Die meisten Schmetterlinge tummeln sich Mitte August auf den Blütenteppichen, und für die Fliegen ist der Trokkenrasen gegen Ende August besonders attraktiv, denn dann stehen sehr viele Doldenblüten bereit.
Blühfolge und Trachtflug der verschiedenen Insektengruppen hängen also unmittelbar voneinander ab - wiederum ein sichtbarer Ausdruck dafür, daß auch ein letztlich vom Menschen geschaffener Lebensraum sich langfristig zu einem sehr komplexen und gut eingespielten Ökosystem entwickeln kann.
Die Mahd ist für diese vielgliedrig funktionierende Lebensgemeinschaft ein wirklich einschneidendes Ereignis. Wenn der Schnitt zu früh erfolgt, wird die gesamte Aspektfolge gestört, und außerdem können sich die Pflanzen dann kaum versamen. Die beste Lösung wäre eine extensive Beweidung im Frühjahr oder ein möglichst später Schnitt nicht vor Mitte September. Aber nicht nur durch landwirtschaftliche Übernutzung können solche Lebensgemeinschaften zugrundegehen, sondern auch durch das Gegenteil: Wenn Trockenrasen zur Kulturbrache werden und die Mahd völlig aussetzt, drängen rasch die verschiedensten Pioniergehölze auf die freien Flächen.

IN MAGERRASEN NACHGEWIESEN:

Pflanzenarten	**über 500**
Tierarten	**über 1400**
Säugetiere	6
Vögel	19
Reptilien	8
Bienen, Hummeln	138
Schmetterlinge	56
Heuschrecken	16
Schnecken	35

HECKEN HEISST HEIMAT

Im Hochsommer ist in norddeutschen Wallhecken die Blühwelle bei Brombeeren und Heckenrosen angekommen. Aus dem artenreichen Krautsaum treten gerade das hübsche Johanniskraut, die Skabiosenflockenblume und der Wiesenkerbel hervor. Hunderte Insektenarten und Dutzende von Vögeln sind in jeder Heckenzeile heimisch, Heuschrecken oder Rosenblattläuse mitsamt ihren zugehörigen Todfeinden, den heckenlebenden und -liebenden Marienkäfern und Schlupfwespen.

HECKEN

In vielen Regionen bieten lange Gehölzzeilen eine ungemein wirksame Auflockerung des kulturlandschaftlichen Einerleis. Wallhecken oder Knicks begrenzen die Äcker und Weiden im küstennahen Norddeutschland. Im Grünland der Westfälischen Bucht säumen sie die Wiesen. Im Eifel-Ardennen-Übergangsgebiet zieht ein dichtes Heckennetz sogar bis in die Dörfer hinein. An den Hängen von Odenwald oder Rhön wachsen wilde Heckenzeilen auf den Stufenrainen zwischen den Feldern. Im rheinhessischen Hügelland überwuchern sie die Steinhaufen in der Rebflur. Im Kaiserstuhl begleiten sie die Einschnitte der charakteristischen Lößhohlwege. Im Fränkischen Jura stocken Heckenpflanzen auf Lesesteinriegeln, und an steinigen Hängen in Tirol oder Graubünden markieren sie den Fuß von Trockenmauern. Kurz: In vielen Teilregionen Mitteleuropas bestimmen gerade die Hecken das besondere Gesicht der Landschaft.
Letztlich sind auch Hecken eine vom Menschen geschaffene oder zumindest geförderte Lebengemeinschaft und dazu ein vergleichsweise unreifes Ökosystem, das durch ständige Eingriffe oder Pflegemaßnahmen daran gehindert wird, zum Wald durchzuwachsen und damit einen Entwicklungsendstand zu erreichen. Floristisch und faunistisch weisen die Hecken schon eine Menge Ähnlichkeit mit einem Wald auf, bestehen sie doch eigentlich nur aus zwei sehr dicht aneinandergerückten Waldrändern.
Aber auch die Elemente der offenen Landschaft gehören zur Hecke. Die gegenseitige Versaumung von freier Flur und geschlossenem Gehölz macht ihre besondere Eigenart und den enormen Artenreichtum aus. Der Lebensraum Hecke - der Waldrand ohne Wald - gliedert sich in verschiedene Stockwerke, die von Lebewesen mit höchst unterschiedlichen ökologischen Ansprüchen besetzt werden: Die Bodenschicht ist u.a. die Domäne der Pilze und Moose, aber auch der Regenwürmer, Käfer und Reptilien. Die nächste Ebene wird von den Kräutern, Gräsern und Farnen eingenommen und von Spinnen oder Kleinsäugern belebt. Die Strauchschicht mit ihren Strauchgehölzen, Kletterkräutern und kleinen Bäumen bietet zahlreichen Insekten und Vögeln Lebensraum. Gleichzeitig stellt sie den größten Anteil der Heckenbiomasse. Die Baumschicht mit höherwüchsigen Bäumen und Kettersträuchern schließt das Ökosystem nach oben ab. Auch hier sind die Vögel die zunächst auffälligsten tierischen Besiedler.
Der Höhengliederung entspricht auch eine gewisse Tiefenstaffelung: Eine lichtdurchflutete Saumzone umgibt einen ebenfalls noch gut durchlichteten Hek-

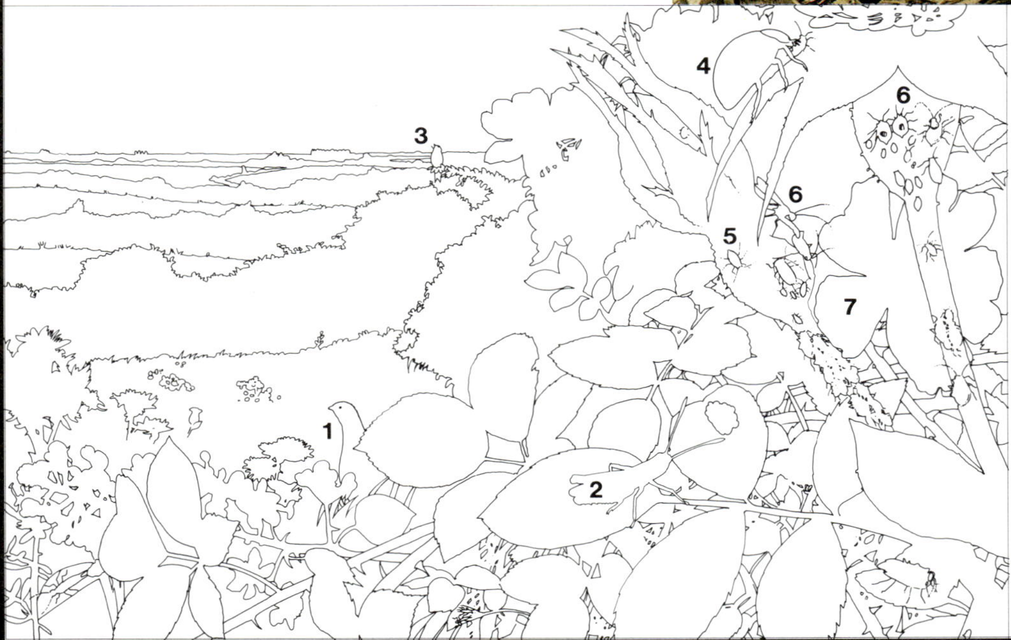

Der unscheinbar braun gefärbte Feldschwirl (Locustella naevia) fällt kaum auf, wenn er auf Insektensuche oder zu seinem Nest durch die Hecke schlüpft. Auch gesanglich verrät sich der scheue Vogel nicht, das monotone Schwirren erinnert eher an eine Heuschrecke als an einen Vogel.

1 Rebhuhn
2 Rote Keulenschrecke
3 Goldammer
4 Doppelbuchtiger Marienkäfer, Eipaket vom Doppelbuchtigen Marienkäfer
5 Rosenblattlaus
6 Blattlaus-Schlupfwespe
7 Filzrose

Eine Flurhecke erfüllt mehrere Funktionen: Sie ist ein herausragendes Element der Landschaftsgestaltung, durch das die Kulturlandschaft erst ihre besonderen Züge und Bereicherungen erhält. Außerdem schützen die Heckenzeilen als Windfang die angrenzenden Fluren. Und schließlich haben sie sich als ein geradezu unglaublich artenreicher Lebensraum von vielen Pflanzen und Kleintieren erwiesen.

Eine Hecke bleibt auch im Herbstkleid Anlauf- und Anflugziel Hunderter von Tierarten. Insekten, Spinnen und Kleinsäuger bis Igelgröße bereiten sich hier allmählich auf den kommenden Winter vor. Zugvögel legen Rast ein und Standvögel ernten die leuchtenden Früchte des vergangenen Sommers.

Nur noch selten sieht man Segelfalter (Papilio podalirius) entlang von Hecken gaukeln. Noch viel seltener wird seine ausgezeichnet getarnte Gürtelpuppe im Geäst der Wildsträucher zu entdecken sein. In diesem Fall hat sich die Raupe direkt auf einer ihrer Futterpflanzen, der Schlehe, eingesponnen.

kenmantel, und dieser umschließt ringsum eine ziemlich schattige Kernzone. Je nach Ausrichtung zum Sonnenlauf weisen die beiden gegenüberliegenden Heckenflanken ein sehr unterschiedliches Kleinklima auf. Erwartungsgemäß sind auf der besonnten Südseite viel eher wärme- und lichtbedürftige Arten anzutreffen als auf den schattigeren Nordseiten. In den Morgenstunden liegen die Temperaturen einer östlichen Heckenflanke bereits um fast 10°C höher als im gehölzfreien Umland, nachmittags aber um etwa 5° C unter den Freilandwerten. Unter den schattenspendenden Sträuchern und Bäumen einer Heckenzeile verdunstet 30-50% weniger Wasser als im benachbarten Umland. Entsprechend der bei uns vorherrschenden Hauptwindrichtungen empfangen die Westseiten einer Hecke die meisten Niederschläge - fast 90% mehr als die im Regenschatten liegenden Ostseiten. Gleichzeitig wird im Lee einer Hecke auch die Freilandwindgeschwindigkeit merklich gemindert. Hecken wirken als aerodynamische Barriere und bewahren die Pflanzen im Heckenschutz vor den ungünstigen Effekten der ständigen Windbelastung.

Viele Hecken in der freien Landschaft sind durch natürliche Verbuschungsvorgänge (Sukzessionen) entstanden. In mindestens ebenso vielen Fällen hat auch der Mensch durch Heckenpflanzungen kräftig nachgeholfen. Der Ursprung der Flurhecken liegt wohl in England. Dort begannen die Bauern schon im 12. Jahrhundert mit der Errichtung weitläufiger Heckenwerke. Zunächst wurden abgeschnittene Äste und Zweige in die Erde gesteckt und miteinander verflochten. Diese toten Holzzäune waren zwar wirksam, aber auch sehr reparaturanfällig. Bald wies die Natur eine wesentlich bessere Lösung: Entlang der künstlichen Einfriedungen wuchsen Strauchgehölze und kleine Bäume, die allmählich die beabsichtigte Schutzfunktion übernehmen konnten: Der lebendige, grüne Zaun hatte sich bewährt.

Um 1700 wurden in Schleswig-Holstein systematisch Wallhecken angelegt, auf Veranlassung der »Hoch-

Der etwas plump wirkende, um 10 mm lange Bärenklau-Kurzrüssler (Liophloeus tessulatus) ist eigentlich überwiegend nachtaktiv. Die Käfer sind flugunfähig, da ihre häutigen Flügel stark zurückgebildet sind, sie laufen und klettern daher auf verschiedenen Stauden und Kräutern umher, von deren Blättern sie sich ernähren. In Hecken ist dieser kleine Rüsselkäfer nicht selten anzutreffen.

fürstlichen Holzverordnung für Glücksburg« und andere hoheitliche Anweisungen. Hier dienten die lebenden Strauchbarrieren zunächst der Ausgrenzung des frei auf den Feldern umherlaufenden Weideviehs von den Gemeinschaftsäckern. Die Heckengehölze wurden nicht ebenerdig, sondern jeweils auf Erdwälle gepflanzt, die beim Aushub von Entwässerungsgräben anfielen. Parzellenweise erhielten die Nutzflächen somit eine lebendige, grüne Einfassung, und bald zog sich ein enges Netz von Heckenzeilen über das Land.
Schon bald zeigte sich, daß eine Wallhecke nicht nur ein grüner Flurzaun ist, sondern weitaus mehr Bedürfnissen entgegenkommt: Als Kräuterapotheke, Gemüsegarten, Saftladen, Medizinschrank, Obstmarkt und Brennstoffvorrat vermag sie rund ums Jahr Küche, Haus und Hof mit den unterschiedlichsten Produkten zu beliefern. Hecken wurden zu wichtigen Versorgungsträgern der bäuerlichen Bevölkerung.
Aus jener Zeit stammt auch die Technik des Knickens, von der sich die Bezeichnung "Knick" für die norddeutschen Wallhecken herleitet. Um die Heckenwälle besonders dicht zu halten, wurden einzelne Äste immer wieder einmal angeschnitten und zur Erde abgeknickt.
Erst in jüngerer Vergangenheit wurde der Lebensraum Hecke ziemlich hemmungslos dem Fortschritt geopfert. Vor rund 30 Jahren maß das Wallheckennetz in Schleswig-Holstein noch etwa 70 000 km, heute sind es nicht einmal mehr 30 000 km. Welche Landschaftswerte dabei zugrundegingen, kann vielleicht ein Einzelbeispiel besonders verdeutlichen: In der Gemeinde Breitenfelde östlich von Hamburg wuchsen 1879 durchschnittlich 152 m Wallhecke auf einem Hektar Landfläche. Bis zum Jahre 1982 waren davon nur 29 m übriggeblieben. Ähnliche Verlustbilanzen zeigen auch die übrigen klassischen Heckenlandschaften Mitteleuropas: In Oberfranken verringerte sich die Heckendichte nach der Flurbereinigung von 35 m je Hektar auf 18 m. Im Raum Andelfingen in der Schweiz wurden zwischen 1881 und 1958 genau 299 Heckenzeilen gerodet; bis 1972 kamen weitere 83 hinzu, so daß insgesamt 382 Hecken mit einer Gesamtlänge von fast 25 km ersatzlos verschwanden.
Vielerlei Ursachen haben den Heckenschwund beschleunigt: Vielfach gelten die nötigen Pflegemaßnahmen (Heckenschnitt) als zu zeit- und kostenaufwendig. Abbrennen von Wegrainen oder Böschungen, dazu auch allzu rigoroses Pflügen oder der bedenkenlose Umgang mit der Giftspritze haben ebenfalls viele Flurhecken zerstört. Verbiß durch Weidevieh oder Straßen- und Wegebau waren in anderen Fällen das Ende der Hecke. Besonders radikal hat jedoch die allzu wörtlich genommene Flurbereinigung mit den Heckengehölzen aufgeräumt: Wo die Neurodung der Agrarflächen vorgenommen wurde (so die behördliche Umschreibung), blieben total ausgeräumte, maschinengerechte Landstriche zurück. Nichts stand anschließend dem Blick von Horizont zu Horizont im Wege!
Kopfschüttelnd stehen wir heute vor diesen monotonen Ackerfluren. Mancherorts werden mit Hilfe staatlicher Förderungsprogramme neue Heckensysteme gepflanzt. Hecken sind nämlich nicht nur für die ökologische Vernetzung und Belebung der ausgeräumten Kulturlandschaft völlig unentbehrlich, sondern vereinen viele weitere Vorteile auf sich: Sie wirken als Windbremse, verringern die Bodenerosion, fördern Nützlinge für die Landwirtschaft und erhöhen in den meisten Fällen sogar die Erträge auf den angrenzenden Feldern.

Dieser Braune Waldvogel (Aphantopus hyperanthus) hat bereits eine aufregende Saison hinter sich: Seine Flügel weisen zahlreiche Hiebmarken auf und zeigen, wie sehr die Vögel hinter dem Schmetterling her waren. Bislang konnten sie jedoch nur Flügelfetzen erbeuten. In sitzender Stellung klappt der Falter die Flügel sofort nach oben, so daß man sehr klar die Augenzeichnung der Unterseiten erkennen kann, die Angreifer verwirren soll.

LEBENSADERN FÜR DIE LANDSCHAFT

Eine Hecke ist mit Sicherheit nicht nur ein grünes Dekorationsstück oder eine isoliert liegende Ökoinsel, sondern überaus vielgliedrig mit ihrem Umland verknüpft. Vor allem die tierischen Heckenbewohner wirken weit über die eigentliche Hecke hinaus, da sie einen großen Teil der benachbarten Wiesen und Felder als Lebensraum einbeziehen. Wie weit sich ihr Aktionsraum in die Nachbarschaft erstreckt, hängt von der Beweglichkeit und Ernährungsweise der einzelnen Arten oder Artengruppen ab:
Ameisenstraßen führen selten weiter als 50 m von der Hecke weg. Auch Laufkäfer bewegen sich überwiegend innerhalb dieser Distanz. Etwa 100-150 m beträgt der Aktionsradius von Spitzmäusen, Mauswiesel, Erdkröte oder Goldammer. Igel entfernen sich dagegen bis etwa 250 m von ihrer Heimathecke. Bei Hermelin, Steinmarder und Fuchs kann man in dichteren Heckenlandschaften nie völlig sicher sein, zu welchem Gehölz sie eigentlich gehören, ihre Aktionsradien können durchaus bei einigen Kilometern liegen.
Die Artenvielfalt intakter Heckensysteme ist überwältigend: Sie beläuft sich schätzungsweise auf etwa 7000 verschiedene Arten. Der größte Teil unserer einheimischen Reptilien (8 von 12 Arten), nahezu 50% unserer Säugetierarten (45 von 93 Arten), 20% der einheimischen Brutvögel (50 von 250 Arten) und rund 90% unserer Schlupfwespen (über 5000 Arten) sind dauernd oder zumindest zeitweise an den Lebensraum Hecke gebunden.
Der enorme biologische Wert von Hecken ergibt sich durch das enge räumliche Nebeneinander von Kleinstrukturen, wodurch gleichzeitig sehr unterschiedliche Lebensraumansprüche bestehen können: Freigewachsene Äste oder Stämme dienen Greifvögeln wie Bussard oder Habicht als Ansitzwarten; von hier aus starten aber auch Neuntöter und Raubwürger ihre Jagdausflüge. Im Windschutz der Hecke sind Spinnen und Insekten viel eher aktiv. Andererseits wird feuchteliebenden Arten wie Laubfrosch oder Kröten der dringend benötigte Unterschlupf geboten. Größere Säugetiere wie Igel oder Fuchs können sich im Heckengehölz verstecken. Hier brüten Singvögel, nisten Hummeln, jagen Zwergspitzmaus und Hermelin, finden Schmetterlingsraupen geeignete Futterpflanzen, saugen Falter an Blüten, führt das Rebhuhn seine Küken aus und wirft die Feldhäsin ihre Jungen. Hierher flüchten sich auch Umlandbewohner, wenn die Wiese gemäht oder der Acker bestellt wird. In der Hecke überwintern Tausende von Insekten. Durchziehende Zugvögel legen auf dem Weg zu den Überwinterungsquartieren im schützenden Heckengehölz Futter- und Ruhepausen ein. Angesichts dieser endlosen Funktionsvielfalt verwundert es nicht, wenn der Heckenzerstörung ein umfassendes Artensterben folgt!
Vier Arten typischer Heckenbrüter, nämlich Rebhuhn, Raubwürger, Neuntöter und Dorngrasmücke, stehen unterdessen auf der »Roten Liste«. Steinschmätzer, Braunkehlchen und Grauammer kommen als Rainbrüter der Heckennachbarschaft noch hinzu. Schlehenhekken-Grünspanner und Schlehenhecken-Grauspanner sind nur zwei von über einem Dutzend bedrohter Schmetterlinge aus der Familie der Spanner, deren Raupen sich von Schlehen - einem typischen Heckengehölz - ernähren.
120 verschiedene Kleinarten der Sammelgattung Brombeere sind bislang aus niedersächsischen und westfälischen Heckensystemen nachgewiesen worden. Auch um diese Formen steht es schlecht, da sie

teilweise auf nur eine oder wenige Vorkommen in Hecken beschränkt sind.
Hecke ist letztlich auch nicht einfach Hecke: Außer Schlehen-Hasel-Knicks gibt es auch Buchen-Hasel-Knicks, Ohrweiden-Faulbaum-Knicks und 85 weitere Heckentypen allein in Schleswig-Holstein. Hier steht also eine beachtliche und völlig unersetzliche Vielfalt auf dem Spiel!

PARASITEN-PARADE

Geschäftig eilt ein winziges Insekt den Hundsrosenzweig hinauf. Ständig dreht sich der Kopf, vibrieren die Fühler, schwingt der Hinterleib. Nun ist der Winzling an der Zweigspitze angelangt, wo ein Trupp Rosenblattläuse genüßlich eine Knospe aussaugt. Blitzschnell sticht das geschäftige Insekt mit einer Hinterleibsröhre eine Blattlaus in den Rücken. Viel zu schwerfällig ist das Opfer für eine Reaktion und scheint außerdem den Überraschungsangriff kaum zu bemerken. Die Sache als solche ist klar: Eine Schlupfwespe hat ein Ei in einem lebenden Futterpäckchen deponiert.
Schlupfwespen sind ideale Helfer der biologischen

Raupen des Ringelspinners (Malacosoma neustria) sonnen sich auf ihrem Gespinst - auch einige abgestreifte Raupenhäute sind sichtbar. Die bunte Färbung dient als Warnsignal für die Vogelwelt, denn die Raupen haben einen so fürchterlichen Geschmack, daß sich ein Insektenfresser nur einmal an ihnen vergreift.

Die Hain-Schnirkelschnecke (Cepea nemoralis) gehört zu einem Formenkreis mit sehr variablen Gehäusen. Außer der gelben Ausgabe mit breiten braunen Bändern gibt es auch noch reingelbe, rosafarbene oder bräunliche Varianten mit oder ohne Bandmuster. Die Unterscheidung nahe verwandter Arten fällt daher nicht leicht.

Schädlingsbekämpfung und daher von großem Interesse. In Mitteleuropa kommen annähernd 6000 verschiedene Arten vor. Sie plazieren ihre Eier in Blattläusen, Schmetterlingsraupen, Blattwespen, Käfern, Wanzen, Spinnen und vielen anderen Wirten. Aus dem Ei schlüpft eine winzige Larve, die ihren Wirt allmählich von innen her aushöhlt, sich anschließend innerhalb seiner Haut verpuppt und schon nach wenigen Tagen als Vollinsekt schlüpft. Vom Opfer bleibt praktisch nur die Verpackung - eine Mumie - übrig. Rund 200 Blattlaus-Schlupfwespen kommen in unseren Breiten vor, allesamt auf bestimmte Wirte für ihre Larven spezialisiert.

Nicht jede Schlupfwespenlarve schafft die gesamte Entwicklung bis zum Vollinsekt, denn auch die Parasiten werden ihrerseits parasitiert - ihre Feinde sind die Larven von Erz- und Zehrwespen.

Auch der Anteil der »verhinderten« Schlupfwespen läßt sich verhältnismäßig genau bestimmen: Sind die Ausschlupföffnungen an einer grauen, braunen, rötlichen, grünen oder schwarzen Blattlausmumie glatt und kreisrund, diente sie einer vollentwickelten Schlupfwespe als Ausstieg, sind sie aber unregelmäßig ausgefranst, hat eine Erz- oder Zehrwespe die Schlupfwespe ersetzt.

Rosenblattläuse und die rund 850 weiteren bei uns vorkommenden Blattlausarten können sich zeitweise ungemein rasant vermehren, u.a. auch durch unbefruchtete Eier. Für die Schlupfwespen steht daher normalerweise immer ein ausreichendes Nahrungsangebot zur Verfügung. Sollten die Schlupfwespen den Sommer über in der Hecke zu zahlreich geworden sein, weichen sie gelegentlich auf benachbarte Getreidefelder aus, in denen um diese Zeit massenhaft Getreideblattläuse auftreten können. Auf diese Weise wird der Getreideacker ökologisch mit der Hecke vernetzt: Die Hecke stellt sicher, daß auch für die angrenzenden Fluren genügend große Schlupfwespen-Populationen zur Entwicklung kommen, und der Blattlausbestand der Felder garantiert, daß die Schlupfwespen nicht verhungern, wenn die Hecke nicht mehr genügend Blattläuse hergibt. Diese Verknüpfung erinnert an eine Rückkopplung. Wenn sie störungsfrei funktioniert, nehmen die Blattläuse in keinem der beiden verbundenen Ökosysteme überhand.

EIN STREIFZUG DURCH´S GEBÜSCH

Wie sehr sich das unterschiedliche Kleinklima innerhalb einer nur wenige Meter breiten Hecke auf die Besiedlung durch krautige Pflanzen auswirkt, zeigt fast jeder beliebige Streifzug durchs Gebüsch. Licht und Schatten, Feuchte und Trockenheit, Luv und Lee schaffen selbst auf kleinstem Raum ein hochgradig differenziertes Muster von Standortbedingungen. Die unterschiedliche Zusammensetzung des Krautsaumes einer Hecke spiegelt diese Verhältnisse eindrucksvoll wider: Auf der Südflanke der Heckengehölze entwickeln sich bevorzugt solche Arten, die Licht, Wärme und Trokkenheit bevorzugen. Hier rankt die Wald-Platterbse neben den hübschen Zaunwinden. Mittlerer Klee, Skabiosen-Flockenblume und Schafgarbe gesellen sich hinzu. Im Halbschatten hinter dem Krautsaum breitet sich ein nahezu undurchdringliches Gewirr von Brombeerranken aus, geformt von Dutzenden schwer unterscheidbarer Kleinarten. Im Halbdunkel höherwüchsiger Sträucher, deren obere Äste freilich voll im Licht stehen, gedeihen im Sommer keine krautigen Pflanzen. Im Frühjahr, vor der Laubentfaltung, zeigen sich hier allerdings etliche Waldbodenpflanzen wie Scharbockskraut oder Buschwindröschen. Sie beenden ihre Vegetationsperiode jeweils mit dem Abschluß der Laubentwicklung. Zur nördlichen Außenseite der Hecke bauen Hasel, Zweigriffeliger Weißdorn und Roter Hartriegel die Strauchschicht auf, häufig durchklettert von Efeu. Himbeere und Wald-Geißblatt leiten zum lichteren Saum über, und den Randstreifen zum angrenzenden Acker oder Wiesengelände besiedeln Goldnessel, Waldziest, Gundermann, Hainrispengras, Knoblauchhederich oder Mauerlattich.

Dieses Besiedlungsschema wird bei den verschiedenen Hecken keineswegs starr eingehalten. Wenn man mit dem Notizblock durch ein älteres Heckengelände streift und dort einmal nur die wildwachsenden Blütenpflanzen aufschreibt, hat man mit Sicherheit alle Hände voll zu tun, 50 - 100 verschiedene Arten kommen da schnell zusammen. Insgesamt dürfte das floristische Inventar der Flurhecken wohl annähernd 1000 verschiedene Pflanzenarten umfassen.

Die Bedeutung unserer Hecken für den Artenschutz kann man eigentlich gar nicht hoch genug veranschlagen. Wo sich noch lange Gehölzzeilen zwischen den bewirtschafteten Acker- oder Grünlandflächen hinziehen, haben Pflanzen und Tiere nicht nur Rückzugs- und Überdauerungsstätten, sondern auch Ausbreitungskorridore.

Heckensysteme sind ein Lebensraumgefüge im Verbund, das die unterschiedlichsten Landschaftsteile miteinander in Kontakt bringt. Daraus erklärt sich sein geradezu unglaublicher Artenreichtum ebenso wie seine einzigartige Bedeutung für das Überleben der Artenvielfalt.

IN HECKEN NACHGEWIESEN:

Pflanzenarten	**über 1000**
Tierarten	**über 7000**
Säugetiere	45
Vögel	50
Amphibien	7
Reptilien	8
Käfer	800
Blattläuse	12
Schmetterlinge	115
Schlupfwespen	110
Blatt- und Halmwespen	46
Mücken, Fliegen	2000
Spinnen	60
Wanzen	73
Zikaden	29
Heuschrecken	7
Schnecken	30

SCHUTT SCHAFFT SCHÖNHEIT

Nicht für jeden bedeutet eine Welt aus Schutt und Asche gleich das Ende. Für bestimmte Pflanzen und Tiere entsteht hieraus sogar ein neuer Anfang. Mögen manche Schuttplätze häßlich sein, ihre Bewohner sind es sicher nicht. Hier finden sich auffällig gefleckte Schwalbenschwanz-Raupen und Wespenspinnen, die Sandtrichter von Ameisenlöwen, die zarten Blüten von Löwenmaul und Frauenspiegel. Unsere Natur verleiht sogar menschlichen Abfallbergen gewisse Reize.

SCHUTTPLÄTZE UND RUINEN

Viele Lebensräume in der heutigen Landschaft hat erst der Mensch durch seine Flächennutzung geschaffen. Bei keinem Lebensraum zeigt sich der anthropogene Ursprung jedoch so deutlich wie bei Schuttplätzen und Ruinen. Sie entstehen durch Abfall und Verfall, durch Zerstörung und Abbruch von Gebäuden. Trümmerplätze, Schuttstellen, Gebäuderuinen und Abfallhaufen sind daher immer Begleiterscheinungen des menschlichen Lebensraumes und überwiegend in Siedlungsnähe zu erwarten.
Zahlreiche Schutt- und Ruinen-Biotope entstanden in der Folge des Zweiten Weltkriegs. Im Umkreis der zerbombten Großstädte wuchsen überall die Trümmerhalden in die Höhe, als man mit dem Wiederaufbau begann. Bis weit in die Nachkriegszeit hinein gab es in den Städten selbst in den Siedlungskernen sogenannte Trümmergrundstücke mit Hausruinen und allen möglichen Abfällen. Heute sind diese Baulücken in der City unserer Großstädte längst geschlossen. Auch wurden die Trümmer- und Schutthalden im Umkreis der wiederaufgebauten Städte planiert, mit Boden abgedeckt und zu Grünflächen mit Pappel- und Robinienwäldchen umgestaltet. Neue Bauschuttdeponien entstanden erst wieder in jüngerer Vergangenheit, als man überall mit der Stadtkernsanierung begann und flächig alte Bausubstanz wegräumte.
Gebäudetrümmer und Abbruchschutt sind nicht erst im 20. Jahrhundert in Mengen angefallen. Auch in früheren Zeiten wurden Wohnsitze oder Siedlungen aufgegeben oder zerstört und gerieten allmählich in Verfall. Dabei ist beispielsweise an die zahlreichen

Auf dem Gelände der Burgruine Flossenbürg im oberen Naabtal/Oberpfalz finden sich Trockenrasenelemente ebenso zusammen wie Pflanzen von verschiedenen Ruderalstandorten. Im spätsommerlichen Blühaspekt, in den sich auch etliche fruchtende Arten einmischen, zeigt sich daher ein buntes Mosaik aus den unterschiedlichsten Pflanzengesellschaften.

Der Weiße Bär oder Hermelin (Spilosoma menthastri) ist in ganz Europa verbreitet und relativ häufig. Sein Fluggebiet umfaßt Kiesgruben, Waldränder, Brachland und Schuttstellen. Bei Gefahr stellen sich die Falter einfach tot und zeigen dabei ihre grellen Körperfarben Gelb, Weiß und Schwarz, was die meisten Verfolger abschreckt.

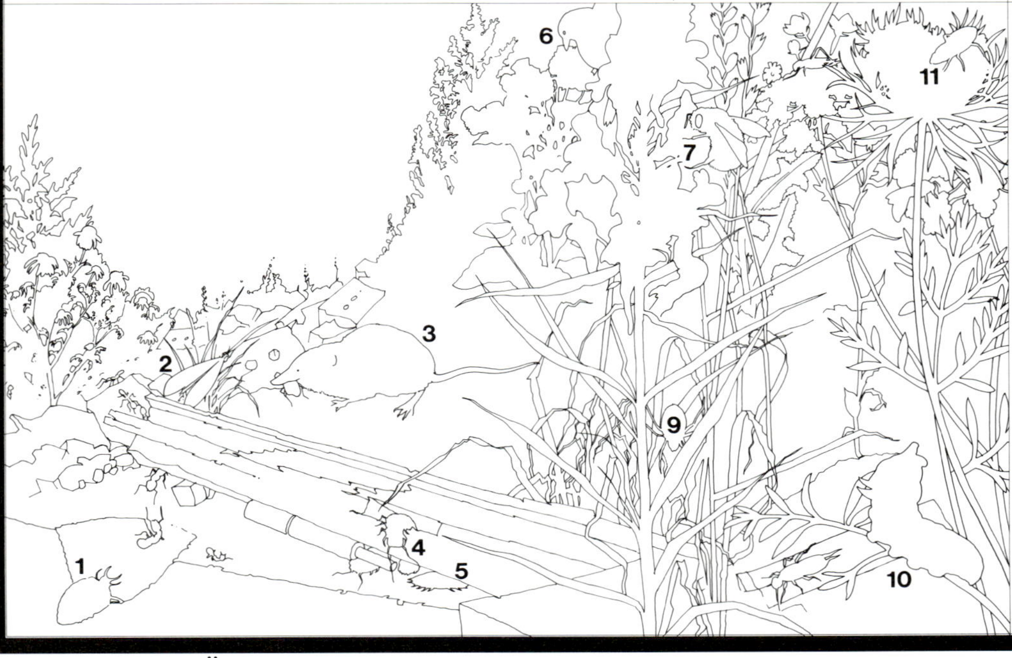

1 Ameisenlöwe (= Larve der Ungefleckten Ameisenjungfer)
2 Ungefleckte Ameisenjungfer
3 Feldspitzmaus
4 Steinläufer
5 Mauerassel
6 Distelfink
7 Steinhummel
8 Gemeines Leinkraut
9 Wespenspinne
10 Raupe vom Schwalbenschwanz
11 Behaarter Schnellkäfer

Gebäuderuinen, wie dieser eingestürzte Stall, sind Überlebensinseln für die Natur. In Sträuchern wie dem Traubenholunder (Sambucus racemosa) nisten viele verschiedene Vogelarten und finden hier auch genügend Nahrung. Mauerreste bieten den unterschiedlichsten Kleintieren Unterschlupf und Schutz und zwischen herumliegenden Steinen, Dachbalken und Ziegelsteinen siedeln alsbald Vertreter einer besonderen Pflanzenwelt: die Schutt- oder Ruderalflora.

Solche »unordentlichen« Plätze sind heute leider recht selten geworden - entgegen der menschlichen Auffassung herrscht hier eine genau festgelegte Ordnung, die das Miteinander aller Lebewesen regelt, die sich binnen kürzester Zeit an diesem ungestörten Ort ansiedeln.

Zwischen den unzähligen Hohlräumen im Gesteinsschutt finden Mauswiesel (Mustela nivalis) optimale Deckung und Jagdbedingungen. Meist werden die kleinen Räuber erst in der Abenddämmerung aktiv - nur großer Hunger treibt sie schon bei Tageslicht aus ihren Verstecken.

Burgruinen oder an ähnliche Gebäudereste zu denken, die ökologisch ebenfalls als Schuttplätze zu bewerten sind und sich unterdessen zu außerordentlich interessanten Lebensräumen entwickelt haben. Oft gibt es im besiedelten Raum auch kleinere Flächen, die mancherlei Gemeinsamkeiten mit typischen Schuttstellen und Ruinenstätten aufweisen. Wenn man sich auf Industriegeländen oder Bauplätzen, an Güterumschlagstellen oder auf Hinterhöfen etwas umsieht, wird man sicher viele dieser Standorte entdecken. Hier kann sich zumindest zeitweise eine recht kennzeichnende Flora und Fauna einstellen.
Typisch für die Schutt- und Trümmerhalden ist unter anderem ihre bunte Materialmischung: Holz, Betonteile, Ziegelsteine, Kalkmörtel, Asphalt, Abfälle, Scherben, Asche, Erdreste und manches andere liegt völlig ungeordnet neben- und übereinander. Die zufällig aufgehäuften, völlig verschiedenartigen Ausgangsmaterialien bedingen daher auf kleinstem Raum stark wechselnde Bodenverhältnisse. Locker liegender Grobschutt wechselt mit Feinschuttansammlungen am Rande oder in Vertiefungen ab. Dazwischen liegen vielleicht größere Betonplatten oder Asphaltstücke. Holz oder Steine verursachen Lücken, Ritzen, Spalten und andere Hohlräume. Gleich nebenan können je-

Relativ selten und unbeständig tritt die weißgrau bereifte, manchmal bis 2 m hoch werdende Eselsdistel (Onopordum acanthium) an trokkenwarmen Schuttstellen auf. Die großen Korbblüten locken zahlreiche Insekten, vor allem Hautflügler und Schmetterlinge an.

doch schon wieder verdichtete Erdpartien oder mit Humus vermischter Sand vorhanden sein. So erscheint es aufgrund des bunten Bodenmosaiks auch durchaus verständlich, daß eine Schuttstelle kaum Niederschlagswasser binden kann. In ihrem locker aufgehäuften Material versickert das Regenwasser bis zu 15mal rascher als in einem durchschnittlichen Gartenboden. Umgekehrt ist aber durch die vielen Hohlräume und groben Schuttbestandteile auch der kapillare Aufstieg von Grundwasser sehr erschwert. Die Böden an Schuttstellen trocknen daher unverhältnismäßig schnell aus. Messungen ergaben, daß ein Schuttboden mit höherem Grobschuttanteil nach einer regenfreien Periode von knapp zwei Wochen nur noch 2% Wasser enthielt. Ein humoser Gartenboden gleich nebenan führte unter den gleichen Witterungsbedingungen immerhin noch etwa 15% Wasser. Das Wasser kann auf Schuttböden also durchaus zum begrenzenden Faktor des Pflanzenwachstums werden. Ebenso kann die sommerliche Wärme in Verbindung mit unzureichender Wassernachführung aus dem Boden zu einem echten Streßfaktor für die pflanzlichen Besiedler solcher Standorte werden.

Die Beobachtung zeigt andererseits jedoch immer wieder, daß alle möglichen Schuttstellen und Ruinen von Pflanzen durchweg erfolgreich besiedelt werden können und zum Teil sogar eine recht üppig entwickelte Pflanzendecke aufweisen. Abfall- und Schuttstellen werden von ganz bestimmten Pflanzenarten bevorzugt, die unter dem Begriff Ruderalpflanzen zusammengefaßt werden. Fast alle pflanzlichen Besiedler von Ruderalstandorten sind extrem stickstoffliebende Arten, denn durch den mikrobiellen Abbau organischer Stoffe sind die Böden dieser besonderen Lebensräume mit Nitrat und anderen Stickstoffverbindungen stark angereichert.

Umgekehrt gelten die Pflanzen der Ruderalstandorte allesamt als zuverlässige Stickstoffzeiger. Mit ihrer Hilfe könnte man also durchaus frühere Schutt- und Abfallstellen kartieren. Siedlungsarchäologen nutzen diesen Zusammenhang sogar praktisch aus, wenn es etwa darum geht, die genauere Lage mittelalterlicher, später aufgegebener Dörfer (Wüstungen) oder andere menschliche Siedlungsstätten aus historischer Zeit im Gelände auszumachen.

Eine umfangreiche Artenliste setzt die typische Ruderalflora zusammen: Brennesseln führen die Auflistung an, denn sie gehören zu den häufigsten Stickstoffzeigern. Schwarznessel, Beifuß, Kletten, Ampfer, Gänsefuß, Fuchsschwanz, Schöllkraut, Weiße Taubnessel, Stechapfel, dazu auch verschiedene Disteln und andere Korbblütengewächse gehören zum artenreichen Aufgebot der typischen Schuttflora.

Nicht alle Ruderalpflanzen kommen überall vor, vielmehr lassen sich je nach den Artengefügen, die sich unter vergleichbaren Standortbedingungen immer wieder zusammenfinden, auch in der Vegetation der Schutt- und Abfallstellen verschiedene Pflanzengesellschaften unterscheiden, die jeweils nach einer besonders typischen Charakterart benannt werden:

So werden recht trockene und nicht allzu sehr mit Stickstoffverbindungen angereicherte Ruderalstellen von der relativ kurzlebigen Gänsefuß-Pionierflur besiedelt.

Dörfliche Plätze, die gewöhnlich viel stärker mit stickstoffhaltigen Verbindungen angereichert sind, zeigen an nur wenig beschatteten und nicht allzu häufig betretenen Stellen gewöhnlich die Wegmalven-Brennesselflur.

In Städten wird man am Straßenrand oder auch auf Baumscheiben recht häufig einen leicht erkennbaren, nur etwa halbhohen Rasen antreffen, der überwiegend aus Mäusegerste und Tauber Trespe besteht.

Das Auftreten der zahlreichen Ruderalgesellschaften zeigt größere regionale Unterschiede. Nur in Wärmegebieten ist beispielsweise mit der Kompaßlattichflur oder dem Glanzmeldengestrüpp zu rechnen, während die Eselsdistelflur fast ganz auf die Hofplätze und Dorfanger kontinentaler Lößdörfer beschränkt ist.

Auf Schuttstellen und Abfallplätzen im Umkreis menschlicher Siedlungen begegnen uns auch zahlreiche Ackerwildkräuter, die von ihren angestammten Wuchsplätzen mit der Giftspritze verdrängt wurden. Frische Ruderalstellen, zum Beispiel beim Wegebau aufgeworfener Lockerboden, überziehen sich oft mit einem unglaublichen Blütenflor aus Kamille, Klatschmohn oder Ackersenf. Schuttstellen sind aber ebenso auch zu Rückzugsgebieten solcher Pflanzenarten geworden, die früher einmal weithin typische Bestandteile der Dorfflora waren. In diesem Zusammenhang verdienen besonders die alten Ruinen Interesse. Auf den stickstoffreichen Böden im Umkreis des alten Gemäuers trifft man auf den Guten Heinrich ebenso wie auf Bilsenkraut, Stechapfel oder Herzgespann.

Schutt- und Abfallplätze und ähnliche siedlungsnahe Ruderalstandorte sind gewöhnlich die geeigneten Lebensstätten, an denen sich auch alle möglichen Zuwanderer und Neubürger der Flora (sogenannte Neophyten) einfinden. Viele Pflanzenarten, die erst in jüngerer Zeit zum Teil sogar aus anderen Kontinenten (Nordamerika, Südafrika, Asien) durch Verschleppung oder andere Ausbreitungsmanöver im Gefolge des Menschen nach Mitteleuropa kamen, versuchen die weitere Verbreitung oft über Ruderalstandorte. Franzosenkraut, Kanadisches Berufskraut, Strahlenlose Kamille oder eine große Anzahl von Gänsefuß-Arten wären in diesem Zusammenhang zu erwähnen.

Die Gesamtartenzahlen, die an Schuttplätzen oder im Bereich von Ruinen zu verzeichnen sind, hängen wiederum von verschiedenen Gegebenheiten ab: Lage bzw. Abstand zu vergleichsweise naturnahen Lebensgemeinschaften, aus denen ein Zuzug erfolgen könnte, der Zeitfaktor und das Entwicklungsalter eines Artengefüges müssen u.a. berücksichtigt werden.

Für einen relativ frischen Schuttplatz bei Worms wurden z.B. 45 verschiedene Pflanzenarten festgestellt. Im Bereich von zwei isoliert liegenden Bunkerruinen aus dem Zweiten Weltkrieg konnten dagegen schon über 90 verschiedene Blütenpflanzen gezählt werden. Erstaunlich ist der Pflanzenreichtum aus dem fast 300 Jahre alten Ruinengelände der rheinischen Höhenburg Hammerstein: Fast 300 verschiedene Arten!

Vom Pflanzenkleid, seiner Dichte, Wuchshöhe, Aspektfolge und Artenzusammensetzung, wird weitgehend auch die typische Fauna von Schuttstellen und Ruinen bestimmt. Mit der Ausbreitung bestimmter Schuttpflanzen konnten auch viele Tierarten ihre Arealgrenzen verschieben. So ist beispielsweise gut dokumentiert, daß im Trümmergelände der kriegszerstörten Stadt Braunschweig Schmetterlingsarten wie der Mittlere Weinschwärmer oder der Ligusterschwärmer - sonst in Norddeutschland eher als seltene Arten geführt - relativ häufig auftraten. Die Futterpflanzen ihrer Raupen, Weidenröschen und Liguster, hatten sich nämlich auf den Schutt- und Trümmerfeldern stark ausgebreitet.

Jede Pflanzenart, die sich an einem Ruderalstandort neu ansiedelt und ausbreitet, zieht beinahe automatisch auch neue tierische Besiedler nach sich:

Von der Kleinblütigen Königskerze, die auf trockenen Ruderalstellen häufig auftritt, ernähren sich 90 verschiedene Arten Pflanzenfresser. Die häufigen Kreuzkraut-Arten ernähren immerhin 76, der Vogelknöterich 40 und der Klatschmohn 15 Tierarten. Wenn so viele verschiedene Konsumentenarten von einer einzigen Pflanzenart abhängen, müssen sie ihre Nahrung geschickt aufteilen, um nicht zu gegenseitigen Konkurrenten zu werden. Fast alle von der Kleinblütigen Königskerze lebenden Insektenarten erfüllen diese Vorbedingung. Die an dieser Pflanze nachgewiesenen Raupen von 10 verschiedenen Schmetterlingsarten, dazu auch 6 Zweiflügler-, 17 Käfer-, 5 Fransenflügler- und mehr als 30 Wanzen-Arten beanspruchen für sich jeweils ganz bestimmte Blatt-, Stengel-, Blüten- oder Fruchtteile als Nahrung und Aufenthaltsort. Sogar bei Nutzung des gleichen Pflanzenteils ist eine zeitlich-räumliche Spezialisierung gewährleistet. Vom Stengel der Königskerze fressen sowohl die Larven eines Rüsselkäfers, als auch die Raupen von Palpenmotten. Allerdings verzehren die Käferlarven nur das Stengelmark, während sich die Schmetterlingsraupen von der wollfilzigen Stengeloberfläche ernähren.

Den Großteil der Besiedler trocken-warmer Ruderalstellen steuern vor allem die Insekten mit ihrem unglaublichen Artenreichtum bei. Springschwänze, pflanzensaugende Wanzen, Käfer, Schmetterlinge und Fliegen sind besonders zahlreich vertreten. Von den übrigen Gliedertieren fallen beispielsweise die Tausendfüßer und vor allem die verschiedenen Trichterspinnenarten auf, die in den zahllosen Ritzen und Spalten von Grobschutt ideale Unterschlupfmöglichkeiten finden und hier auch ihre raffiniert konstruierten Fangnetze aufspannen können.

Die Kleinhöhlen im groben Blockschutt aus Backsteinen und anderem Steinmaterial sind oft viel feuchter als die tageshelle Oberfläche, zumal sie durch ihre Porösität in gewissem Maße Wasser speichern können. Folglich halten sich in solchen Hohlräumen Schnecken und andere feuchtliebende Tierarten auf, beispielsweise Mauer-, Keller- und Rollasseln - bis zu 300 Individuen je Quadratmeter Oberfläche.

Würmer fehlen dagegen an Schuttstellen, ihre grabende Lebensweise ist nicht auf die Steinpacklagen von

Trümmerstätten und Abfallhaufen abgestimmt. Die Fauna der Ruderalstandorte beschränkt sich weitgehend auf wirbellose Tierarten. Kleinsäuger, z.B. Nagetiere, treten in diesen Lebensräumen kaum auf, auch nicht die übel beleumundete Wanderratte. Dagegen wurden gelegentlich erfolgreiche Bruten des Steinschmätzers auf Trümmergelände beobachtet. Dieser kleine Singvogel steht auf der »Roten Liste« und ist üblicherweise Brutvogel offener Moor- und Heideflächen oder der alpinen Felsstufen.

RÄUBER IM WARMEN SAND

»Er bedient sich seines Kopfes und seiner Zange als Schaufel. Diese schliesset er so zusammen, dass sich ihre beeden Spitzen kreutzen, hernach aber fähret er mit seinem breiten Kopf, den er zugleich unter sich drucket, zu beeden Seiten in dem Sand schnell hin und wieder, und wann dieser dadurch auf selbigem und auf der geschlossenen Zange aufgehäufelt lieget, so fährt er wie ein Blitz ruckwärts in die Höhe, so weit hinweg, dass die gröbsten und schwersten Sandtheilchen öfters über einen Schuh weit von der Grube wegfallen; dieses aber wiederholet er so oft und vielmal, bis er die Grube ausgeleeret und so tief gemachet, als es seine Beschaffenheit und Umstände erfordern«. Diese Beschreibung gab der in Nürnberg lebende Maler Johann August Rösel von Rosenhof (1705 - 1759) in seinem Buch »Insecten-Belustigung«. Die Rede war dabei vom Ameisenlöwen.

Der nur etwa 2 mm lange Brennesselrüssler (Cidnorhinus quadrimaculatus) ist regelmäßiger Gast auf Brennnesseln, von deren Blättern er sich ernährt. Und Brennnesseln wiederum finden sich häufig auf Schuttplätzen und in Ruinen.

Die Wilde Karde (Dipsacus sylvestris) ist ein ziemlich häufiger Schuttbesiedler. Ihre blaßvioletten Blüten werden nur von ganz bestimmten Insekten bestäubt, z.B. der Schwebfliege Volucella zonaria, die eine ganz interessante Biologie besitzt: Ihre Larven können sich nämlich nur parasitisch in Hornissennestern entwikkeln.

Trichterspinnen (Coelotes atropa) lauern am blinden Ende raffiniert gefertigter Trichter auf Insekten, die unvorsichtigerweise die ausgelegten Fangfäden betreten, gehen aber auch aktiv auf Beutefang.

Ameisenlöwen sind die knapp fingernagelgroßen Larven der Ameisenjungfern, relativ großer, flugfähiger Insekten, die im Aussehen ein wenig an Libellen erinnern, aber zu den Netzflüglern gehören. Die Ameisenlöwen bauen im lockeren, warmen Sand Fangtrichter von etwa 1,5 cm Durchmesser. Kleine Bodentiere wie Ameisen, Käfer oder Spinnen, die dem Trichterrand zu nahe kommen, geraten ins Rutschen und meist direkt in die beiden Kieferzangen der eingegrabenen Larve. Die Zangen lähmen die Beute mit einer Giftinjektion und saugen sie allmählich aus. Sollte ein Opfer versuchen, aus dem Sandtrichter zu fliehen, schleudert der Ameisenlöwe ihm ein gezieltes Trommelfeuer von Sandkörnern nach, bis er erneut abstürzt.
Ameisenlöwen nehmen kein Wasser auf, sie decken ihren Wasserbedarf aus der Körperflüssigkeit ihrer Beutetiere.
Die Ameisenjungfern sind dämmerungsaktive Flieger, die sich tagsüber unter Pflanzen verbergen. Nur von Mai bis Juni kann man sie antreffen. In dieser Zeit werden vom Weibchen etwa 20 Eier abgelegt. Die daraus schlüpfenden Ameisenlöwen müssen zweimal überwintern, ehe sie sich in einem kugeligen Gespinstkokon, der außen kunstvoll mit Sandkörnern und winzigen Steinchen besetzt ist, verpuppen.

VOM WINDE VERWEHT

Schuttplätze und Abfallstellen liegen gewöhnlich weit voneinander entfernt. Dennoch ist es immer wieder erstaunlich, wie rasch sie genau von denjenigen Pflanzen besiedelt werden, die an ihre besonderen Standortbedingungen optimal angepaßt sind. Offenbar verfügen diese Pflanzen wie alle Pioniersiedler über besonders wirksame Verbreitungstechniken.
Zum Beispiel das Kanadische Berufskraut, eine anspruchslose und auf Ruderalstandorten beinahe allgegenwärtige Art. Jede einzelne Pflanze produziert etwa 120 000 winzige, mit einem feinen Haarkranz versehene Früchte. Ein kräftiger Winstoß genügt, um sie aufzuwirbeln und über größere Entfernungen davonzutragen. Schuttkressen versehen ihre Samen dagegen mit kleinen Gleitflächen, so daß sie wie Deltasegler durch die Luft reisen. Die Samen von Königskerzen und Nachtkerzen besitzen keine besonderen Flugeinrichtungen, dafür sind sie jedoch staubfein und werden schon bei geringer Windstärke über große Entfernungen verfrachtet. Die Begrünung des nächst erreichbaren Schuttplatzes wäre damit gesichert.
Die Samen der meisten Ruderalpflanzen bleiben zudem über viele Jahre hinweg keimfähig. Eventuell können sie auch längere Zeit im Boden ruhen, ehe sie mit der Keimung beginnen. Jede Schaufel angefahrenen oder aufgeworfenen Bodens, der an einer Schuttstelle landet, führt mit Gewißheit etliche hundert keimfähige Samen. Daraus erklärt sich die weite Verbreitung von Ruderalpflanzen wie Gänsefuß, Bingelkraut, Brennessel oder auch von Klatschmohn und Ampfer-Arten, die keine flugtüchtigen Samen oder Früchte entwickeln.
Vielfach helfen auch die Tiere bei der Samenverbreitung mit, darunter so unscheinbare Wesen wie die Ameisen.
An den Samen vieler Pflanzenarten z.B. befindet sich ein kleines, sehr fettreiches Anhängsel, das von Ameisen gerne verzehrt wird. So sammeln sie u.a. die Samen vom Schöllkraut und sorgen für deren standortgerechte Plazierung.

AUF SCHUTTPLÄTZEN UND RUINEN NACHGEWIESEN:

Pflanzenarten	**über 290**
Tierarten	**über 350**
Säugetiere	7
Vögel	15
Amphibien	1
Reptilien	2
Käfer	140
Asseln	5
Springschwänze	18
Regenwürmer	6
Wanzen	46
Blattläuse	13
Schlupfwespen	18
Fliegen	48
Schmetterlinge	33

DURCH DIESE HOHLE GASSE...

kommt Leben in die Landschaft. An der besonnten Lößsteilwand siedelt eine faszinierende Artengemeinschaft von allerhand Wespen und Bienen mit ungewöhnlicher Brutbiologie. Auf der Suche nach honigsüßen Bienenlarven und fetten Wespenpuppen hackt ein Grünspecht in der Wand. Am Fuß der Schattenseite liegt der Brutgang eines Bienenwolfes, hier wuchern aber auch der schmackhafte Schwarze Holunder, Robinien und Efeu.

Die aufgeblasenen Samenhülsen gehören zum Blasenstrauch, einer seltenen Wildstrauchart des warmen Weinbergklimas.

HOHLWEGE

Auch Hohlwege sind ungemein interessante und bei näherem Hinsehen sogar besonders faszinierende Ökosysteme. Eigenartigerweise ist ihre Entstehung fast immer mit dem Weinbau verknüpft, deshalb finden sich die größten und schönsten Hohlwege vor allem in den klimatisch begünstigten Weinbauregionen entlang des Rheins und seiner großen Nebentäler. Der Kaiserstuhl in Südbaden ist berühmt für seine Weine - und für seine prächtigen Hohlwege. Die ältesten bekannten Hohlwege sind in diesem Gebiet genauso alt wie der Weinbau selbst, nämlich über 1000 Jahre. Eindrucksvolle Hohlwege entstanden auch weiter nördlich im Oberrheingebiet, beispielsweise zwischen den Weinorten Alsheim und Nierstein oder auch im Herzen Rheinhessens zwischen den Städten Bingen, Mainz und Worms. Sogar bis an die Nordgrenze des geschlossenen Weinbaugebietes am Siebengebirge finden sich Hohlwege. Stellenweise durchsetzen sie auch die steilen Rebhänge der Nebentäler, wie im Gebiet von Main und Nahe oder Mosel, Saar und Ruwer. Weitaus seltener treten Hohlwege dagegen in reinen Waldgebieten in Erscheinung, auch wenn dort die Reliefbedingungen zu ihrer Entstehung durchaus gegeben sind. Im Teutoburger Wald, im Weserbergland oder im Rothaargebirge bleiben diese tiefeingeschnittenen Wege daher mehr auf Einzelfälle beschränkt.

Hohlwegsysteme entwickeln sich nicht überall. Voraussetzung sind Steilhänge aus weichen, besonders erosionsanfälligen Sedimenten. Fast überall im Rheingebiet kommen dafür Ablagerungen von Lößlehm in Frage, seltener auch reiner Löß, der zudem auch noch recht kalkhaltig ist, weil er von unzähligen Schneckenhäusern durchsetzt wird. Bemerkenswerte Lößvorkommen finden sich am Kaiserstuhl: Rund 85% dieses Vulkanbergstocks sind lößbedeckt. Die Schichtdicken liegen zwischen 5 und 15 m, ausnahmsweise auch bei fast 30 m - es sind die mächtigsten Lößvorkommen Europas. Ausgedehnte Lößvorkommen gibt es auch in Mainfranken, besonders im Verbreitungsgebiet des Muschelkalks und des Lettenkeupers. Nur wo das

Diese Gasse zum Scheibenhardt bei Bickensohl/Kaiserstuhl gilt als schönster Lößhohlweg Deutschlands. Fast 15 m ragen die mächtigen Lößwände am Wegeinschnitt auf. Die Gesimse tragen überaus abwechslungsreiche Pflanzenmosaike. Jahrhundertelange Wegbenutzung hat die Wegsohle mit der Zeit immer tiefer gelegt. Fließwassererosion hat ebenfalls zum heutigen Bild beigetragen.

Trockene Überhänge der Steilwände können von solchen sonderbaren Gebilden übersät sein: Es handelt sich hier um aus Lößbröckchen zusammengeklebte Nesteingänge der Lehmwespen (Odynerus spinipes).

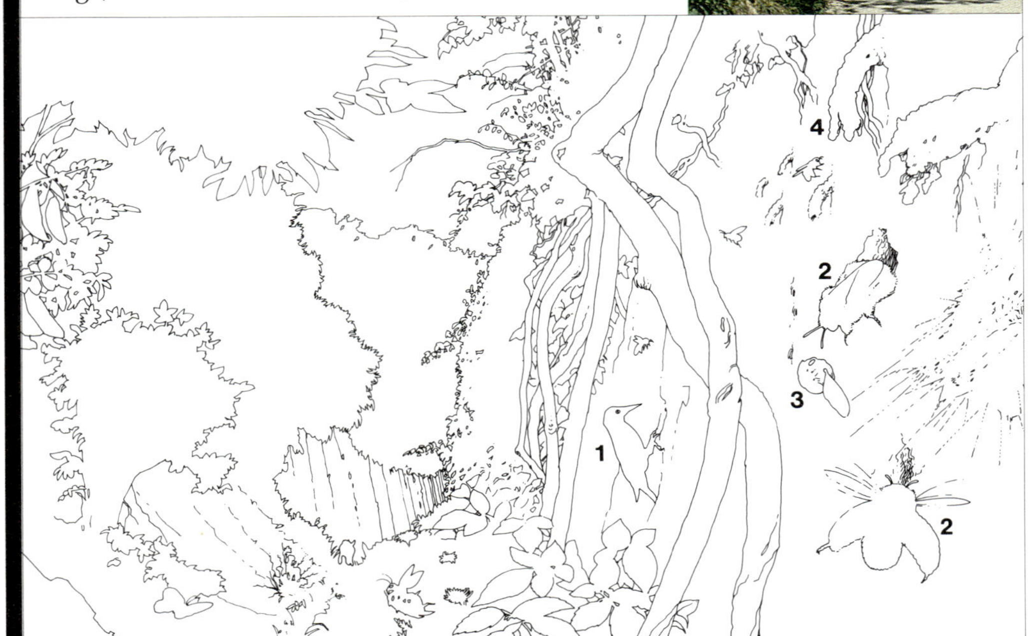

1 Grünspecht
2 Hosenbienen
3 Feuergoldwespe
4 Brutröhren der Lehmwespe

Maintal das Steigerwaldvorland quert, sind die Hohlwege in sandiges Sediment eingetieft.
Eigentlich ist ein Hohlweg nichts anderes als eine wirtschaftsbedingte Form der Geländeerosion. Nachgiebiger Sand oder Löß waren auf Dauer der mechanischen Belastung duch Fuhrwerke oder der erodierenden Kraft von fließendem Oberflächenwasser nicht gewachsen. Ochsenkarren und Pferdegespanne drückten mit schwergewichtigen Speichenrädern tiefe Fahrrinnen in den weichen Untergrund. Regengüsse, die zumindest zeitweise wie kleine Sturzbäche dem Weggefälle folgten, spülten das aufgelockerte Material leicht ab. Auf diese Weise konnten innerhalb eines Jahres bis etwa 20 cm Lößboden abgetragen werden. Der Weg wurde dabei nicht nur immer weiter in das Gelände eingetieft, sondern auch zusehends breiter. Pflanzenwurzeln, Insekten und grabende Kleinsäuger - wie Kaninchen - sorgten zusätzlich für eine Lockerung der Lößwände. Auch wurde vom Frost in jedem Winter immer wieder einmal eine kleine Schichtlage abgesprengt.
Mehrere Kleinstandorte machen die Eigenart des Ökosystems Hohlweg aus: Die Geländekante am oberen Wegeinschnitt ist gewöhnlich dicht mit Gräsern, Kräutern, Sträuchern oder kleinen Bäumen bewachsen. Die steilabfallende Lößwand ist meist frei von Pflanzenwuchs, allenfalls konnten auf kleinen konsolenartigen Vorsprüngen oder Riegeln einzelne krautige Pflanzen Fuß fassen. Der Wandfuß ist gewöhnlich von einer kleinen Böschung aus verstürztem Material verdeckt, auf der sich zahlreiche stickstoffliebende Pflanzenarten ansiedeln. Frei von Pflanzenwuchs ist dagegen wiederum die eigentliche Wegsohle.
Die Abmessungen eines Hohlwegsystems können beträchtlich sein: Bei den durch Jahrhunderte immer wieder benutzten Lößhohlwegen des Kaiserstuhls liegen die Oberkanten bis 40 m auseinander, und die Wegsohle des tiefsten Hohlweges lag 13 m unter dem übrigen Geländeniveau. Alle Hohlwege einer Gemarkung ergaben zusammen ein kilometerlanges Labyrinth, das wie die Verzweigungen eines Baumes aufgebaut war: Vom zentralen Stamm, dem Hauptweg, zweigten größere »Äste« ab, die ihrerseits in immer kleinere Nebenwege endeten.
Hohlwege sind heute weitgehend ein Relikt aus der früheren Wirtschaftslandschaft und daher im Bestand sicher gefährdet. Viele Hohlwege verfielen, weil sie nicht mehr genutzt wurden, anderenorts hat man sie auch einfach zugeschüttet. Besonders der Rebflurbereinigung sind viele dieser interessanten Lebensstätten zum Opfer gefallen. Aus dem Kaiserstuhl mit seinen häßlichen Rebterrassen sind besonders viele Verluste bekanntgeworden. Bei den Neuformungen der Rebflächen wurden viele Hohlwege einfach einplaniert. Bis 1978 waren von einem einst sehr weitläufigen Wegenetz Lößhohlwege mit einer Gesamtlänge von etwa 26 km übriggeblieben; nur 5 dieser Wege mit etwa 1800 m Länge befanden sich davon in gutem Zustand. Bis 1982 wurden 3 davon vernichtet oder bis zur ökologischen Wertlosigkeit beeinträchtigt.
Mit der Flurbereinigung stellte sich auch im Gebiet des Kaiserstuhls der Artenschwund ein. Von dem Umbau der Weinbauflächen wurden in einem etwa 10 ha großen Gebiet nur an den Lößböschungen 220 Pflanzenarten nachgewiesen. Das gleiche Gebiet wies nach der Flurbereinigung nur noch 85 Arten auf. Jeder intakte Hohlweg bedeutet daher ein einzigartiges Artenrefugium. Dies gilt selbstverständlich auch für die Hohlwegvorkommen außerhalb des Kaiserstuhls. Im Bereich eines Weges, der in die Lößlehmlagen des südlichen Stadtgebietes von Bonn eingetieft ist, wurden insgesamt 145 verschiedene Pflanzenarten nachgewiesen.
Hohlwege sind aber nicht nur Pflanzenstandorte, auch für die Tierwelt stellen sie unersetzliche Kleinlebensräume dar. Über 450 Arten kommen hier vor, wobei die Insekten mit zahlreichen bedrohten Artengruppen vertreten sind, etwa mit Schlupfwespen, Goldwespen, Wegwespen, Grabwespen, Bienen und Fliegen. Aber auch von den Schmetterlingen, die in diesem Biotop leben, stehen etliche auf der »Roten Liste«, z.B. Waldrebenspanner, Flechteneule, Windeneule, Reitgras-Silbereule, Ahornspinner, Brombeerbärchen oder Eichenbuschspinner. Für die Säugetiere, Vögel, Reptilien und Amphibien sind Hohlwege dagegen eher von untergeordneter Bedeutung, wenn man einmal davon absieht, daß gerade in den Hohlwegsystemen der Wärmegebiete mit Bienenfresser, Grauschnäpper, Smaragdeidechse, Schlingnatter und Kreuzkröte durchaus gefährdete Arten vorkommen.

EIN LEBEN LANG LÖSS UND LEHM

Wenn man eine besonders charakteristische Tiergruppe der Löß- und Lößlehmhohlwege benennen soll, wird man sie auf jeden Fall bei den Insekten, genauer bei denjenigen Bienen- und Wespen-Arten suchen müssen, die ihre Brutröhren in das weiche Wandmaterial graben. Besonders sonnige und damit warme, gleichzeitig aber auch überdachte und regensichere Steilwände ziehen Dutzende von Arten an. Bei genauerem Hinsehen erkennt man auch die Spuren ihrer Aktivität: Stellenweise ist jeder Quadratmeter Oberfläche von hundert oder mehr Gängen regelrecht durchlöchert.
Diese Brutröhren werden von den betreffenden Arten entweder mit den Mundwerkzeugen oder mit den Beinen angelegt. »Mundgräber« sind durchaus in der Lage, den verfestigten, in den Steilwänden anstehenden Löß anzubohren. Die »Beingräber« bevorzugen dagegen weicheres Material und richten sich folglich eher in den Lockerhaufen am Wandfuß ein. Typische Mundgräber sind Solitärbienen und Lehmwespen, zu den Beingräbern gehören u.a. die Grab- und Wegwespen.
Jede Solitärbienen-Art trägt den Pollen ganz bestimmter Blütenpflanzen in ihre Brutröhren ein. Darüber hinaus haben die verschiedenen Arten jeweils auch noch eine besondere Sammel- und Transporttechnik entwickelt:
Hosenbienen z.B. besuchen bevorzugt Wegwarte und Habichtskräuter und gehören zum Typ des Bein-

Dieses Lehmwespen-Weibchen trägt eine erbeutete Rüsselkäferlarve in ihre Nisthöhle ein. Zwischen 10 - 30 solcher Exemplare kommen als Vorrat in eine Nistkammer, in die das Weibchen dann ein Ei ablegt und anschließend die Kammer mit Lößlehm verschließt. Die Larve hat dann genügend Nahrungsvorrat bis zum Schlüpfen im nächsten Sommer.

Auch Wildbienen finden in Hohlwegen geeigneten Lebensraum und Nahrung. Jede Art hat sich auf ganz bestimmte Blütenpflanzen als Pollenlieferant spezialisiert, so daß sie sich untereinander nicht in die Quere kommen. Diese Sandbiene (Andrena spec.) hat einen erfolgreichen Nahrungsflug hinter sich, denn sie ist über und über mit Pollen bestäubt und am dritten Beinpaar hängt auch noch ein ordentliches Paket klebrigen Pollens.

Ca. drei Dutzend verschiedene Grabwespen-Arten halten sich in den Lößlehmwänden von Hohlwegen auf, u.a. auch Lestica alata. Hier eine Paarungsszene: Die Kopulation findet auf dem Körper eines Nachtschmetterlings statt, den das kleinere Männchen dem Weibchen als »Brautgeschenk« mitgebracht hat.

Diese Feuergoldwespe (Chrysis ignita) schlüpft gerade aus der Niströhre einer Mauerbiene. Sie hat die kurzzeitige Abwesenheit der Niströhren-Inhaberin dazu genutzt, um ihre eigenen Eier ins gemachte Nest zu legen. Die schlüpfenden Feuergoldwespen-Larven werden zunächst den Mauerbienen-Nachwuchs und dann auch noch deren Freßvorräte auffressen - der perfekte Brutparasitismus.

Auch diese farbenprächtige Erzwespe (Leucopsis gigas) schlägt Profit aus der Arbeit anderer Arten, ihre Larven entwickeln sich in den Nestern verschiedener Solitärbienen, vor allem in denen der Mörtelbienen.

Die Schattenseite tiefeingeschnittener Hohlwege bietet oft genug Feuchtigkeit für verschiedene Schnecken-Arten. Hier eine ziemlich ungewöhnliche Art, die Zottige Haarschnecke (Trichia villosa), deren Gehäuse mit kurzen Härchen besetzt ist. Sie kommt in Süddeutschland bis in die Alpen vor.

Nur wenige Wildstandorte gibt es in der BRD vom Blasenstrauch (Colutea arborescens), einem Schmetterlingsblütengewächs. Dieser Strauch mit seinen auffälligen, blasenartig aufgetriebenen Samenkapseln gehört zu den Kennarten der südeuropäischen Eichen-Gebüsche, kommt aber auch noch im Kaiserstuhl im Saum der Lößhohlwege vor.

sammlers, bei dem eine dichte Beinbehaarung zum Pollentransport dient. Mit sechs Ladungen vermag eine Hosenbiene ihre Brutzelle zu füllen - eine Leistung, an die keine andere heimische Bienenart heranreicht.
Mauerbienen oder auch Blattschneiderbienen führen eine andere Sammeltechnik vor, sie sind Bauchsammler: Spezialbürsten an den Beinen kehren die von Hornklee, Luzerne und anderen Schmetterlingsblütengewächsen übernommenen Pollen unter ihren Bauch. Die von diesen Bienen aufgesuchten Blüten kommen der Bauchsammeltechnik auf elegante Weise entgegen, denn sie bieten den Blütenstaub schon gleich aus der passenden Richtung, nämlich von unten an.
Neben den von Solitärbienen gegrabenen Löchern fallen an den Wegsteilwänden auch eigenartig gekrümmte Gebilde auf, die fast ein wenig an einen Wasserhahn erinnern: Es sind die Brutröhreneingänge von Lehmwespen. Anders als die Solitärbienen tragen die Lehmwespen den mit Flüssigkeit erweichten Lehm, den Abraum ihrer Brutröhren, nicht fort, sondern verwenden ihn an Ort und Stelle zu seltsamen Vorbauten.
Lehmwespen tragen keinen Blütenpollen ein, sondern lagern in ihren Brutkammern Rüsselkäferlarven. Sonst gleicht ihre Brutbiologie weitgehend den übrigen Artengruppen. Jede Brutkammer beladen sie mit 30 gelähmten Larven des Luzernenblatt-Rüsselkäfers - etwa 150 Larven je Brutröhre. Bis zu zwei Wochen benötigt eine Wespe oder Biene bis zur Fertigstellung ihrer Brutröhre im anstehenden Material.
Die Beingräber, die Grab- und Lehmwespen, gehen solchen Härten lieber aus dem Wege und graben an frisch abgebrochenen, noch weichen Stellen oder gleich in den losen Aufschüttungen am Fuß der Wände.
Den Bienenwolf, eine der kennzeichnenden Grabwespen dieses Lebensraumes, verrät ein bis 10 cm hoher, kegelförmiger Materialauswurf direkt unter seiner Brutröhre. Die Brutröhre selbst besteht aus einem fast 1 m langen Hauptgang, von dem bis zu 30 Nebengänge mit je einer Larvenkammer abzweigen. Jede dieser Kammern wird mit 2-6 Honigbienen bestückt. Wie bei allen räuberisch lebenden Wespenverwandten gehen auch beim Bienenwolf nur die Weibchen auf die Jagd, die Männchen sind völlig harmlose Blütenbesucher.
Die Jagd der Grabwespenweibchen nimmt gewöhnlich folgenden Verlauf: Unbeweglich verharren die gelbschwarz gefärbten Weibchen in Blütennähe. Nähert sich ein Blütengast, nimmt die Jägerin eine Duftprobe und bringt einen Stich in die Brust an - falls es sich um eine Honigbiene handelt. Dieser Stich lähmt die Muskulatur sofort, läßt die Beute aber am Leben. Die Larven, die 3 Tage nach der Eiablage in den Brutkammern schlüpfen, finden somit einen reichlichen Vorrat an Lebendfutter vor.
Die Insektensiedlungen in den Hohlwegwänden locken auch eine Menge Brutparasiten an:
Kuckucksbienen haben es beispielsweise auf Solitärbienen abgesehen. Sie töten die Wohnungsinhaber, verzehren deren Eier und legen dann die eigenen Eier in die mit Pollen gefüllten Brutkammern.
Feuergoldwespen sind Brutparasiten bei Lehm-, Grab- und Wegwespen. Die erwachsenen Tiere selbst rühren die Eier der Wirtsarten nicht an. Das besorgt ihr gefräßiger Nachwuchs, der sich über die angelegten Futtervorräte, über die Eier oder auch die bereits ausgeschlüpften Wirtslarven hermacht.

NÜTZLICHE FUNKTIONSVIELFALT

Steile Lößwände sind nicht nur Brutstätte hochspezialisierter Bienen und Wespen, sondern erfüllen noch eine ganze Reihe weiterer ökologisch wichtiger Funktionen: Sie sind Rendezvousort vieler Tierarten, zum Aufwärmen sehr geeignete Plätze, ferner Jagdrevier, Verpuppungsstätte, Ruheplatz und Winterquartier.
Die Mehrzahl der 350 an den Kaiserstuhler Lößwänden festgestellten Tierarten, nämlich rund 330, gehören zu den Insekten und Spinnen. Diese vielgliedrigen Wirbellosen entwickeln keine konstante Körpertempe-

ratur wie die Vögel und Säugetiere, sondern sind als Wechselwarme immer genauso warm oder kalt wie ihre Umgebung. Sonnige Lößwände bieten ihnen günstige Lebensbedingungen. Schon im April liegen hier die Temperaturen um fast 12° C höher als am Boden. Wanzen, Fliegen, Sandlaufkäfer, aber auch Heuschrekken und sogar Eidechsen wärmen sich hier gerne auf. Die Lößwand ermöglicht ihnen somit viel längere Aktivitätszyklen. So finden auch die Paarungspartner viel eher zusammen. Andererseits machen in einem solchen Lebensraum auch alle möglichen räuberisch lebenden Arten rasche Beute, darunter etwa die vielen Spinnen - Netzspinnen, Springspinnen und weitere Spezialisten.
In Ritzen und Spalten verpuppen sich Schmetterlinge wie der Gemeine Sackträger. Seine Raupen, die sich von Moosen und Flechten ernähren, bauen sich zur Tarnung und zum Schutz sackartige Gespinste, in die sie sich zeitweise zurückziehen können. Unter Unterhängen oder in Nischen findet man die Stürzpuppen der Edelfalter, die Gürtelpuppen von Weißlingen oder die Puppenkokons von Spinnerarten. Nachtschmetterlinge, vor allem die Vertreter aus den artenreichen Familien der Eulen und Spanner, verbringen in den zahlreichen Kleinstrukturen des Ökosystems Lößhohlweg ihre Ruhephasen.
Tagsüber verbergen sich in tieferen Löß- oder Lößlehmhöhlen auch gerne verschiedene Amphibien, denn schon in rund 30 cm Tiefe garantiert dieses wasserspeichernde Lockermaterial weitgehend konstante Feuchtebedingungen. Im trockenwarmen Weinbergsklima könnte die Kreuzkröte sonst kaum überleben.
Schließlich sind die vielen aufgegebenen Wohnröhren und Minihöhlen auch wichtige Überwinterungsquartiere, die von Wanzen, Käfern und Spinnen aufgesucht werden.

FÜR PFLANZEN EIN SCHWIERIGES GELÄNDE

Für die meisten Blütenpflanzen ist die Lößoberfläche zu hart, zu trocken und andererseits auch zu wenig stabil. Die hochragenden Lößwände bleiben deswegen nahezu vegetationslos. Nur eine Reihe niederer Pflanzen kann sich hier erfolgreich ansiedeln. Algen und Moose sind daher mit speziellen Arten in den Wänden zu finden, dazu eine Reihe Erdflechten. Die hübsche Lößsternflechte z.B. ist ein ausgesprochener Biotopspezialist, der nur auf Lößflanken siedeln kann.
Für weniger steile Lößhänge oder die Oberkanten der Hohlwege ist oft eine trockenrasenähnliche Flora typisch. Tatsächlich kommen in kalkreichem Lehm oder Löß bei Südexposition der Standorte eine ganze Reihe von Arten der Kalkmagerrasen vor, beispielsweise das Blaugrüne Labkraut oder die Gamander-Sommerwurz, ein blattgrünfreier Schmarotzer auf Berggamander.
Bezeichnenderweise trifft man hier auch sehr oft auf eine ehemalige Kulturpflanze, den Färberwaid. Früher wurde aus dieser gelbblühenden Pflanze der Textilfarbstoff Indigo gewonnen, der u.a. den Bluejeans zu ihrem Welterfolg verholfen hat.

Hügelmeier, Sonnenröschen, Zypressen-Wolfsmilch, Blutroter Storchschnabel, Steinsame und Karthäusernelke sind besonders farbenprächtige Arten, die von den Wärmestandorten der Lößgebiete gerne in die Hohlwege vordringen.
Aber nicht nur wärmeliebende Kräuter und Gräser säumen die Hohlwege, an ihren Rändern finden sich auch die für Wärmegebiete typischen Sträucher und Gebüsche ein. Außer Liguster oder Felsenbirne wächst hier die seltene Steinweichsel oder Weichselkirsche auf, die sonst fast nur in den besonnten Felsfluren des Mittelrhein- und Donaugebietes vorkommt. Im Hohlweg trifft man wohl auch noch auf die Gemeine Berberitze, die in der Kulturlandschaft als Zwischenwirt des Getreiderostes, einer Pilzerkrankung, nahezu ausgerottet ist. In ihrem dichten, verdornten Gezweig nisten sehr gerne Singvögel wie Heckenbraunelle oder Grasmücken-Arten.
Schließlich weisen die Hohlwege im Kaiserstuhl auch noch zwei besonders bemerkenswerte Strauchgehölze auf, nämlich den Blasenstrauch mit seinen pergamentartigen, eigentümlich aufgedunsenen Hülsen und die Strauch-Kronwicke. Beide Arten sind eigentlich im Mittelmeergebiet zu Hause und haben ihre einzigen Wildvorkommen in Deutschland im trockenwarmen Kaiserstuhl.
Hohlwege haben jedoch nicht nur sonnendurchglühte Flanken mit dem Kleinklima eines Trockenrasens, sondern auch weniger besonnte und etwas feuchtere Nordflanken. Hier fällt die Besiedlung durch Pflanzen gewöhnlich völlig anders aus: Kletterpflanzen wie Efeu oder Waldrebe gedeihen besonders üppig und bilden mitunter dichte, grüne Vorhänge - ein idealer Brut- und Aufenthaltsplatz für viele Vogelarten. Unterstützt werden diese einheimischen Lianen von krautigen Schling- und Kletterpflanzen wie Zaunwinde und Zaunrübe. In wintermilden Gebieten kommen auch weitere bemerkenswerte Halbschattenarten vor wie Immergrün, Aronstab, Einbeere oder verschiedene Farnpflanzen.
Entscheidend für den ausgeprägten Artenreichtum von Hohlwegen ist offenbar, daß die Besiedler hier ein wirksames Rückzugsgebiet finden und auch nicht dem Selektionsdruck durch alle möglichen Biozide ausgesetzt sind.

IN HOHLWEGEN NACHGEWIESEN:

Pflanzenarten	**über 140**
Tierarten	**über 450**
Säugetiere	2
Vögel	29
Amphibien	1
Reptilien	3
Bienen, Wespen	171
Fliegen, Mücken	39
Schmetterlinge	132
Käfer	22
Wanzen	15
Spinnen	25
Schnecken	8

FALLOBST DECKT DEN TISCH

Eine urige Obstwiese aus knorrigen Hochstämmen ist ein paradiesisches Tischlein-deck-dich. Wespen, Fliegen, Asseln, Stare und der Igel tun sich am Fallobst gütlich. Schmetterlinge saugen gärenden Fallobstsaft. Erdkröten fressen sich an Schnecken dick und rund. Mit seinem Pinzettenschnabel sucht ein Gartenbaumläufer Rindenritzen nach Spinnen und Insektenpuppen ab. Und selbst die zahlreichen Astlöcher und Spechthöhlen der Bäume bleiben nicht ungenutzt. Hier verbringen Gartenschläfer und Steinkauz ihre Tage.

STREUOBSTWIESEN

Zweifellos ist der Obstbau mindestens ebenso alt wie der gesamte übrige Feld- und Gartenbau. Vermutlich haben spätestens die Menschen der Bronzezeit bestimmte Wildobstarten gezielt angepflanzt, um sie leichter und zuverlässiger ernten zu können. Nachweislich pflanzten in der Mitte des zweiten vorchristlichen Jahrtausends die Perser und Ägypter Obstgehölze an ihren Landstraßen. In spätantiker Zeit, etwa um 200 n.Chr., führten römische Soldaten den veredelnden Obstbau an der Mosel ein. Damals kannte man bereits an die 40 verschiedene Birnensorten. Zunächst beschränkte sich der Anbau noch weitgehend auf die Gärten der römischen Villen und Gutshöfe der Provinz. Für längere Zeit scheint der Obstbau hausnahen Grundstücken vorbehalten zu sein. Eine Landgüterverordnung Karls des Großen aus dem Jahre 812 schreibt ausdrücklich den Anbau verschiedener Obstgehölze vor, und so werden vor allem die karolingischen Kammergüter und Meierhöfe die Tradition des Obstbaus fortgeführt haben, ebenso die in ihrer Tradition stehenden Klostergärten. Etwa seit dem 15. Jahrhundert breitete sich der Obstbau stark aus. Die klimatisch begünstigten Tallagen von Rhein, Main und Neckar sowie die Ränder der Mittelgebirge wurden alsbald zu Obstbauregionen. Weitere Entwicklungsschübe setzten im 18. und 19. Jahrhundert ein. Aus die-

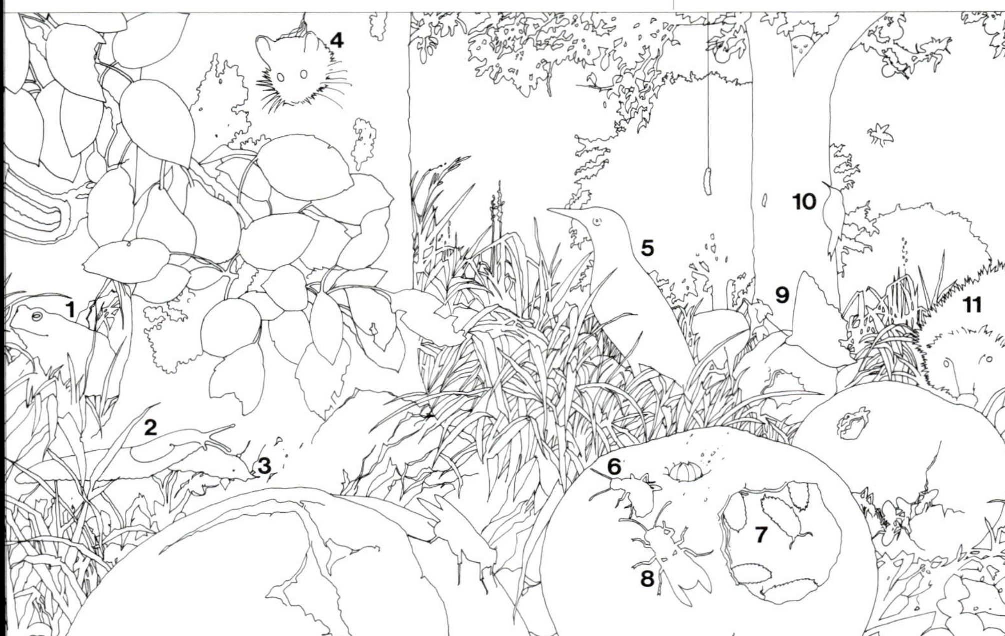

Obstwiese im Mai. Streuobstwiesen sind nicht nur ein prägender Landschaftsbestandteil, sondern zugleich einer der artenreichsten Lebensräume unserer Heimat.

1 Erdkröte
2 Spanische Wegschnecke
3 Garten-Wegschnecke
4 Gartenschläfer
5 Star
6 Gemeiner Ohrwurm
7 Mauerasseln
8 Deutsche Wespe
9 Kleiner Fuchs
10 Gartenbaumschläfer
11 Igel

ser Zeit sind Verordnungen überliefert, wonach jeder ansässige Bürger, jeder Zuzügler und jeder Heiratswillige eine bestimmte Anzahl Birn-, Apfel-, Kirsch- und Zwetschgenbäume entlang von Flurwegen oder Landstraßen, auf Allmendeflächen oder brachgefallenen Weinfluren pflanzen und auch pflegen mußte. So entstand in der dörflichen Flur allmählich ein festes Flächennutzungsgefüge: Das Dorf wurde von einem Kranz bäuerlicher Gärten umgeben. Zur freien Ackerflur folgten die Obstwiesen und baumgesäumten Wirtschaftswege, und die Felder grenzten an das Waldland der Gemeinde an.

Die aus dieser Zeit stammenden Streuobstwiesen prägen bis heute das Bild vieler Regionen, so daß man regelrecht von Streuobstlandschaften sprechen kann. Südwestdeutschland ist beispielsweise eine Großregion, in der Obstwiesen und Obstgehölze einfach zum Landschaftscharakter gehören. Bis in die Zeit nach dem Zweiten Weltkrieg gab es allein in Baden-Württemberg rund 14 Millionen Hochstamm-Obstbäume. Aus wirtschaftlichen Gründen wurden zwischen 1957 (Gründung der EWG) und 1974 in Baden-Württemberg fast 14 000 ha Streuobstbestände gerodet, und dies in einem Bundesland, in dem die Obstwiese umgangssprachlich ganz zärtlich »s`Gütle« genannt wird. Wieviele Bäume dabei gefällt wurden, läßt sich nicht sagen, denn präzise Angaben fehlen.

Genaueres Zahlenmaterial ist für die Umgebung von Gießen verfügbar: Im Jahre 1951 gab es in diesem Landkreis rund 480 000 Hochstamm-Obstbäume, bis 1984 blieben davon allerdings nur etwa 170 000 übrig, und die Tendenz ist weiter rückläufig!

Für das Jahr 1986 wurden in den baden-württembergischen Teillandschaften die Streuobststandorte ermittelt; danach gibt es in den tieferen Odenwaldlagen 24, im Hochrheingebiet 50, im Oberrheinischen Tiefland 79, am Westrand des Schwarzwaldes 94 und auf der Schwäbischen Alb 118 Streuobstwiesen. Die bedeutendsten Bestände wurden für das Alpenvorland (194) sowie für das Neckar- und Mainland (296) ermittelt.

Aber auch anderenorts prägt der Streuobstbau bis heute das Gesicht der Landschaft. In Bayern liegen die Schwerpunktvorkommen im Untermaingebiet und in den Seitentälern des Mains. Besonders hervorzuheben ist das Forchheimer Land in der Fränkischen Schweiz. Im nordwestlichen Deutschland findet sich der Streuobstbau vorzugsweise in den Tallagen und an den Hängen der Mittelgebirge mit mindestens 700 mm Jahresniederschlag. Erwähnenswert sind in diesem

Das vielleicht wesentlichste Merkmal ursprünglicher Streuobstwiesen ist ihr natürlicher Höhlenreichtum, ein Eldorado für die verschiedensten höhlenbrütenden Vögel und höhlenbewohnenden Säugetiere. Der Grünspecht (Picus viridis) z.B. nistet in solchen Baumhöhlen, die meist noch von beiden Partnern zurechtgezimmert und mit Holzspäne ausgekleidet werden. Diese Spechtart hat sich vor allem auf Ameisen als Nahrung spezialisiert.

Auch der Buntspecht (Picoides major) ist ein Bewohner der Streuobstwiesen. Er hält sich vorwiegend an den Stämmen und im Gezweig auf. Die Nisthöhle legt meist das Männchen allein an. Die Jungvögel werden in den ersten Tagen hauptsächlich mit Blattläusen gefüttert.

Neben dem Gartenschläfer besiedelt auch der größere Siebenschläfer (Glis glis) Streuobstwiesen. Er ist jedoch stärker an eine waldreiche Umgebung gebunden und dringt mit diesem Lebensraumanspruch weiter nach Norden vor als sein kleinerer Verwandter.

Auch Steinkäuze (Athene noctua) gehören zu den Dutzenden von Höhlenbrütern einer Streuobstwiese. Gerne beziehen sie verlassene Spechthöhlen, die sie noch mit Moos behaglich auspolstern.

Dieses Pärchen Gartenbaumläufer (Certhia brachydactyla) hat alle Schnäbel voll zu tun, um in der Obstbaumhöhle 7 frischgeschlüpfte Junge zufrieden zu stellen. Doch an in Rindenritzen verborgenen Spinnen und Insekten herrscht auf unbegifteten Stämmen selten Mangel.

Zusammenhang Vogelsberg, Taunus, Eifel, Bergisches Land, Sauerland, Siegerland, Eggegebirge, Siebengebirge und Teutoburger Wald. In Österreich konzentrieren sich die Vorkommen u.a. auf das Wiener Becken und Südtirol, und in der Schweiz gelten die Kantone Baselland, Thurgau und Sankt Gallen als großer Obstgarten. Streuobstbäume stehen hier auf Wiesen, umrahmen Höfe und Dörfer oder säumen die Landstraßen.

Von Streuobstbeständen geht eigentlich zu allen Jahreszeiten ein hoher ästhetischer Reiz aus: Die Obstbaumblüte im Frühjahr ist eines der spektakulärsten Ereignisse im Jahreslauf der Kulturlandschaft. Im Sommer stehen die saftiggrünen Laubkronen inmitten blühender Wiesen. In warmen Farbtönen bereichern die verfärbten Obstgehölze die Landschaft in den Herbstwochen - von den reifen Früchten einmal ganz zu schweigen.

Streuobstwiesen sind wiesenähnliche Bestände mit Hochstammsorten von Kern- und Steinobst. Aufgrund ihrer Kronendurchmesser haben die einzelnen Bäume untereinander einen Abstand von etwa 7-12 m. Alte Hochstammapfel- und -kirschbäume erreichen Höhen von 10 m; Pflaumen- und Mirabellenbäume bleiben meist im Größenbereich bis 8 m.

Bei gepflegten Beständen entfällt jeweils ein Drittel der Bäume auf die Altersklassen 1-7, 8-20 und 21-60 Jahre. Bei weniger intensiver Pflege kann auch mehr als ein Drittel aller Bäume älter als 60 Jahre oder sogar schon (teilweise) abgestorben sein. Die Bestandsdichte beträgt zumeist etwa 80 - 120 Bäume je Hektar, wobei oftmals mehr als 5 verschiedene Arten und Sorten im gleichen Bestand angepflanzt wurden. Vor allem die gleichmäßige Altersklassenverteilung, die räumliche Durchmischung und die Höhenschichtung machen einen enormen ökologischen Wert solcher Obstgehölze aus.

Die Wiesen oder Weiden unter den Bäumen werden in der Regel nur extensiv bewirtschaftet. Die Bäume selbst werden mit Stallmist gedüngt und so gut wie nie mit Bioziden behandelt, denn in einer arten- oder sortenreichen Obstwiese, die ökologisch intakt ist, sind Befallswellen durch Schädlinge kaum zu befürchten.

Welche Obstsorten angebaut werden, hängt weitgehend von den klimatischen Gegebenheiten des jeweiligen Standortes, aber auch von den regionalen Vorlieben für bestimmte Obstarten und -sorten ab. Bei der bereits erwähnten Obstbaumkartierung im Gießener Raum waren die Hälfte aller 66 759 erfaßten Obstgehölze Apfelbäume. Im Abstand folgten Pflaumen-,

Zwetschgen-, Mirabellen- und Kirschbäume. In Weilheim an der Teck stellen Birnbäume und Kirschbäume je etwa 20% der Obstbäume. In der Vorbergzone des Oberrheinischen Tieflandes sind Zwetschgenbäume die bei weitem führende Hauptsorte, während am Rande des Kaiserstuhls ganz eindeutig die Süßkirsche dominiert. Auch in der Schweiz kommt den Kirschbäumen eine große Bedeutung zu - etwa 1 Million Exemplare sollen allein im weiteren Umland des Bodensees wachsen.

Bemerkenswert ist auf der anderen Seite auch die Sortenvielfalt der Streuobstvorkommen. Rund 250 verschiedene Apfelsorten werden noch auf Hochstamm gezogen. Bei den Kirschen sind es etwa 200 Sorten, bei den Birnen 150, und bei den Zwetschgen und Pflaumen rund 70. Gegenüber früheren Zeiten ist vielerorts aber schon ein beachtlicher Sortenschwund eingetreten. Alte Landsorten, die heute nicht mehr angebaut werden, kann man sogar schon im Museum bestaunen: Das Rheinische Freilichtmuseum bäuerlicher

Kulturdenkmäler in Kommern/Eifel hat etliche in Vergessenheit geratene Sorten in Erhaltungskultur genommen. Das Bergische Regionalmuseum für bäuerlich-handwerkliche Kultur und Ökologie in Lindlar/Bergisches Land dokumentiert das regionale Bild der Sortenverteilung , denn früher konnte in fast allen Teillandschaften auf altbewährte Lokalsorten zurückgegriffen werden. An manchen Sortennamen ist die geographische Herkunft noch erkennbar, wie die Bezeichnungen Siegerländer Schafsnase, Oberösterreichische Weinbirne, Schwäbische Weinweichsel, Eschacher Sämling, Schweizer Wasserbirne und viele andere Beispiele zeigen.
Das bunte Nebeneinander groß- und kleinwüchsiger, junger und alter, vitaler und absterbender Obstbäume verschiedener Sorten, die verschiedenartige Nutzung des zugehörigen Grünlandes als Mähwiese oder Viehweide, dazu auch eingestreute Brachlandparzellen, aufgeschichtete Steinriegel, Trockenmauerwerk, Treppen, Brombeergestrüppe und zahlreiche weitere kleinräumliche Bestandteile - dies alles macht Streuobstvorkommen zu überaus reichhaltig strukturierten Lebensräumen. Oft genug sind gerade solche Streuobstwiesen mit ihrem vielgestaltigen Ambiente die letzten naturnah verbliebenen Biotopinseln in der intensiv genutzten und daher weitgehend ausgeräumten Kulturlandschaft. Entsprechend werden sie auch von einer beeindruckenden Artenfülle als Rückzugslebensräume angenommen.
Auf einem 150 ha Streuobstgebiet bei Weilheim im mittleren Albvorland erfaßte die Bestandsaufnahme 55 Brutvogelvorkommen, darunter so bemerkenswerte Arten wie Steinkauz, Wiedehopf, Wendehals, Rotkopfwürger, Raubwürger, Braunkehlchen, Pirol und 10 weitere Vogelarten von der »Roten Liste«. Von den 25 Arten Obstwiesenschmetterlinge, die in Nordrhein-Westfalen nachgewiesen sind, gelten 5 als hochgradig gefährdet - ohne extensiv genutzte Streuobstwiesen gibt es für diese Falter kein Überleben!
Zum Kleinlebensraumangebot einer alten Streuobstwiese gehören Baumhöhlen in genügender Anzahl. Im Durchschnitt kommen etwa 10 solcher Höhlen je Hektar in Frage, vor allem in alten Apfel- und Birnbäumen. Davon profitieren mindestens 4 Arten bestandsbedrohter Fledermäuse und gut zwei Dutzend höhlenbrütender Vogelarten.
Baumhöhlen entstehen durch das Zurückfaulen von Verletzungsstellen, etwa nach Abbrechen oder Absägen größerer Äste, vielfach werden sie auch von Spechten auf passende Größe zurechtgezimmert. Drastisch fällt der ökologische Vergleich zwischen einer alten Streuobst- und einer modernen Obstplantage aus: Im traditionellen Obstbaumbestand flogen 13 mal mehr Vögel an, kamen 50% mehr Laufkäferarten vor, gab es 3 mal soviel Spinnen und waren 16 mal häufiger Bienen oder andere Hautflügler aktiv als in einer Intensivplantage. Die entsprechende Untersuchung, die die Bundesforschungsanstalt für Naturschutz und Landschaftsökologie durchführen ließ, unterstreicht, was Ökologen längst vermutet haben: Die vom Intensivbau genutzten Flächen sind biologisch fast ebenso tot wie die hektargroßen Maisfelder!

LEBEN IM SCHLARAFFENLAND

Der Gartenschläfer trägt eigentlich einen irreführenden Namen, denn er kommt überhaupt nicht in Gärten vor, sondern ist wie der verwandte Siebenschläfer ein typischer Bewohner lichter Laubholzbestände und alter Obstgehölze. In Baumhöhlen richtet er sich ein mit Moos und weichen Halmen ausgepolstertes Schlafnest ein und ist daher vom Schwund geeigneter Lebensstätten besonders betroffen. Ersatzweise nimmt dieser kleine Nager auch leerstehende Nistkästen, aufgestapeltes Schnittholz oder lückige Steinmauern an.
Mit Einbruch der Dämmerung verläßt der Gartenschläfer seine Baumhöhle und huscht dann sehr behende durch das Geäst der Bäume, fast könnte man ihn als die Nachtausgabe eines Eichhörnchens bezeichnen. Nur selten wird man die nachtaktiven Tiere einmal zu Gesicht bekommen, viel eher kann man die Anwesenheit der Tiere hören: Besonders während der Paa-

Der Geruch gärenden Fallobstes lockt zahlreiche Fliegen, Schmetterlinge, Wespen und Bienen an, die sich an den süßen Säften laben. Der stark zuckerhaltige Trunk ist ein guter Ersatz für Blütennektar, der um diese Jahreszeit meist schon knapp geworden ist.

schwänze, erst recht aber Pilze und das Heer der Bakterien gründliche Vorarbeit geleistet haben. Der Bodenbereich im Umkreis eines Baumes ist gleichzeitig das Jagdrevier von Maulwurf, Feldspitzmaus und Mauswiesel. Im Boden halten sich auch Nacktschnekken und Wolfsspinnen versteckt, ziehen sich etliche Käferlarven und Schmetterlingsraupen zur Puppenruhe zurück, die vielleicht vorher das Wurzelwerk des Obstbaumes benagt haben.

rungszeit zwischen Mai und Juli zeigen sich Gartenschläfer recht stimmfreudig; ihr Grunzen, Knarren, Keckern, Pfeifen oder Murmeln ist kaum zu überhören!
Etwa 3 Wochen nach der Paarung wirft das Weibchen im Nest ein halbes Dutzend Junge, die nach gut zwei Monaten völlig selbständig sind.
Gartenschläfer verzehren fast alles, was sie bei ihren nächtlichen Streifzügen mit der feinen Nase aufspüren: Schmetterlingsraupen, Käferlarven, Schnecken, Tausendfüßer, Spinnen, ab und zu auch einmal ein Vogelei oder Heuschrecken stehen obenan auf dem Speisezettel. Zum Spätsommer hin wird die Kost auch gerne mit Beeren, Nüssen, Bucheckern, Flügelfrüchten vom Ahorn, Kartoffeln und natürlich Frischobst von der eigenen Streuobstwiese angereichert. Andererseits sind Gartenschläfer auch ihrerseits nicht vor Feinden sicher: Baummarder, Waldkauz und Katzen stellen ihnen mit Erfolg nach.

JEDER BAUM EIN LEBENSRAUM

Genauere Arteninventare zeigen es immer wieder: Jeder alte Hochstammobstbaum ist eigentlich ein Lebensraum für sich. Mindestens 320 verschiedene Tierarten und dazu etliche Algen, Moose, Pilze und Flechten kommen hier vor. Rechnet man gar noch alle diejenigen Arten hinzu, die zwar als Krautschicht- oder Bodenbesiedler in Grasland-Ökosystemen wie Streuobstwiesen vorkommen, aber nicht notwendigerweise auf Obstbäume angewiesen sind, dann erhöht sich die Gesamtartenzahl im Umkreis eines einzigen großen Baumes auf weit über 2000!
Die eigentlichen Wiesenarten sollen hier jedoch einmal vernachlässigt werden, um den Blick eher auf die ausgesprochenen Obstbaum-Nutznießer zu lenken. Ob als dauerhafte Bewohner eines Hochstammgehölzes oder nur als zeitweiliger Besucher dieses Teilökosystems - fast alle in Frage kommenden Arten nutzen wiederum nur einen spezifischen Ausschnitt aus dem Gesamtlebensraum, so daß sich ihre ökologischen Ansprüche fast nicht überschneiden.
Im Wurzelbereich verarbeiten etwa 10 - 15 verschiedene Regenwurmarten die Laubstreu oder welke Grashalme zu Humus, nachdem Asseln und Spring-

An Stamm und Ästen fallen viele Grünalgen und Moose, dazu aber auch blatt- und rindenbewohnende Krustenflechten auf. Spezialisierte Kleinschnecken, Moosmilben oder auch die Raupen der Flechteneule weiden diese Vorräte ab. Dem Auge verborgen bleibt das überaus vielfältige Leben in den Moospolstern. Moostierchen, Geißeltierchen, Bärtierchen und viele weitere Mikroorganismen sind hier aktiv. In den Rissen und Klüften der Rinde oder hinter abschilfernden Rindenschuppen liegen die Tagesverstecke von zahllosen weiteren Kleintieren, etwa von Springspinnen, die auf den Stämmen und Ästen nach Mücken und Fliegen jagen.
In der Kronenregion des Obstbaumes verdutzendfacht sich der Artenreichtum an Insekten und anderen Gliedertieren. Ein auch nur annähernd vollständiger Überblick über diesen enormen Artenbestand ist völlig ausgeschlossen! Er scheitert bereits an den mehr als 100 verschiedenen Käferarten dieses Teilbereiches. Allein 15 Marienkäferarten zählen zur typischen Kronenfauna eines Apfelbaumes. Blattläuse, pflanzensaugende Wanzen, Spinnen und viele andere Wirbellose bevölkern die Zweige der Kronenregion. Die Fangerfolge der Spinnen sind nicht zu unterschätzen! In den geschickt ausgelegten Fangnetzen junger Kürbiskreuzspinnen wurden schon einmal mehr als 1000 Blattläuse gezählt. Komplizierte Nahrungsbeziehungen zwischen den Besiedlern des Systems Obstbaum bzw. Baumkrone garantieren auf der anderen Seite, daß keine Art mit ihren Besiedlungsversuchen überhandnimmt. Noch wenig erforscht sind so wichtige Insektengruppen wie die parasitisch lebenden Schlupf-, Erz-, Zehr- und Brackwespenarten, die mit Sicherheit auch an der Bestandsregulierung pflanzenfressender Baumkronenbewohner beteiligt sind.

Für fast alle Bewohner dieser Zwetschgenbäume in der Vorbergzone des Rheinischen Tieflandes herrscht im Oktober schon tiefer Winter. Insekten, ihre Eier, Larven oder Puppen ruhen gut vermummt im Herbstlaub. Spinnen halten sich unter Baumrinde verborgen. Die Fledermäuse schlafen sicher in Felshöhlen und die Zugvögel trieb ein unwiderstehlicher Drang in den fernen Süden - der Winter kann kommen.

Sobald Äpfel und Birnen goldene und rote Bäckchen bekommen, erreicht das Tierleben auf den Obstwiesen seinen alljährlichen Höhepunkt: Fruchtfresser und Insektenfresser finden zur Obsterntezeit alles, was sie brauchen: Früchte und früchtefressende Insekten.

Der possierliche Gartenschläfer (Eliomys quercinus) fehlt als Kulturfolger nur auf norddeutschen Obstwiesen. Dieser Allesfresser liebt besonders felsdurchsetzte, sonnige Lebensräume, wie er sie in Obst- und Weingärten über Flußtälern oder an Mittelgebirgshängen antrifft.

Die vielen Brutvogelarten, die für Streuobstwiesen nachgewiesen sind, kommen sich mit ihren Raum- und Nahrungsansprüchen kaum zu nahe, denn auch unter den Gefiederten findet eine bemerkenwert gut funktionierende Raumaufteilung statt.
Schon allein die genauere Erfassung der einzelnen Neststandorte läßt diesen Schluß zu:
Grünspecht, Grauspecht, Kohlmeise und weitere kleine Höhlenbrüter wählen den kräftigen Hauptstamm des Baumes bis 3 m Höhe als Nistrevier aus. Der Buntspecht bevorzugt am Stamm den Bereich um 6 m Stammhöhe, der Mittelspecht dagegen um 8 m. Nicht alle Spechtarten kommen am gleichen Baum vor. Die Bestandsstruktur einer auch nur mittelgroßen Streuobstwiese gibt aber jeder Art eine gute Siedlungschance.
Grünfinken nisten gerne 2 - 3 m hoch und höchstens 1 m vom Stamm entfernt. Girlitze brüten am häufigsten auf Seitenästen in 2 - 3 m Höhe und fast ebenso weit vom Stamm entfernt. Stieglitze rücken noch 1 m weiter hoch. Im Bereich um 3 - 5 m Stammhöhe und bis 2 m Entfernung vom Stamm finden sich die Nester des Kernbeißers, bis 4 m weit weg diejenigen des Buchfinks. Über 5 m hoch bauen Wacholderdrossel und Grauschnäpper ihre Nistgelegenheiten. Zwischen 8 - 10 m Höhe im Seitenraum der Krone richtet sich der Raubwürger ein, während die Hauptkronenmitte Rabenkrähen, Elstern oder auch dem Bussardhorst vorbehalten bleibt.
Angesichts dieser Funktionsvielfalt und Reichhaltigkeit kann man sich nur kopfschüttelnd abwenden, wenn die Kettensäge angesetzt wird und ein alter Baum krachend zur Seite fällt!

IN STEUOBSTWIESEN NACHGEWIESEN:

Pflanzenarten	**über 450**
Tierarten	**über 320**
Säugetiere	21
Vögel	55
Amphibien	2
Reptilien	2
Käfer	113
Wanzen	39
Schmetterlinge	25
Regenwürmer	15
Spinnen	17
Blattläuse	17

NEBEN DEM ACKER IST ERNTEZEIT

Wenn die Tage kürzer werden und sich das Laub grüngelb, braun oder rot färbt, beginnt die Erntezeit im Feldgehölz. Weißdorn, Schneeball und Vogelbeere locken mit rotem Fruchtbehang Schwärme von Wacholderdrosseln herbei. Auch Rötelmäuse futtern Beeren oder die letzten Pilze. Allerdings müssen sie dabei auf der Hut sein, denn da es im Herbst keine Großinsekten gibt, gehen Raubwürger jetzt auf Vogel- und Mäusejagd.

FELDGEHÖLZE

Wie Inseln liegen die Feldgehölze in der Kulturlandschaft. Umgrenzt von Äckern, Feldern, Wiesen und Weiden erinnern sie an Waldstücke, die in der Vergangenheit der Rodung entgangen sind. Tatsächlich wurden schon im Mittelalter beim Roden der großen Wälder solche Feldholzinseln aus den verschiedensten Gründen stehengelassen. Sie konnten fortan als Windschutz, als Brennholzvorrat oder auch als Deckung bzw. Einstand für das Wild dienen. Andere Feldgehölze sind in späteren Jahrhunderten eigens zu diesen Zwecken angelegt worden. Wiederum andere Gehölzbestände in der freien Flur sind wohl durch natürliche Sukzession mit Wiederbewaldung auf brachgefallenen Äckern oder aufgegebenem Grünland entstanden.
Bei einer alten Form der Landnutzung, der sogenannten Schiffelwirtschaft, fand ohnehin ein periodischer Wechsel zwischen kurzfristigem Feldbau und anschließender Holzbestockung auf der gleichen Parzelle statt. Bei anderen heute längst in Vergessenheit geratenen Bewirtschaftungsformen, etwa bei den als Lohschlägen zur Gewinnung von Gerberlohe genutzten Eichenbeständen, liegen die Verhältnisse ganz ähnlich. Gehölze, die heute isoliert in der landwirtschaftlich genutzten Flur und damit in periodisch gestörten Gebieten liegen, können eine völlig unterschiedliche Entstehungs- und Nutzungsgeschichte haben. Feldgehölze fehlen eigentlich nur in Heide- und Moorgebieten, in reinen Wiesenlandschaften und erwartungsgemäß in der planmäßig leergeräumten Agrarsteppe.
Feldgehölze stocken immer auf potentiellen Waldstandorten. In ihrer Artenzusammensetzung stimmen sie deswegen meist weitgehend mit den charakteristischen Waldgesellschaften der jeweiligen Region überein, wobei ihr Artenspektrum allerdings immer etwas geringer ausfällt.. Je nach Verbreitungsgebiet spiegelt ein Feldgehölz die Zusammensetzung eines Eichen-Hainbuchenwaldes, eines Eichen-Birkenwaldes oder verschiedener Rotbuchen-Waldgesellschaften wider. Im Voralpenland und in den tieferen Lagen des Alpenraumes ist an vielen Stellen mit einem Ahorn-Eschenwald, stellenweise auch mit einem Lindenmischwald zu rechnen. Klima und Boden bestimmen Aussehen und Artengefüge eines Feldgehölzes.
Daneben bleibt aber auch die Bewirtschaftungsweise nicht ohne Einfluß: Regelmäßiger Holzschlag fördert vor allem solche Gehölze, die zu Stockausschlag fähig sind und den Bestand daher schnell regenerieren können. Hainbuche, Feldahorn und in gewissem Umfang auch Eiche wären da zu benennen. Schlehe und Weißdorn-Arten, Holunder und Hasel stehen den Bäumen kaum nach.
Waldbaulich gesehen entsprechen die Feldgehölze wohl am ehesten einem Niederwald mit unregelmäßigen Umtriebszeiten. Durch Schneiteln - wie die Entnahme einzelner Äste für Brennholz genannt wird - werden die Kronen der einzelnen Sträucher oder Bäume oft untypisch verformt. An besonders windoffenen Standorten, etwa in Küstennähe oder auf den Kammlagen des Berglandes, nimmt natürlich auch der Wind Einfluß auf die Kronengestalt der Gehölze. Bei überdurchschnittlich häufiger Windbelastung aus einer bestimmten Richtung bleiben die Äste und Zweige im Luv sehr kurz, während sie zur Leeseite hin fahnenartig ausgezogen werden. Windschurige Gehölze, oft auch noch zusätzlich mit schräggedrückten Stämmen, nehmen mitunter geradezu abenteuerliche Gestalten an, so daß man die Einzelarten kaum wiedererkennt.
In Lage, Ausrichtung, Größe und Zuschnitt passen sich die Feldgehölze den räumlichen Vorgaben ihres Standortes an. Manchmal sind sie langgestreckt-

Dieses Feldgehölz aus der Rheineifel, das einen kleinen Siefen mit Bachlauf begleitet, bietet für Ansiedlung und Ausbreitung von Pflanzen und Tieren bessere Voraussetzungen, denn es ist mit anderen Landschaftsbestandteilen verbunden. Von ihrer ökologischen Bedeutung einmal völlig abgesehen, sind verknüpfte Gehölze ebenso wie größere Gehölzinseln sehr reizvolle Anreicherungselemente der Kulturlandschaft.

1 Rötelmaus
2 Großer Raubwürger
3 Bergturmschnecke
4 Wacholderdrossel

rechteckig, mitunter auch rundlich-oval oder völlig unregelmäßig umrissen. Die Mindestfläche eines solchen kleinen Lebensraumes läßt sich schlecht quadratmetergenau angeben. Dennoch gibt es eine ökologisch wichtige Minimalbedingung:
Ein Feldgehölz muß mindestens so groß sein, daß die typischen Standortbedingungen des umgebenden Freilandes nicht mehr bestimmend sind, sondern eigene mikroklimatische Eigenheiten wirksam werden. Bei einer Breite oder Tiefe ab etwa 10 m ist diese Voraussetzung erfüllt.
Außerdem läßt sich ein Feldgehölz schon allein aufgrund seiner Tiefenausdehnung recht gut von einer breiten Hecke abgrenzen. Wenn die Gesamtfläche vielleicht nur 100 m^2 beträgt, mag die Unterscheidung von einer Flurhecke vielleicht noch schwierig sein, bei 1000 m^2 Grundfläche ist die Zuordnung schon erheblich klarer, und ab etwa 5000 m^2 spricht man ohnehin von einem Waldstück. An den Außenrändern entsprechen die Standortbedingungen auch eines sehr großen Feldgehölzes immer einer Hecke. Die weiter zurückliegenden Innenbereiche sind jedoch ein richtiger Waldstandort.
Wie bei einem Wald kann man auch beim Feldgehölz drei verschiedene, durch Übergänge miteinander verbundene Zonen unterscheiden: Saum, Mantel und Kern zeigen jeweils besonders kennzeichnende Eigenschaften.
Der Saum wird gewöhnlich von lichthungrigen Gräsern und Kräutern bewachsen - nicht selten bilden sich hier schöne Hochstaudenfluren aus. An feuchten Standorten findet man beispielsweise den Gilbweiderich zusammen mit Weideröschen und Mädesüß in der ausgesprochen dekorativen Farbkombination Gelb-Rot-Weiß. An trockenen Stellen dominieren andere Arten, etwa Wilde Möhre zusammen mit Hauhechel und Kreuzkraut-Arten. Kletten-Labkraut, eine besonders »anhängliche« Pflanze, oder die so erstaunlich üppig blühende Vogelwicke bereichern das Bild der Saumregion.
Je nach Lage zum Sonnenlauf folgt in kleinerem oder größerem Abstand die Mantelzone des Feldgehölzes. Gewöhnlich nimmt sie einen Streifen von etwa 5 m Breite ein, der sich rings um die Kernzone zieht. Hier gedeihen alle diejenigen Stauden und Sträucher, die im Kernbereich von den höherwüchsigen Konkurrenten verdrängt werden oder den Lichtmangel unter dem geschlossenen Kronendach nicht ertragen. Wie bei den Saumbereichen kann sich auch in der Mantelzone ein erstaunlicher Artenreichtum einstellen, vor allem, wenn die Begrenzung eines solchen kleineren Gehölzes nicht schnurgerade entlang einer Parzellengrenze verläuft, sondern Einbuchtungen oder Zipfel aufweist.
Im Zentrum des Feldgehölzes sieht es so aus wie im Inneren eines Waldes: Unter den höherwüchsigen Bäumen finden sich nur vergleichsweise wenige schattentolerante Kräuter ein. Die hier wachsenden Gräser, etwa Wald-Flattergras oder Wald-Schwingel, zeigen durch ihre tiefdunkelgrün gefärbten Blätter an, daß sie an ihrem schattigen Standort tatsächlich um jeden Lichtstrahl bemüht sein müssen.

Ebenso wie in einer Hecke läßt sich auch für ein gut entwickeltes Feldgehölz ein erstaunlicher Artenreichtum verzeichnen. Annähernd 100 verschiedene einheimische Strauch- und Baumgehölze können in diesen landschaftsbereichernden Inseln vorkommen. Auf tiefgründigen, nährstoffreicheren Böden werden neben Hainbuche und Hasel bestimmt auch Esche, Vogelkirsche und Wildbirne zu erwarten sein. Sonnige, flachgründigere Magerstandorte sagen Schlehe, Berberitze, Mehlbeere und Kreuzdorn eher zu. Feuchtere Gebiete werden einen hohen Anteil an Weiden-Arten, Faulbaum, Heckenkirsche oder auch Stieleiche aufweisen. Die Zahl der Variationsmöglichkeiten ist beträchtlich!

Feldgehölze teilen das Schicksal von Flurhecken: Die vielerorts über die Agrarlandschaft hinweggegangene Flurbereinigung hat zumindest die kleineren Bestände flächig entfernt und damit wertvolle, das Landschaftsbild enorm bereichernde Kleinlebensräume zerstört. Verbliebene Feldholzinseln werden von Bioziden beeinträchtigt, die von den Feldern mehrfach im Jahr verweht werden, und erwiesenerweise auch immer wieder als illegale Müllkippen mißbraucht. Ökologische Verarmung und Entwertung sind immer dann zu beklagen, wenn ehemalige Feldgehölze oder vergleichbare Inselbiotope in der Kulturlandschaft mit Fichten oder anderen landschaftsfremden Nadelhölzern aufgeforstet werden - und sei es nur, um nach einigen Jahren marktfähige Weihnachtsbäume zur Verfügung zu haben.

In Wert und Funktionsvielfalt für die Pflanzen- und Tierwelt weisen die Feldgehölze viele Parallelen zu den Flurhecken auf, denen sie ökologisch durchaus nahestehen. Für waldbewohnende Lebewesen sind die Gehölzbestände inmitten von Äckern oder Wiesen sozusagen wichtige Trittsteine für Wanderungs- oder Ausbreitungsbewegungen. Über Gehölzinseln bleiben auch isoliertliegende Waldstücke untereinander viel eher in Kontakt, so daß zwischen den einzelnen Populationen auch ein ständiger Genaustausch erfolgen kann. Umgekehrt stellen die locker in die Kulturlandschaft eingestreuten Feldgehölze für die Acker- und Wiesenbewohner unentbehrliche Zufluchts- und Aufenthaltsstätten dar. Durch den gegenseitigen Versaumungs- bzw. Grenzlinieneffekt von Wald-, Wiesen- und Feldbiotopen ergibt sich beinahe zwangsläufig eine beachtliche Artenvielfalt.

Ohne Feldgehölze könnten in den Feldfluren keine Tiere überleben, die zumindest zeitweise sichere Dekkung brauchen (Kleinsäuger) oder die durch den Bearbeitungsrhythmus der Felder ohnehin immer wieder Bestandseinbußen erfahren (Gehäuseschnecken). Grashalme, Kräuter und Sträucher sind geeignete Plätze, an denen Spinnen ihre raffiniert konstruierten Netze anbringen und Vögel und auch viele Kleinsäuger entnehmen hiervon ihr Nistmaterial. Die Blüten und Früchte dieser Pflanzen ernähren zahllose Insekten und Wirbeltiere, und selbst die Bestandsabfälle werden von einer großen Anzahl Bodenarbeiter wie Springschwänzen, Asseln oder Ringelwürmern verwertet.

Viele Arten bringen in Feldgehölzen ihre Jungen zur Welt (Feldhase, Reh) oder besitzen hier Versteck eben-

so wie Jagdrevier (Igel, Marder, Mauswiesel, Fuchs). Von den Insekten, deren Entwicklungsstadien Feldgehölze bewohnen oder die sich auch selbst im Bereich dieses Lebensraumes gerne aufhalten, stehen etliche Arten auf der »Roten Liste«: Schwarzrandiger Totengräber, Segelfalter, Tonerdhummel und viele weitere Spezialisten wären hier zu nennen.
In manchem Feldgehölz wurden auch völlig überraschend allerhand botanische Kostbarkeiten gefunden, von gefährdeten Orchideenarten wie Grünliche Waldhyazinthe, Nestwurz oder sogar Frauenschuh bis zur Weißen Zaunrübe oder zum seltenen Diptam.

chertes Nahrungsangebot erwarten können. Mit einer Gehölzgruppe aus ein paar Sträuchern und Bäumen sind die ökologischen Ansprüche des Raubwürgers allerdings nicht zufriedenzustellen, als Minimalrevier gilt eine Fläche von rund 40 ha - ein Gebiet vom Flächeninhalt wie über 80 Fußballfelder- dazu ausgestattet mit den verschiedensten landschaftlichen Anreicherungselementen.
Die 5 wichtigsten Lebensraumbestandteile sind (wie bei den verwandten Würgerarten) dichtes Geäst zum Nestbau, Jagdsitzwarten auf abgestorbenen Baumspitzen, artenreiche Saumvegetation mit Großinsekten,

Trockene, weitausladende Äste sind bevorzugte Ansitzwarten für Raubwürger (Lanius excubitor). Diese - bei uns nahezu ausgestorbenen - Singvögel spähen von hier nach Großinsekten, Eidechsen und Mäusen aus.

Eine Feldholzinsel bietet vielen Tieren Nahrung und Schutz. Diesen 3 jungen Feldhasen(Lepus europaeus) in einer Sasse am Rande bleibt höchstwahrscheinlich das Schicksal vieler Artgenossen erspart, die auf dem offenen Feld von landwirtschaftlichen Maschinen getötet werden.

JÄGER MIT VORRATSWIRTSCHAFT

Raubwürger stehen zusammen mit ihren Verwandten schon seit langem auf der »Roten Liste« der vom Aussterben bedrohten Arten, Landschaftsveränderungen lassen ihnen einfach nicht mehr genügend Lebensraum! Vor allem die Intensivierung der Landwirtschaft mit ihren ökologisch bedenklichen Folgen hat dazu wesentlich beigetragen: Die Entwässerung von Wiesen und Weiden sowie die Verdoppelung bis Verzehnfachung von Düngemittel- und Biozideinsätzen haben das Nahrungsangebot beträchtlich geschmälert. Mit der Ausräumung der landschaftlichen Kleinstrukturen gingen zusätzlich viele potentielle Brutreviere verloren. So ist der Raubwürgerbestand in der BRD auf etwa 1000 Brutpaare zusammengeschrumpft.
Raubwürger sind die einzigen bei uns auch im Winter anzutreffenden Würger. Feldgehölze sind ihr bevorzugtes Revier, weil sie hier nicht nur Ansitzwarten mit viel Rund- und Überblick, sondern auch ein breitgefä-

anteilig auch lückig bewachsene Böden zum Orten von Heuschrecken oder Käfern und schließlich Strauch- bzw. Baumgehölze, die längere Sproßdornen entwickeln.
Vor allem die Dornbuschhecken oder Stachelsträucher sind wichtig, denn an den Dornen oder Stacheln spießen die Würger ihre Beutetiere auf. Diese Technik dient zwei Zielen:
Einerseits können die Vögel größere Beute wie kleine Eidechsen, Nestlinge anderer Kleinvögel oder besonders große Insekten mit ihren Füßen nicht fest genug halten, um passende Portionen herauszulösen. Die bedornten Äste und Zweige leisten dabei als »Werkbank« gute Hilfe! Andererseits können auf diese Weise auch Vorräte angelegt werden - etwa für Regentage oder die frühen Morgenstunden, wenn Großinsekten nicht aktiv sind.
Das gekonnte Aufspießen müssen die Jungvögel durch viel Übung erst erlernen, angeboren sind in ihnen lediglich Wisch- und Streifbewegungen mit dem Schna-

Eine Nahrungskette besteht aus den verschiedenen Stationen, über die die in der Nahrung gespeicherte Energie von Konsument zu Konsument weitergereicht wird. Weiterreichen alleine genügt aber nicht, denn irgendwann muß auch einmal verwertbare Nahrung produziert werden.
Diese wichtige Aufgabe fällt den grünen Pflanzen zu, und daher stehen sie mit ihren verschiedenen Erzeugnissen - Blätter, Stengel, Wurzeln, Blüten, Nektar, Früchte und Samen - als erstes Glied am Anfang der Nahrungskette.
Von diesen Pflanzenteilen leben verschiedene Tiere - als Pflanzenfresser bilden sie das zweite Glied. Pflanzenfressende Tiere ihrerseits werden von räuberisch lebenden Tieren erbeutet. Die pflanzliche Masse, die

Auf Schlehendornen hat ein Neuntöter-Weibchen eine Kurzschwanzmaus aufgespießt. Eine solche »Schlachtbank« hat zwei Vorteile: Große Beute läßt sich bequemer zerlegen, und sie kann hier für mehrere Tage aufbewahrt werden.

Auch sehr kleine Tiere, darunter vor allem Ameisen, besorgen so manche Aussaat. Diese weggetragene Grasfrucht soll eigentlich in die Vorratskammer des Ameisennestes, sie wird aber mit einiger Wahrscheinlichkeit nicht durch den Nesteingang passen. So bleibt sie irgendwo liegen und kann bei passender Gelegenheit auskeimen.

bel. Die Jungen werden daher nach dem Ausfliegen noch etwa 4 Wochen von ihren Eltern betreut und angelernt - also um Wochen länger als die Jungvögel vergleichbarer anderer Singvogelarten.
Im Winter müssen sich die relativ ortstreuen Raubwürger auf andere Nahrung umstellen, da nun keine Großinsekten wie Käfer, Heuschrecken oder Libellen zur Verfügung stehen. In der kalten Jahreszeit werden Raubwürger daher zu geschickten Mäusejägern.

ÜBER NAHRUNG UND NAHRUNGSNETZE

Im Feldgehölz bilden die Raubwürger oder sein kleinerer Verwandter, der Neuntöter, das Ende einer Nahrungskette - jedenfalls das vorläufige Ende.

Wie andere ursprüngliche Waldbewohner auch, finden Igel (Erinaceus europaeus) in den waldartigen Feldgehölzen zusagende Lebensbedingungen. Besonders ergiebig bei der abendlichen Futtersuche ist der Randbereich zu Wiesen und Feldern hin.

Auch Rotrückenwürger oder Neuntöter (Lanius collurio) sind eifrige Insektenjäger, die sich gerne in Feldgehölzen aufhalten. Dieses Männchen hält eine Wespe im Schnabel - und zwar so geschickt, daß es nicht gestochen werden kann.

Feldgehölze sind gewöhnlich Inselbiotope, wie dieses Beispiel aus der Umgebung von Preetz zeigt. Für flugfähige Tiere ist die Ansiedlung eigentlich kein Problem, größere Schwierigkeiten haben dagegen laufende oder kriechende Kleintiere, für die eine breite Ackerflur ringsum eine fast unüberwindliche Verbreitungsbarriere darstellt. Bei Verinselung sind die Populationen auf Dauer nicht lebensfähig.

Im November verrät die Laubfärbung schon von weitem die Gehölzarten: Birken, Schlehen und Spitzahorn leuchten weithin gelb. Eberesche und Schwarzer Holunder behalten noch ihr kräftiges Grün, Vogelkirschenblätter färben sich intensiv rot, Rotbuchen und Stieleichen rotbraun.

die Pflanzenfresser in ihre eigene Körpersubstanz umgewandelt haben, ist damit an das dritte Glied weitergereicht worden. Kleine Räuber werden von größeren Räubern gejagt, die das vierte Glied darstellen.
Kehren wir zum Feldgehölz zurück und sehen uns dort ein wenig in den Nahrungsbeziehungen um. Schwarzer Holunder z.B. ist hier eine bestandsbildene Art und Primärproduzent von Nahrung. An seinen frischen Blättern saugen Holunderblattläuse, Vertreter der ersten Konsumentenstufe oder des zweiten Gliedes in der Nahrungskette. Spinnen machen sich als Kleinräuber gerne über die Blattläuse her, fallen aber ihrerseits einem Grünen Heupferd zum Opfer. Schließlich erbeutet ein Raubwürger die große Heuschrecke und verzehrt sie. Zwei weitere Stationen der Nahrungs- und Energieweitergabe sind damit durchlaufen. Von Stufe zu Stufe bleiben aber nur 10% an Energie erhalten, der größte Teil geht auf verschiedenen Wegen wieder verloren.
Dieses einfache Beispiel weist auf zwei wichtige Gesetzmäßigkeiten hin: Am Anfang der Nahrungskette müssen sehr viele Pflanzen und Pflanzenfresser stehen, damit am Ende sehr wenige Räuber leben können. Andererseits kann eine Nahrungskette auch nicht beliebig viele Stufen oder Glieder umfassen, weil die Energieverluste sonst zu groß werden. In einem Festlandökosystem umfassen sie daher kaum mehr als drei oder vier Folgestationen.
Jetzt führt aber der Weg nicht nur von den Holunderblattläusen zum Würger, die Dinge liegen in Wirklichkeit wesentlich komplizierter: Neuntöter fangen schließlich auch Mäuse oder Käfer; Heupferde sind gleichzeitig auch Vegetarier, und die blattlausfangenden Spinnen erbeuten auch andere Kleininsekten. Es ergibt sich also ein System von Abhängigkeiten, das auch viele Querverbindungen einbezieht. Das modellhaft einfache Bild von der Nahrungskette hilft da nicht mehr weiter.
Viel treffender veranschaulicht ein Netz die stufenweise Weitergabe von Energie, die in Nahrung gebunden ist. Im Nahrungsnetz ist jeder Bewohner eines Feldgehölzes direkt oder indirekt mit jedem anderen verbunden.
Das Bild des Nahrungsnetzes verdeutlicht noch einen weiteren wichtigen Zusammenhang: Nur wenn möglichst viele Verknüpfungspunkte und Querbeziehungen bestehen, ist ein Ökosystem hinreichend stabil. Das Gesamtsystem bleibt bei dieser Form sogar dann erhalten, wenn irgendwo an der Basis oder in der Netzmitte »eine Masche fällt«, denn genügend weitere Knotenpunkte garantieren den Zusammenhalt. Je weniger Glieder sich jedoch an einem solchen Netzwerk beteiligen können, um so störanfälliger und labiler wird die Lebensgemeinschaft. Nichts anderes geschieht aber, wenn durch Artenschwund die Beziehungsgefüge ausgedünnt werden!

IN FELDGEHÖLZEN NACHGEWIESEN:

Pflanzenarten	**über 1000**
Tierarten	**über 7000**
Säugetiere	45
Vögel	50
Amphibien	7
Reptilien	8
Käfer	800
Schmetterlinge	115
Schlupfwespen	110
Spinnen	60
Schnecken	30
Wanzen	73
Heuschrecken	7
Regenwürmer	7
Springschwänze	7
Asseln	5

SZENEN AUS DER STEINSIEDELEI

Die vielen Spuren im Schnee zeigen, daß ein Steinhaufen ein häufig besuchter Platz ist. Hermelin und Fuchs sind noch, Steinmarder und Rabenkrähe waren da. Die blutigen Fasanenfedern zeugen von einem erfolgreichen Überraschungsangriff des Habichts. Auf den Steinen tummeln sich um diese Zeit noch aktive Insekten, die Winterhafte, während Steinhummeln in Ritzen und Moospolstern verborgen dem Frühling entgegenschlummern. Selbst für Grünfinken hat dieser Ort mit übriggebliebenden Hagebutten noch einiges zu bieten.

STEINHAUFEN UND STEINRIEGEL

Aufgeschichtete Steinhaufen oder wallförmig verlängerte Steinriegel sind das sichtbare Ergebnis eines langwierigen Ausleseprozesses. Generationenlang haben die Bauern hinderliche Steine oder kleinere Felsbrocken beiseitegeräumt, um ihre Äcker, Felder, Wiesen und Weiden besser bewirtschaften zu können. Überall dort mußten die Anbau- und Wirtschaftsflächen mühsam geräumt werden, wo der Boden ungewöhnlich flachgründig war. Entweder hatte die Verwitterung an solchen Stellen noch keine ausreichende Bodendecke geschaffen, oder die Bodenkrume wurde infolge Hangneigung durch Wind und Wasser abgetragen.

Je nach Menge des anfallenden Materials wurden die Steine zu Haufen geschichtet und irgendwo an der Ecke eines Ackers plaziert. In besonders steinreichen Gebieten wurden aus den Haufen mit der Zeit langgestreckte Steinwälle. Manchmal lohnte es sogar die Mühe, mit Hilfe säuberlich aufgeschichteter Lesesteine die einzelnen Grundstücke gegeneinander abzugrenzen. Auf diese Weise entstanden die klassischen Lesesteinriegel manch alter Kulturlandschaften.

Steinhaufen und Steinriegel finden wir u.a. in den Reblandschaften, aber auch in den Ackerfluren der Mittelgebirge oder im Grünland der Gebirge. In den Bördenlandschaften mit ihren mächtigen Löß- oder Lößlehmböden wird man dagegen vergeblich nach Lesehaufen oder Steinwällen suchen, ebenso auch in den Sandbodengebieten der Heiden, auf den Torfböden ehemaliger Moorlandschaften oder im Feuchtgrünland der Niederungslandschaften.

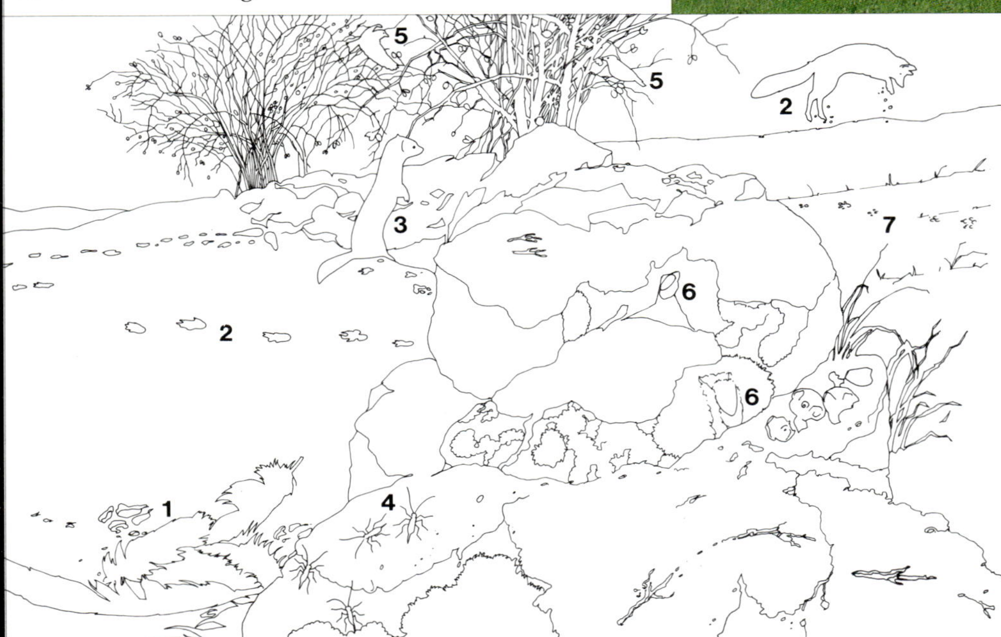

In einigen Talabschnitten der Tauber erstrecken sich lange Lesesteinwälle hangabwärts. Über querlaufende Gehölzzeilen stehen sie oft auch untereinander in Verbindung. Auf diese Weise ergibt sich ein großräumig vernetztes Gefüge von interessanten Kleinlebensräumen - ein gut funktionierendes Biotop-Verbundsystem.

1 Fasan-Federn
2 Fuchs, Spur vom Fuchs
3 Hermelin
4 Winterhafte
5 Grünfink
6 Steinhummeln
7 Spur vom Steinmarder

Lesesteinriegel sind das besondere Kennzeichen nur einiger Kulturlandschaften der Mittelgebirgsregion. Ökologisch weisen sie gewisse Ähnlichkeiten zu den Block- und Verwitterungshalden des Berglandes auf. Eine Begrünung mit Kräutern oder Gehölzen ist bei umfangreichen Riegeln meist nicht möglich, da das nötige Wurzelsubstrat fehlt.

Eindrucksvolle Schiefergesteinshaufen oder -wälle zeigen viele Weinberge an Nahe, Mosel und Mittelrhein. Im südlichen Maindreieck, an Tauber und Saale wurde das Trümmergestein des anstehenden Muschelkalks aufgeschichtet. Im Jagsttal am Rande der Frankenhöhe durchziehen Steinriegel aus hellem Kalkgestein die Felder. Aus Basalt oder Granit bestehen die Steinriegel auf der Hohen Rhön, im Fichtelgebirge, Frankenwald, Steinwald, Oberpfälzer Wald und Bayerischen Wald. Schöne Lesesteinwälle finden sich auch in der nördlichen Frankenalb, und nicht zu vergessen sind die Allgäuer, Walliser oder Steirer Bergwiesen mit ihren charakteristischen Steinriegeln.
Während einzelne Steinhaufen eher eine punktuelle Bereicherung der bewirtschafteten Flächen bieten, sind weitläufige Steinriegel und - wälle hochwirksame Elemente für eine flächendeckende Biotopvernetzung - Lebensräume im Verbund, selbst wenn die dazwischenliegenden Äcker oder Wiesen ständig genutzt werden. In den Tälern von Tauber oder Wern bei Würzburg überziehen bis heute lange Lesesteinriegel aus Muschelkalk die Hänge und verbinden sie mit den umliegenden Feldgehölzen, Trockenrasen oder Brachen, aber auch mit Bächen und Grünland. In der Umgebung von Tauberscheckach kommen auf etwa 500 m Hanglänge 20 m Lesesteinriegel, die bis 3 m hoch und 15 m breit sein können.
Blanke Steinhaufen, Steinwälle oder langgezogene Riegel sind ökologisch ähnlich zu bewerten wie die Trockenmauern der Weinbaulandschaften oder das beeindruckende Verbundsystem der Flurhecken. Steinaufhäufungen mit ihrem komplizierten Lückensystem bieten zahlreichen Tiergruppen und -arten Unterschlupf und Wohnraum. Insekten, Spinnen, Reptilien und Kleinsäuger fühlen sich hier sichtlich wohl, und unter den regelmäßigen Bewohnern finden sich nicht wenige bedrohte Arten!
Im rheinhessischen Hügelland z.B. kommt die selten gewordene, wärmeliebende Mauereidechse in Steinaufhäufungen vor. An der Nahe haben sich Schlingnattern diesen Lebensraum gesichert, und an der mittleren Ahr gibt es sogar ein Vorkommen der Würfelnatter im Lückensystem gewässernaher Steinwälle. In fränkischen Lesesteinriegeln ist der Puppenräuber nachgewiesen, ein vom Aussterben bedrohter, sehr farbenprächtiger Laufkäfer. Ein weiteres Dutzend Laufkäferarten gehört ebenfalls zu den kennzeichnenden Bewohnern dieses Biotoptyps. Auch Ameisen richten sich in Lesesteinriegeln häuslich ein, von ihnen sind ebenfalls mehrere Arten auf der »Roten Liste« vertreten.
Auch die Pflanzen lassen diesen interessanten Lebensraum nicht aus. Besiedlungspioniere sind fast ausschließlich Flechten und Moose, die in feineren Ritzen oder Lücken, aber auch auf rauhen Oberflächen erfolgreich Fuß fassen. Nach Jahren, manchmal auch erst nach Jahrzehnten kommen Blütenpflanzen hinzu, die zumindest mit einer minimalen Feinerdeansammlung zufrieden sind, etwa Mauerpfeffer, Weiße Fetthenne, Schmalblättriger Hohlzahn, Traubengamander oder Wimperperlgras.
Bei stärkerer Bodenanreicherung folgt das nächste Besiedlungsstadium mit kleineren Sträuchern: Hasel, Roter Hartriegel, Schlehe, Rote Heckenkirsche, Stachelbeere, Weißdorn-Arten, Brombeeren und Wildrosen gehören zum typischen Gehölzbesatz eines langen Lesesteinriegels.
Nach Jahrzehnten können sich eventuell auch baumförmigwachsende Gehölze durchsetzen. Die Entwicklung von Flora und Fauna weist dann große Ähnlichkeit mit einer Wall- oder Flurhecke auf. Dennoch bleiben immer auch genügend offene Stellen, auf denen auch die krautigen Pflanzen dauerhaft siedeln können.

Die Hohlräume der locker aufgeschichteten Steinhaufen bieten vielen Tieren das ganze Jahr über ideale Unterschlupfmöglichkeiten - als Tagesversteck, Brutplatz und Winterquartier. An feuchteren Stellen im Schatten von Bäumen können sich sogar üppige Moosrasen entwickeln.

Wenn eine Hummel in eine Lippenblüte zu den Nektargefäßen am Kelchende vordringt, stößt sie mit dem Rücken automatisch an die Narbe. Da ihr Körper von vorhergegangenen Blütenbesuchen mit gelben Pollenkörnchen überpudert ist, bleiben immer einige Körnchen an der Narbe hängen - die Bestäubung der Blüte ist also gesichert. Hier ist eine Steinhummel (Bombus lapidarius) als Bestäuberin tätig.

Gelegentlich siedelt sich auch die Haus- oder Dachwurz (Sempervivum tectorum) auf älteren Steinriegeln an. Durch ihre grundständigen Blattrosetten und die dicken, wachsbeschichteten Blätter erträgt sie Trockenheit und Wärme weitaus besser als andere Pflanzen. Sogar überall an den lilafarbenen Blütenblättern sitzen verdunstungshemmende Härchen.

Die Steinriegelsysteme im Frankenland sind Rückzugsgebiet für 13 gefährdete Pflanzenarten, darunter Ästige Graslilie, Goldaster, Gefranster Enzian, Apenninen-Sonnenröschen, Zarter Lein, Gemeine Küchenschelle, Bibernell-Rose und sogar Purpur-Knabenkraut.
Nicht jeder Steinhaufen oder Lesesteinriegel bietet seinen Besiedlern die gleichen Bedingungen, dafür sind schon allein die Ausgangsgesteine zu verschieden. Basisch reagierende Kalkgesteine beeinflussen die Bodenreaktion und damit das mögliche Besiedlungsmuster durch Pionierarten völlig anders als sauer verwitternde Gesteine. Sandsteine zerfallen viel leichter; brüchige und plattig aufgespaltene Schieferplatten bieten erwartungsgemäß sehr viel mehr Kleinstverstecke und Haftpunkte für das Wurzelwerk als rundgeschliffene, glatte und kaum verwitterbare Kiesel. Dünne Platten aus dunklem Gestein fangen die wärmende Sonnenstrahlung leichter ein und speichern sie auch deutlich länger als reflektierendes helles Gesteinsmaterial.
Wenn sich in vielen Gegenden mit flachgründigen Böden und oberflächennah anstehendem Ausgangsgestein keine Steinhäufungen oder Lesesteinriegel finden, bedeutet dies noch lange nicht, daß solche Anreicherungselemente in der betreffenden Region völlig unbekannt wären. Vor allem die Flurbereinigungsbehörden zeigten für derlei kulturlandschaftliche Bestandteile überhaupt kein Verständnis und bestellten folglich häufig genug die Planierraupe. So wurden hinderliche Steinhaufen, die so gar nicht in das Bild der monostrukturierten Reißbrettlandschaft passen, lieblos beiseitegeschoben. Tümpel wurden mit dem aufgeschichteten Gestein zugeschüttet oder Bäche verbaut. Oder die Steine wurden als Unterbau für asphaltierte Feldwege verwendet.
Wie hoch die Verluste für die Kulturlandschaft dabei ausfielen, mag am Beispiel des Flurbereinigungsverfahrens Heiligenstadt in Oberfranken abgeschätzt werden: Durch die Flächenneuordnung und die dabei vorgenommene Ausräumung verschwanden rund 92% der landschaftsprägenden Lesesteinstufen. Damit wurde nicht nur totes Gestein wie aus einem Steinbruch abgefahren, sondern schlagartig ein Gefüge hochinteressanter Lebensräume zerstört!

Vor allem auf größeren Lesesteinriegeln trifft man häufig Zauneidechsen (Lacerta agilis). Die Männchen tragen während der Paarungszeit im April an den Körperflanken ein intensiv grüngelbschillerndes Schuppenkleid, das im Laufe des Jahres verblaßt. Trotz ihrer etwas plump wirkenden Gestalt sind Zauneidechsen gewandte Kletterer im Gestein.

Kissenmoose (Grimmia pulvinata) gehören zu den widerstandsfähigsten Moosarten, die Hitze, Trockenheit, Frost und Eis ohne weiteres ertragen. Sie wachsen nur auf Steinen, niemals auf der Erde. Den um den gleichen Platz konkurrierenden Flechten ist das Kissenmoos an Größe und Wachstumsgeschwindigkeit überlegen - das Moos überwächst die Flechte einfach.

FLINK WIE EIN WIESEL

Wegen seines edlen Felles ist der Hermelin weithin bekannt. Im Mittelalter mußte der Kleinmarder Haut und Haare für den Besatz von Königsmänteln lassen, heute werden Hermelinfelle gleich hundertfach zu Damenpelzen zusammengenäht. Obwohl also seit Jahrhunderten verfolgt, wurde das Hermelin im Bestand kaum gefährdet, dazu ist es einfach zu schlecht zu fassen, vereint es doch eine Reihe besonderer Leistungen und Eigenschaften auf sich:
Einerseits sind Hermeline sprichwörtlich flink. Mit raschen Sprungläufen bewegen sich die Tiere durch ihr Jagdrevier und entkommen damit praktisch jedem Verfolger. Außerdem meiden sie ohnehin offenes, freies Gelände, sondern halten sich mehr an die Nähe von schlupfwinkelreichem Gebüsch, von Stapelholz oder eben von Steinriegeln.
Im übrigen sind Hermeline zu allen Jahreszeiten hervorragend getarnt: Im Sommerhalbjahr tragen sie ein hell- bis rötlichbraunes Rückenfell, während die Bauchseite hell bleibt. Im Winter sind sie dagegen reinweiß. Nur die buschige Schwanzspitze bleibt zu allen Jahreszeiten schwarz. Die Umfärbung ist jeweils mit einem Haarwechsel verbunden. Im Herbst verläuft die Haarung relativ rasch. Im Frühjahr dauert es entsprechend länger, so daß man gelegentlich auch schon einmal gefleckte Hermeline sehen kann. In sehr wintermilden Gebieten kann der Haarwechsel auf das weiße Winterfell auch aussetzen. Dennoch sind auch diese Tiere in der kalten Jahreszeit immer etwas heller (durch Fellverdichtung) als im Sommer.
Ausgelöst wird der umfärbende Haarwechsel durch Tageslänge, Temperatur und An- und Abwesenheit von Schnee. Eine perfekte Lösung bietet diese Steuerung sicherlich nicht, denn es kann durchaus passieren, daß sich ein scheeweißes Hermelin in einem schneearmen Winter auf grüner Wiese oder durch braunes Laub bewegen muß. Im Normalfall sorgt die Fellfärbung jedoch dafür, daß die Kontraste zur Umgebung nicht gar so scharf ausfallen.
Hermeline oder Große Wiesel, wie sie zur Unterscheidung vom Kleinen oder Mauswiesel genannt werden, sind eigentlich zu allen Tageszeiten auf der Jagd. Längere Hungerperioden werden nicht ertragen. Daher

Auf älteren Steinhaufen siedeln sich oft erst nach Jahrzehnten Sträucher an. Dieser Steinhaufen im österreichischen Sölden trägt den für diese Berggegend typischen Traubenholunder (Sambucus racemosa), dessen Beeren von 47 Vogelarten gerne gefressen werden.

können Hermeline auch keinen Winterschlaf halten. Ihre Nahrung besteht aus allen möglichen Kleinsäugern bis zu Kaninchengröße. In der Hauptsache machen sie jedoch Jagd auf Wühl- und Schermäuse, die sie sogar in ihren Gängen verfolgen. Gerade Obstgärtner werden daher die Anwesenheit eines Hermelins besonders schätzen, das die schädlichen Nager wirksam unter Kontrolle hält.

Hermeline paaren sich im Sommer. Die Entwicklung der Nachkommenschaft beginnt aber erst im zeitigen Frühjahr, so daß nach etwa 6-7 Wochen Tragzeit das halbe Dutzend Junge zur passenden Jahreszeit geboren wird. Anfangs tragen die Jungen ein weißes Fell, färben aber bald um und sind nach rund 4 Monaten selbständig.

GEMEINSCHAFTSWERK VON PILZ UND ALGE

Nicht nur zwischen den aufgeschichteten Steinen eines Lesesteinriegels halten sich zahlreiche Lebewesen auf, genau betrachtet stecken die Steine selbst voller Leben. Der Blick durch eine Lupe oder die genauere Inspektion eines Kalksteins bringen es an den Tag: Die Oberfläche des Steins oder in manchen Fällen sogar seine äußeren Schichten werden von besonderen Spezialisten besiedelt, den Flechten.

Flechten sind Gemeinschaftsunternehmen aus Pilzgeflechten und Algen. Der größere Massenanteil eines Flechtenlagers wird vom Pilz gestellt. Er bestimmt auch weitgehend Form und Aussehen der Flechte. Die Algen sind eher die Untermieter. Jedoch nur unter dem Einfluß seiner Algenpartner kann der Flechtenpilz seine kennzeichnende Gestalt annehmen.

Das Teamwork zwischen Flechtenpilz und Flechtenalgen ist eine klassische Symbiose, eine auf gegenseitigen Nutzen hin angelegte und funktionierende Zweckgemeinschaft. Die Flechtalge, meist eine Grünalgen-Art, nimmt aus der Luft oder aus dem Stoffwechsel des Pilzpartners Kohlendioxid auf und baut daraus durch Photosynthese mit Hilfe des Sonnenlichtes energiereiche organische Substanzen auf, darunter vor allem Zucker, Zuckeralkohole und Stärke. Ein großer Teil der Überschußproduktion in den Algen wird an den Pilzpartner abgeführt.

Schaut man sich den Aufbau einer Flechte einmal im Mikroskop an, so ist klar zu erkennen, daß die Pilzhyphen Kontakt zu den einzelnen Algenzellen aufnehmen, um die Nahrung auf möglichst kurzem Wege zu erreichen. Normalerweise reicht die Stoffproduktion durch die Algen aus, um beide in der Flechte zusammenlebende Partner ernähren zu können. Produktionsleistung und Stoffentnahme stehen in einem so ausgewogenen Verhältnis zueinander, daß die beiden Partner sogar noch auf die Halde wirtschaften und das Flechtenlager durch Wachstum vergrößern können. Die Kooperation zwischen Pilz und Alge ist jedoch ein empfindlich ausbalanciertes Gleichgewicht. Schadstoffe aus der Luft oder aus dem Regenwasser können hier sehr nachhaltig stören und das Gemeinschaftswerk in die Schieflage manövrieren!

Eigenartigerweise machen extreme Temperaturbedingungen oder Schwierigkeiten der Wasserversorgung den Flechten weniger zu schaffen als andere Belastungen ihrer Umwelt. Dies verdanken sie einer beinahe einzigartigen Fähigkeit: Sie können nämlich nahezu komplett austrocknen! Wenn die Sommersonne vormittags das von Flechten bewohnte Gestein erwärmt, verdunstet gleichzeitig auch der bescheidene Wasservorrat dieses Artenkonsortiums, denn Flechten haben im Unterschied zu höheren Pflanzen keinerlei Möglichkeiten zur Regulation der Wasserabgabe. Ohne genügende Wasservorratshaltung ist jedoch kein Stoffwechsel möglich. Wenn die Flechte in der Hitze eines schönen Sommervormittags langsam eintrocknet, sinkt sie dabei gleichzeitig in eine Art Trockenstarre. Ein Gewitterregen am Nachmittag könnte sie daraus in wenigen Minuten aufwecken. Bleibt ein solcher Wasserguß aus, dauert es mit der Wiederbelebung fast bis zum nächsten Morgen: Während der Nacht, wenn die Temperatur fällt und sich dem Taupunkt nähert, versorgt sich die Flechte mit Hilfe der Luftfeuchtigkeit. Jetzt bleibt ihr ein verhälnismäßig kurzer Zeitraum zur Stoffproduktion, bis die Vormittagssonne das Gestein wiederum so unbarmherzig aufgeheizt hat, daß man es mit bloßen Fingern kaum anfassen kann.

Weil mindestens zwei Partner, ein Pilz und eine Algenart, eine Flechte bilden, kann man eigentlich schlecht von einer Flechten»art« sprechen. Dennoch hat sich dieser Begriff in den biologischen Sprachgebrauch eingebürgert, und so können wir für Mitteleuropa mehr als 2000 verschiedene Flechtenarten unterscheiden. Eine große Anzahl von ihnen füllt die »Rote Liste«. Nicht, daß es den Flechten an geeignetem Siedlungsraum wie Gestein oder Baumrinden fehlte - die mit vielerlei Abgasen und anderen Giften verpestete Luft macht ihnen zu schaffen.

AUCH MITTEN IM WINTER QUICKLEBENDIG

Für viele Tiere ist der Winter eine harte Jahreszeit. Kälte und die damit verbundenen Nahrungsengpässe zwingen viele Tiere zu besonderen Anpassungsleistungen:

Viele weichen den Unbilden der frostigen Saison einfach aus und wandern nach Süden. Andere Tiere gehen in Winterschlaf (beispielsweise der Igel) oder halten zumindest Winterruhe (etwa das Eichhörnchen).

Hermeline oder Große Wiesel (Mustela erminea) halten sich gerne in Steinriegeln auf. Zur Zeit der Umfärbung vom braunen Sommerfell ins weiße Winterfell haben sie einen scheckigen Pelz. In milden Wintern färben sich manche Individuen auch gar nicht oder nur unvollständig um. Wodurch die Fellumfärbung ganz genau ausgelöst wird, ist wissenschaftlich immer noch strittig.

Die bleibenden, winteraktiven Tiere müssen sich mit dem begnügen, was von Sommer und Herbst blieb: Trockene Grashalme, Knospen, Rinde oder allerlei Sämereien.

Für Feldmäuse ist ein schneereicher Winter gar nicht so schlecht: Sie können die Schneedecke untertunneln und überall umherhuschen, ohne von Bussard, Steinkauz, Schleiereule oder Hermelin gesehen zu werden. Die standorttreuen Singvögel machen sich über die verbliebenen Hagebutten oder die Früchte des Weißdorns her oder klettern in den Fruchtständen von Wilder Karde oder Disteln herum. Meisen finden jetzt noch so manche in einem hohlen Grashalm oder hinter Rindenstückchen versteckte Spinne oder Insektenpuppe.

Die meisten Insekten überdauern den Winter nicht als Vollkerf, sondern als kältetolerantes Entwicklungsstadium, etwa als Ei im Boden (Heuschrecke), als bodenlebende oder im Totholz geborgene Larve (Käfer) oder als versteckte Puppe (Schmetterling). Nur wenige Insekten bleiben auch während des Winters aktiv und munter. Dazu gehören die seltsamen Winterhafte, die ein wenig wie ungeflügelte, langgeschnäbelte Heuschrecken aussehen, mit diesen jedoch überhaupt nicht verwandt sind. Winterhafte sammeln sich ab Ende Oktober auf Schneefeldern und paaren sich dort bei Temperaturen um den Gefrierpunkt. Sie können nicht so schnell erfrieren, weil in ihren Blutbahnen der Naturalkohol Glycerin fließt - ein natürliches »Frostschutzmittel«. So bewegen sie sich unbekümmert über Schnee- und Gletscherfelder und leben hier von allerhand pflanzlichen oder tierischen Abfällen.

AUF STEINHAUFEN UND STEINRIEGELN NACHGEWIESEN:

Pflanzenarten	**über 150**
Tierarten	**über 100**
Säugetiere	5
Vögel	18
Reptilien	5
Käfer	32
Spinnen	36
Ameisen	5

GEHEIMNISVOLLE UNTERWELT

In einem ausgedienten Silbererzstollen hat sich eine seltsame Tiergesellschaft für die Dauer eines Winters zusammengefunden. Man begegnet nächtlichen Heimlichtuern wie den gelbschwarzen Feuersalamandern oder tauübertropften Fledermäusen. Grasfrösche und Molche schätzen die feuchte Atmosphäre. Den Zimteulen und Stechmückenweibchen kommt es besonders auf eine frostfreie Bleibe an. Nur Höhlenkreuzspinnen zählen nicht zu den Wintergästen. Sie leben dauernd in der Unterwelt.

HÖHLEN UND STOLLEN

Besiedelte Lebensräume gibt es auch dort, wohin die Wurzeln der Pflanzen kaum noch reichen, nämlich tief unter der Erdoberfläche in den Klüften und Hohlräumen des anstehenden Gesteins - nur wenn diese Räume die Abmessungen von Höhlen erreichen, sind sie auch für uns zugänglich, und wir können Einblick in die seltsame Welt unter Tage nehmen.
Natürliche Höhlen kommen fast immer nur im Kalkgestein oder im ähnlichen Dolomit vor. Sie verdanken ihre Entstehung der lösenden Kraft des Wassers, das sich beim Versickern mit den Huminsäuren des Bodens anreichert und natürlich auch mit dem Kohlendioxid der Atmosphäre und des Wurzelraumes zu Kohlensäure reagiert. Diese verschiedenen Säuren führt das Sicker- und Grundwasser an das Gestein heran, greift es an und zersetzt es allmählich. Aus haarfeinen Rissen entstehen mit der Zeit breitere Spalten, Klüfte weiten sich zu Röhren und Gängen aus. Sofern das saure Wasser gar über Jahrhunderte oder Jahrtausende an der gleichen Stelle einwirken kann, bilden sich große unterirdische Hohlräume - Höhlen mit verzweigten Gangsystemen.
Überall in den Kalk- und Karstgebieten gibt es zahlreiche Höhlen. Auffallend gehäuft kommen sie beispielsweise in der Fränkischen und in der Schwäbischen Alb vor. Allein in Franken sind 2020 Höhlen bekannt. In den Kalkgebieten Österreichs sind es sogar mehr als 2500. Wenige, aber verhältnismäßig große Höhlen gibt es auch in den Massenkalken des nordöstlichen Rheinischen Schiefergebirges.
Außer den natürlichen Hohlräumen weist die oberste Erdkruste auch noch eine ganze Reihe künstlicher Höhlen und Gangsysteme auf. Über Tagesstollen und Schachtanlagen werden die im Gebirge liegenden Bodenschätze erschlossen und abgebaut. Gerade der Erzabbau hat auch in Mitteleuropa eine fast 2000 jährige Tradition. Eine der ältesten nachgewiesenen Schachtanlagen befindet sich im nördlichen Mittelrheingebiet südlich des Siebengebirges. Im Harz wurde bereits im Mittelalter Silber, Blei, Zink und Schwerspat abgebaut. Im Pfälzer Wald wurde Bergbau auf Kupfer, Eisen, Mangan, Kobalt, Silber und andere Mineralien betrieben. Im Fichtelgebirge förderte der Bergbau Gold, Silber und Zinn. Im Siegerland und im Sauerland werden bis heute Eisenerze und ihre Begleitmineralien abgebaut.
Viele alte Stollen werden schon seit Jahrzehnten oder Jahrhunderten nicht mehr befahren, weil die Lagerstätten erschöpft oder der Abbau zu unrentabel erscheint. So verfallen die künstlichen Höhlensysteme, wurden wohl auch gesprengt und zugeschüttet oder zu Bruch geworfen, wie die Bergleute sagen. Aus Gründen der Sicherheit werden die Stolleneingänge und Mundlöcher zugemauert. Höhlensysteme ohne direkte Verbindung zur Tagesoberfläche sind jedoch als Lebensräume weitgehend wertlos. Daher sollte, wo immer sich die Möglichkeit bietet, die Sicherung so erfolgen, daß Tieren ein ungehinderter Zugang bleibt.
Besonders tiefere Höhlen oder weitreichende Stollen sind Lebensräume mit Bedingungen, die sich von der Außenwelt in vieler Hinsicht unterscheiden: Das Deckgebirge schirmt die Hohlräume von allen äußeren Einflüssen und Ereignissen wie Wind, Regen, Wärme, Trockenheit oder Frost wirksam ab. Daher ist das Höhlenklima erstaunlich konstant, das ganze Jahr über bleibt die Temperatur gleich. In fränkischen Höhlen z.B. liegt sie gleichbleibend bei etwa 9°C und schwankt allenfalls um Zehntelgrade. In anderen Höhlen kann sie lagebedingt auch um ein paar Grad Celsius abweichen.

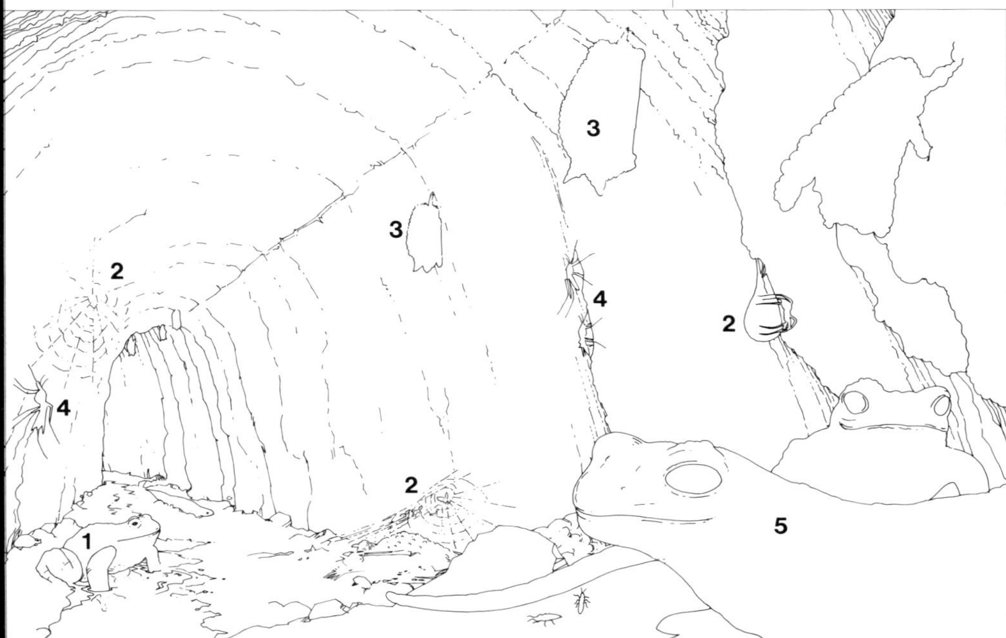

1 Grasfrosch
2 Höhlenkreuzspinnen
3 Großes Mausohr
4 Stechmücken
5 Feuersalamander

Solche Fledermauskonzentrationen an der Höhlendekke gehören zumindest für Deutschland schon fast zu den historischen Aufnahmen. Alle höhlenbewohnenden Arten stehen auf der »Roten Liste der gefährdeten Arten«, und wo früher hunderte nächtigten, schlafen heutzutage nur noch Einzeltiere.

Dieser Silbererzstollen in Imsbach am Pfälzer Donnersberg wurde schon vor langer Zeit stillgelegt. Wie viele erhaltene und von außen zugänglich gebliebene Stollen ist er heute ein wichtiger Rückzugsraum für Höhlenbewohner geworden.

Vergleichbar konstant bleibt auch die Luftfeuchtigkeit. In der spezifischen Höhlenatmosphäre bewegt sie sich fast immer nahe 100%. Die Höhlenluft ist mit soviel Wasserdampf beladen, daß sich ein Teil davon an den Wänden ständig als Kondenswasser absetzt. Auch sikkert in Karsthöhlen ständig Wasser von oben nach. Folglich rieselt und tropft es unaufhörlich. Am Boden oder in Becken bilden sich Pfützen oder kleine Seen. Manchmal rinnen sogar richtige kleine Bäche durch eine Höhle.
Gewöhnlich ist es in tieferen Höhlen und Stollen stockfinster, nur vom Eingangsbereich fällt etwas Licht ein. Pflanzen, die vom Sonnenlicht abhängig sind, können daher höchstens am Höhleneingang oder im Bereich anderer Öffnungen siedeln. Je nach Lichtanspruch sind die Pflanzen der Höhlenflora zonenweise gruppiert. Unmittelbar am Eingangsbereich drängen sich die Blütenpflanzen. Schwachlichtpflanzen, wie die Farne, dringen weiter in die Höhle vor, übertroffen von Laubmoosen und Algen. Bei günstigen Lichtverhältnissen kann der gesamte vordere Höhlen- oder Stollenbereich von Pflanzen erobert werden. In der steirischen Drachenhöhle wuchs der Mauerlattich bis 27 m vom Eingang entfernt, ein Streifenfarn noch bei 41 m Entfernung und verschiedene Laubmoose sogar bis 56 m. Grundsätzlich die gleiche Zonierungsfolge läßt sich auch im Bereich der Beleuchtungskörper von touristisch hergerichteten Höhlen beobachten. Diese kennzeichnende Lampenflora der Höhlen, überwiegend aus Kleinfarnen, Moosen und Algen zusammengesetzt, ist umgekehrt auch der Beweis dafür, daß mit dem Sickerwasser Sporen und andere Verbreitungseinheiten der Pflanzen sogar bis in die entferntesten Winkel der Unterwelt verbracht werden.
Zur Höhlenflora gehört als ausgesprochener Schwach-

Schnurfüßer (Tachypodoiulus niger) und Saftkugler (Glomeris marginata) erscheinen häufiger an Wänden und Boden von Höhlen. Da diese primitiven Insekten aber als reine Pflanzenfresser leben, können sie längerfristig hier nicht existieren. Es handelt sich hier also um Überwinterer oder verirrte Individuen.

Echte Höhlentiere, also Dauerbewohner, weisen eine Reihe bemerkenswerter Anpassungen auf. Wie diese weißhäutige Höhlenassel (Titanetis alba) zeigt, fehlen z.B. vor Sonnenlicht schützende Farbpigmente. Meist sind solche Arten auch blind, besitzen dafür aber besonders lange Fühler oder sonstige sensible Tastorgane, die im Dunklen bei der Orientierung behilflich sind.

lichtspezialist das seltene Leuchtmoos: Manche Zellen der winzigen Moospflanzen sind wie Sammellinsen gebaut, so daß sie selbst minimale Lichtverhältnisse durch Bündelung einfallender Lichtstrahlen noch für die Photosynthese nutzen können.
In vielen Fällen ist die typische Höhlenfauna noch nicht sehr gründlich erforscht. Aus etwa einem Zehntel der in Deutschland bekannten Karsthöhlen liegen faunistische Angaben vor. Dennoch zeichnet sich auch auf der Grundlage der vorhandenen Beobachtungen und Auswertungen ein recht interessantes Bild ab: Etwa 500 verschiedene Tierarten wurden bislang in Höhlen und Stollen nachgewiesen. Nur vergleichsweise wenige Arten davon (in fränkischen Höhlen 12 Springschwänze, Strudelwürmer, Spinnen und Schnekken-Arten) kommen ausschließlich in Höhlen vor. Viele andere Arten besiedeln zwar Höhlen, könnten aber auch in vergleichbaren anderen Feucht- und Dunkelräumen überleben. Diese Artengruppe umfaßt 78 Arten, darunter verschiedene Köcherfliegen, Trauermükken und Spinnen. 255 nachgewiesene Tierarten hielten sich nur zeitweise in diesem Lebensraum auf. Etliche von ihnen suchten die Höhle als Winterquartier auf (Schmetterlinge, Fledermäuse, Amphibien), andere gerieten wohl auch nur zufällig hinein, können hier aber sicher nicht überleben (Schwimmkäfer, Schlupfwespen, Gallmücken und auch Regenwürmer).
Trotz weitgehender Unabhängigkeit von den Außenbedingungen ist auch eine Höhle oder ein tiefer Stollen kein völlig in sich abgeschlossenes Ökosystem. Jeder dieser unterirdischen Hohlräume erfährt einen ständigen Stoffeintrag, sofern er nur mit der Außenwelt in Verbindung steht. Die Nachschubwege sind indessen ziemlich unauffällig: Eindringendes Oberflächenwasser führt Mineralsalze mit sich. Ein Herbststurm weht vielleicht Fallaub oder andere pflanzliche Bestandsabfälle bis in die Tiefe einer Höhle. Natürlich verenden hier auch schon einmal Tiere. Im Bereich der Schlafstätten oder Überwinterungsplätze häuft sich der Kot der Tiere an, somit fallen immer genügend Mengen organischer Bestandteile an, viel mehr als im Ökosystem Höhle von Mikroorganismen oder anderen Verwertern umgesetzt werden kann. Vor allem die vergleichsweise niedrigen Temperaturen lassen keinen intensiven Stoffumsatz zu. Daher dauert es auch Jahre, bis die Reste von Pflanzen oder Tieren, Fallaub oder Kadaver, zersetzt sind. Nur wenige Höhlen sind als Lebensraum dadurch gesichert, daß sie unter Naturschutz stehen. Wenn sie als geologisches Denkmal ausgewiesen sind, zieht dies nicht selten die Erschließung für Publikums-

Frostsichere Höhlen und Stollensysteme sind das wichtigste Winterquartier von Fledermäusen. Nur 6 von 22 heimischen Arten überwintern hier nicht. Diese Kleine Hufeisennase (Rhinolophus hipposideros) hängt in typischer Haltung kopfunter in einer Tropfsteinhöhle.

Mit hoher Wahrscheinlichkeit kann man in Höhlen auch auf überwinternde Zimteulen (Scoliopteryx libatrix) stoßen. Den Sommer über lebt dieser Eulenfalter in feuchten Biotopen an Gewässern. Seine Raupen ernähren sich von Weiden und Pappeln.

verkehr und Höhlentourismus nach sich. Die touristische Herrichtung der Höhlen ist jedoch ein nachhaltiger Eingriff in das typische Höhlenklima und bringt gewöhnlich sehr ungünstige Folgen mit sich. Die berühmten Höhlen in der Dordogne mit den Wandmalereien des spätzeitlichen Menschen sind nur eines von vielen Beispielen. Besonders problematisch erscheinen alle diejenigen Fälle, bei denen die Touristikhöhlen gleichzeitig auch die Winterquartiere unserer Fledermäuse sind, - hochinteressanter Säugetiere, die allesamt auf der »Roten Liste« stehen und in ihrem Bestand hoch bedroht sind!

LEBEN IN DER UNTERWELT

Das Leben in einem kühlen, finsteren, staunassen und nahrungsarmen Biotop erfordert eine ganze Reihe von Anpassungen und Sonderentwicklungen. Obligate Höhlenbewohner, etwa die verschiedenen Kleinkrebse, Springschwänze und Spinnen, unterscheiden sich daher von ihren Verwandten, die übertägige Lebensräume besiedeln.
Wo es ohnehin kein Licht gibt, erscheinen Lichtsinnesorgane ziemlich überflüssig, bei echten Höhlentieren werden sie daher stark zurückgebildet oder völlig aufgegeben - stattdessen werden die Riech- und Tastsinne besonders gefördert. Beim Höhlenflohkrebs z.B. sind die Antennen viel länger als bei Vergleichsarten.
Auffallend ist auch die Rückbildung der typischen Pigmentierung. Farbstoffe in Haut oder anderen Körperhüllen bieten einen wirksamen Lichtschutz, bilden Tarn- und Erkennungsmuster. Im Dauerdunkel einer Höhle sind solche Kennzeichen völlig entbehrlich. Höhlenbewohnende Kleinkrebse oder Springschwänze sind daher fast immer nahezu weiß oder zumindest hell-gelblich. Dennoch ist die Fähigkeit zur Lichtwahrnehmung oder Pigmentierung bei einigen Höhlenbewohnern noch nicht völlig verlorengegangen: Höhlenflohkrebse reagieren auf ungewohnte Lichtreize (Taschenlampe!) immer noch mit schneller Flucht ins Dunkle, und im Dauerlicht bildet ihr Chitinpanzer dunkle Pigmentflecke aus.
Auch hinsichtlich der Temperaturtoleranz sind Höhlenflohkrebse wesentlich flexibler, als es ihr Lebensraum eigentlich erfordert: Sie ertragen den gesamten Bereich zwischen 0° und 24°C, wenngleich sie bei 9°C eine deutliche Vorliebe erkennen lassen - zufällig (?) die Durchschnittstemperatur ihres Lebensraumes.
Andererseits scheint den Höhlentieren der für andere Biotope sicherlich wichtige Austrocknungsschutz

abhanden gekommen zu sein. Eine Höhlenmilbe schrumpft bei etwa 25% relativer Luftfeuchte, wie sie in einem normal beheizten Zimmer gegeben ist, innerhalb weniger Minuten zu Tode. Diese Tiere benötigen die ständige Feuchtigkeit, wie sie in triefendnassen Tropfsteinhöhlen vorliegt.

SCHLAFSTUBE AN DER HÖHLENDECKE

Natürliche und auch künstliche Höhlen sind wichtige Winterquartiere unserer Fledermäuse. Fast ein halbes Jahr verbringen die Tiere hier kopfüber hängend, die Füße fest in kleinen Unebenheiten an der Höhlendecke oder an den Höhlenwänden verkrallt. Die längsgefalteten, bräunlichen Pergamentflügel, das Bauchfell und die überaus großen Ohren sind überall mit winzigen Tauperlen übersät. Wir hätten uns hier längst eine Erkältung, wenn nicht sogar eine Lungenentzündung geholt, doch den Fledermäusen scheint das Höhlenklima eher zuzusagen. Sie halten nämlich Winterschlaf.
In diesem Zustand werden alle Körperfunktionen gleichsam nur auf Sparflamme gefahren: Die Körpertemperatur sinkt von knapp 38°C auf Umgebungstemperatur ab, Bewegungen werden völlig eingestellt, so daß die Tiere gänzlich reglos an ihrer Schlafstatt hängen, und schließlich wird auch der Herzschlag beträchtlich verlangsamt. Im Wachzustand schlägt ein Fledermausherz etwa 400 mal in der Minute, im Winterschlaf betätigt es sich nur alle 2-3 Sekunden einmal. Und weil alles im Körper der Fledermaus im Spargang arbeitet, braucht sie auch nur einmal in der Minute einen Atemzug zu tun.
Störungen sind in diesem Zustand außerordentlich kritisch: Wird eine Fledermaus aus dem Winterschlaf aufgeweckt, kommen alle ihre Lebensfunktionen in verhältnismäßig kurzer Zeit wieder auf Touren. Dies kostet jedoch eine Menge Energie und geht infolgedessen sehr zu Lasten der Fettreserven, von denen die Tiere im Ruhezustand zehren. Fledermäuse verfügen über eine Art Notsignal, das sie vor dem Kältetod bewahrt: Sollte die Körpertemperatur einmal unter einen kritischen Sollwert abfallen, wachen sie aufgrund eines inneren Alarmsignals auf, werden ein wenig stoffwechselaktiv und produzieren somit die nötige Körperwärme. Insgesamt verlieren die Fledermäuse während ihres Winterschlafs fast ein Viertel ihres Körpergewichtes.
Die überragende Bedeutung von Grotten, Höhlen und Stollen für das Überleben der Fledermäuse verdeutlicht die Tatsache, daß von den 22 in der BRD fliegenden Arten immerhin 18 Winterquartier in Höhlen oder vergleichbaren Stellen nehmen. Offenbar haben diese Arten eine spezifische Vorliebe für bestimmte Höhlenplätze entwickelt. Mausohren suchen stets die höchste Stelle einer Höhlendecke auf. Manche Arten benötigen Gangsysteme, die viele hundert Meter lang sind. Andere begnügen sich schon mit einer Höhle oder Grotte, die vielleicht nur 20 m weit in den Berg hineinreicht. Die mittelgroße Mopsfledermaus, die etwa sperlingsgroß ist, überwintert eigenartigerweise fast immer im

Im Winter können sich im luftfeuchten Höhleneingang bizarre Eisfiguren bilden, die in gewisser Weise an die Kalkgebilde von Tropfsteinhöhlen erinnern. Die von der Decke wachsenden Zapfen ähneln den Stalaktiten, die von unten entgegenkommenden Zapfen sehen aus wie Stalakmiten.

Die Feuchtigkeit der Höhlen ist für die Bewohner kein Übel, sondern eine Notwendigkeit. Ohne die mit Wasserdampf gesättigte Atmosphäre würden die zarten Flügelhäute dieser winterschlafenden Großen Bartfledermaus (Myotis brandti) nach kurzer Zeit einschrumpfen und zerbröseln.

Die Höhlenkreuzspinne (Meta menardi) ist eine unserer größten einheimischen Spinnen - sie wird bis 15 mm lang und gehört zu den ständigen Bewohnern einer Höhle. Da sie sich ständig in den niedrigen Temperaturen aufhält und auch das Nahrungsangebot im Innern einer Höhle nicht so groß ist wie im Freien, ist ihre Entwicklungs- und Wachstumsgeschwindigkeit auch dementsprechend gering: Die Tiere benötigen fast 2 Jahre, um geschlechtsreif zu werden. Die Eier werden in einen kunstvoll gefertigten und an der Höhlendecke aufgehängten Kokon abgelegt. Hier sind gerade die Jungspinnen geschlüpft und krabbeln auf ihrem Kokon herum.

Eingangsbereich, in dem das Thermometer naturgemäß die größten Temperaturschwankungen zeigt. Fledermäuse sind geschickte, wenn auch nicht immer besonders elegant erscheinende Flieger. Einzigartig ist ihre Echolotung mit Ultraschallauten, die sie schreiend aussenden. Mit Hilfe solcher Laute können sie sich auch bei absoluter Dunkelheit sicher orientieren und Beutetiere (vor allem Insekten) und Artgenossen orten. Jede Fledermausart hat ihren eigenen Frequenzbereich, mit dem sie in die Gegend funkt und die reflektierten Schallwellen abhört: Der Peillaut der Großen Hufeisennase liegt konstant bei etwa 80 000 Hertz und dauert ziemlich exakt 18 Millisekunden. Große Mausohren rufen jeweils nur 3 Millisekunden lang und lassen ihren Rufton von etwa 80 000 auf 40 000 Hertz abfallen. (Unser Hörvermögen setzt bereits bei etwa 20 000 Hertz aus.)
Die meisten Fledermäuse leben gesellig. Im Frühjahr sammeln sich die Weibchen in trockenen, warmen Wochenstuben: Felsspalten, Baumhöhlen und oft auch Dachböden, Scheunen oder ähnliche Gebäude werden dazu gerne aufgesucht. Hier hängen die Jungtiere mehrerer Weibchen zusammen und werden gemeinsam gewärmt und beschützt. (Die Rufe neugeborener Fledermäuse liegen noch im für uns hörbaren Frequenzbereich. Nach etwa 3 Wochen haben sie jedoch die Tonlage ihrer Eltern erreicht.)
Außer den Fledermäusen finden sich noch zahlreiche weitere Überwinterungsgäste in Höhlen und Stollen ein:
Fliegen, Stechmücken, Käfer und Schmetterlinge schätzen das konstante Höhlenklima und suchen sich hier gerne eine frostfreie Winterbleibe. Vor allem die im Frühjahr fliegende Faltergeneration verschiedener Arten wird man mit einiger Gewißheit in Höhlen antreffen können, beispielsweise die hübsche Zimteule, aber auch Zitronenfalter oder Vertreter der Edelfalter. Erstaunlicherweise kommen in Stollen, Grotten und Höhlen auch immer wieder zahlreiche Amphibien vor: Erdkröten suchen sich einen Ruheplatz unter Steinplatten. Geburtshelferkröten bevorzugen locker umherliegendes Geröll am Höhlenboden. Bergmolche richten sich in Fugen und Spalten ein. Für jeden Überwinterer findet sich in den unterirdischen Hohlräumen eine zusagende Kleinstruktur. Auch Grasfrösche konnten schon in größerer Stückzahl unter den Wintergästen festgestellt werden, während ihre grünen Verwandten den Grund von stehenden Gewässern bevorzugen. Besonders häufig sind in ungestörten Stollen auch die Feuersalamander. In einer alten untertägigen Schiefergrube wurden einmal 90 Exemplare gefunden, von denen etliche über Jahre hinweg immer das gleiche Winterquartier aufsuchten.
In unserem mitteleuropäischen Klima, in dem sich mit jedem Herbst eine kleine Eiszeit einstellt und die Lebewesen zu besonderen Anpassungen zwingt, kommt den Höhlen tief unter der Erde eine besonders wichtige Aufgabe zu. Es sind sicherlich keine sehr einladend erscheinenden, feuchten und finsteren Lebensräume, aber in ihren kleinklimatischen Besonderheiten genau auf die Bedürfnisse überwinternder Tierarten abgestimmt.

IN HÖHLEN NACHGEWIESEN:

Pflanzenarten	**über 20**
Tierarten	**über 500**
Säugetiere	18
Amphibien	5
Schmetterlinge	8
Käfer	44
Spinnen	57
Schnecken	40
Fliegen	31
Mücken	59
Milben	29
Springschwänze	48
Asseln	9

WO DORNRÖSCHEN SCHLÄFT

Ein verwilderter Weinberg scheint zu Winterende wenig Attraktionen zu bieten... Und doch, überall sind Lebenszeichen. Eine Heckenbraunelle durchsucht das Gras nach verborgenen Sämereien. Im dichten Dornenverhau einer Hundsrose liegen in einem verlassenen Nest zerhackte Hagebutten. Grünfinken waren hier am Werk. An einem Zweig erinnert die vertrocknete Wucherung einer Rosengallwespe noch an das Vorjahr, während ein Zaunkönigpaar bereits mitten in den Vorbereitungen für die neue Brutsaison steckt. Das Männchen schmettert einige Strophen , das Weibchen ist mit einem Moosbüschel für den Nestinnenausbau unterwegs.

WEINBERGE

Die Wildpflanze vieler heutiger Weinreben ist eine einheimische Liane, die in feuchten Auenwäldern der Flüsse vorkommt. In den Talsystemen der großen Flüsse sind die Kulturreben immer noch zu Hause, nur bewohnen sie jetzt gänzlich andere Standorte, nämlich die trockenwarmen Süd- und Südwesthänge. Strenggenommen wird in der BRD nur »Rheinwein« angebaut, denn alle Weinbaulandschaften zwischen Bodensee und Siebengebirge erstrecken sich längs des Rheins und seiner großen Nebentäler.
Die zum Trockenhangspezialist gewordene Auenwaldliane wird auf höchst unterschiedlichen Böden angebaut: Am Mittelrhein, an Nahe, Mosel und Ahr sind es die beinahe 400 Millionen Jahre alten devonischen Schieferböden. Am Untermain steht Buntsandstein an, der im Mittelmaingebiet und an der Fränkischen Saale vom Muschelkalk abgelöst wird. Keuperhänge nehmen die Rebfluren von Steigerwald und Frankenhöhe auf. Im Kaiserstuhl sind es mächtige Lößterrassen. Eine Vielzahl von Gesteinstypen und Bodenqualitäten kommt zusammen, wenn man einmal nur die Weinbaulandschaften in Deutschland, Österreich und der Schweiz betrachtet. In der österreichischen Wachau z.B. die Kalkalpen entlang der Flußtäler von Donau und Kamp. In der Schweiz gibt es zudem die höchstgelegenen Rebfluren Europas: Im Kanton Wallis wächst der berühmte Fendant sogar noch in über 1200 m Höhe.
Die heutigen Weinberge bzw. Rebfluren, in denen mit Herbiziden die gesamte krautige Bodenvegetation vernichtet und mit vielen anderen Bioziden die Kleintierwelt geschädigt wird, sind biologisch völlig uninteressant und nahezu tot. Von um so größerer Bedeutung sind dagegen die weniger beeinträchtigten Säume der Rebfluren oder diejenigen Rebparzellen, die aus wirtschaftlichen Gründen brachliegen. Besonders an sehr steilen und unzugänglichen Hängen oder in frostgefährdeten Hangmulden finden sich in der unbereinigten Rebflur immer wieder einzelne Flächen, die aufgegeben wurden und brachfielen.
Im fränkischen Weinbaugebiet gab es im Bereich von 342 unbereinigten Weinbergslagen im Jahre 1982 insgesamt 77 verbrachte Rebparzellen, 19 Parzellen waren zwischenzeitlich in Streuobstwiesen umgewandelt worden.
Oft haben diese Brachen nur eine Flächengröße von ein paar hundert Quadratmetern; ein paar dieser Flächen, in die bewirtschaftete Rebflur eingestreut, bilden jedoch ein kleinräumiges Mosaik von hohem ökologischem Wert!

Der Hirschauer Berg bei Tübingen ist ein beeindruckendes Beispiel für eine unbereinigte Rebflur mit kleinteiliger Nutzung. Zwischen den einzelnen Rebparzellen bleiben zahlreiche Saumbiotope für die Besiedelung durch wärmeliebende Arten. Diese Kleinlebensräume bilden untereinander ein weitgespanntes Verbundsystem. Solche Lebensraumgefüge gehören zu den besonders wertvollen Bestandteilen unserer Kulturlandschaft.

1 Zaunkönig
2 Rosengalle
3 Nest der Heckenbraunelle
4 Rebhuhn

Weinbergsböden in Steillagen sind ziemlich flachgründig und steinig. Da sie nur relativ wenig Wasser speichern können, trocknen sie rasch aus; außerdem erwärmen sie sich stärker als andere Böden, weil sie gegen die einfallenden Sonnenstrahlen geneigt sind. Dunkle Schieferböden weichen in ihrem Wärmehaushalt von helleren Kalk- oder Lößböden ab. Sie können sogar fehlende Sonnenscheindauer in gewissem Umfang ausgleichen: An den Steilhängen des unteren Mittelrheintals herrscht ein kontinental getöntes, trockenwarmes Mikroklima. Nur wenige Kilometer weiter nördlich finden sich dagegen ganz und gar vom atlantischen Klima geprägte Heidemoore.

Brachgefallene Weinberge sind ein hochinteressanter Lebensraum. Die aus der Bewirtschaftung genommenen Flächen verbuschen im Lauf der Jahrzehnte und bieten so auch Strauchbewohnern zahlreiche Lebensmöglichkeiten.

Wenn eine Rebparzelle brachfällt, verändern sich die Lebensbedingungen schrittweise: Der vorher durch Bearbeitung weitgehend offengehaltene Boden wächst innerhalb weniger Jahre zu. Damit verändert sich die Wasserkapazität des Untergrunds. Außerdem verringert der geschlossene Bewuchs auch den Bodenertrag. Gleichzeitig nimmt der Humusgehalt langsam zu. Vor allem aber schnellt der Artenreichtum ehemaliger Weinberge in die Höhe. Allein für die Weinberge in Franken sind 36 Pflanzengesellschaften mit zusammen 572 verschiedenen Arten festgestellt worden. Eindrucksvoller kann die standörtliche Vielfalt von ehemaligem Rebgelände kaum verdeutlicht werden!
Auf unbegifteten, lockeren Muschelkalk- oder Lettenkeuperböden bewirtschafteter oder gerade aufgelassener Weinberge stellt sich beispielsweise die Weinbergslauch-Gesellschaft ein. Kennzeichnend für diese Pflanzengemeinschaft sind ausgesprochene Frühblüher wie die hübsche blaublühende Traubenhyazinthe oder die gelbblühende Wildtulpe, eine besondere Rarität unserer einheimischen Flora. Die namengebende Pflanze dieser Gesellschaft dagegen, der Weinbergslauch, blüht erst im Sommer.
Im Kontakt von Weinbergen, etwa auf Trockenmauern oder eingestreuten Felsriegeln, entfaltet sich die Wimperperlgrasflur mit vielen attraktiven Arten wie Blutrotem Storchschnabel oder sattgelbblühender Färberkamille.
Eine weitere Pflanzengesellschaft, die für jüngere Brachen charakteristisch ist, umfaßt Kennarten wie die Wilde Möhre oder das Gemeine Bitterkraut.
Ein völlig anderes Bild bietet sich auf älteren Brachen. Oft konnte sich hier der Glatthafer ansiedeln und sogar über Jahrzehnte hinweg die Konkurrenz von Holzgewächsen unterdrücken. Eventuell gelingt aber dennoch verschiedenen Straucharten die Eroberung grasiger oder krautiger Brachen. Als kennzeichnende Pflanzengesellschaft findet sich dann zumeist das wärmeliebende Schlehengebüsch ein, zu dessen Kenn- und Charakterarten Schlehdorn (Schwarzdorn), Berberitze, Mehlbeere, Zwergmispel, Weinrose, Keilblättrige Rose und Liguster gehören.
Auf linksrheinischem Gebiet reicht der Beginn des Weinbaus bis etwa 200 n.Chr. zurück. Rechtsrheinisch wurden erst im 8. Jahrhundert Rebfluren angelegt. Ursprünglich breiteten sich die Rebflächen ausschließlich auf den Talböden oder allenfalls am Hangfuß aus. Erst in mittelalterlicher Zeit wurden aus den Weingärten die Weinberge, wie sie etwa von den Steillagen an Mosel und Neckar vertraut sind. Dazu wurden die Hänge terrassiert, durch Böschungen und Trockenmauern abgestützt und über locker geschichtete Steintreppen zugänglich. Solche Anlagen wurden über Jahrhunderte hinweg erweitert, erneuert, verbessert, erhalten. Bis in das 20. Jahrhundert hinein entstand auf diese Weise ein einzigartiges, auch im kleinen Maßstab außerordentlich reich strukturiertes Lebensraumgefüge:
Trockenmauern aus anstehendem Gestein oder Treppenaufgänge boten Spinnen, Eidechsen und anderen Kleintieren der Weinberge hinreichend Unterschlupf. So gediehen im wärmegetönten Rebgelände nicht nur Wein, sondern auch eine auf Wärmestandorte spezialisierte Flora und Fauna:
Bis zum unteren Ahrtal nahe dem nördlichen Mittelgebirgsrand konnten Pfingstnelke, Schwarzstieliger Streifenfarn, Milzfarn oder Brillenschötchen vordringen. Fast überall aus dem geschlossenen Weinbaugebiet mit seinen Wärmeinseln liegen Nachweise von Vorkommen der stark gefährdeten Smaragdeidechse oder der Schlingnatter vor. Fast ein Dutzend Schmetterlingsarten hängt von Trockenmauern ab, auf denen die Futterpflanzen ihrer Raupen wachsen.
Etliche brachgefallene Weinbergsflächen oder ihre Säume sind von Gebüschen, Hecken oder Feldgehölz so bewachsen, daß sich ein dichtgeknüpftes Biotopnetz

Wo Rebfluren in relativ nährstoffreichen und zudem auch etwas kalkhaltigen Löß- oder Lößlehmböden angelegt wurden, tritt fast immer auch die Traubenhyazinthe (Muscari racemosum) in kleinen Trupps oder bestandsbildend auf. Die Blüten der sehr dichten, dunkelblauen Traube duften angenehm süßlich. Außerhalb der Weinberge oder der sie begleitenden Trockenrasenböschungen ist diese Pflanze nur noch selten zu finden.

Zugegebenermaßen ist die Bewirtschaftung dieser winzigen Rebfläche recht mühsam. Mit ihren gestuften Trockenmauern und kleinen Treppenaufgängen wirkt sie jedoch bei weitem sympathischer als die monotonen, von breiten Fahrstraßen erschlossenen und durch verblendete Betonmauern abgestützten Rebhänge. Das Trockenmauerwerk bietet mit seinen zahllosen Zwischenräumen ideale Verstekke für vielerlei Kleintiere.

Überall in Europa mit Ausnahme des atlantischen Westens ist die Weinbergschnecke (Helix pomatia) verbreitet. Unsere größte einheimische Gehäuseschnecke kommt aber nicht nur in Weinbergen vor, sondern schätzt überhaupt relativ warmes, buschreiches Gelände, vor allem in Kalkgebieten. Zum Schutz der Weinbergschnecken vor allzu entschlossenen Feinschmeckern gibt es in manchen Bundesländern (z.B. Baden-Württemberg) gesetzliche Regelungen zur Sammelbeschränkung.

Wohl kein anderes Reptil ist für traditionelle Weinberge so kennzeichnend wie die Mauereidechse (Podarcis muralis). Ihre Verbreitungsschwerpunkte liegen an Rhein, Mosel, Lahn, Nahe und in der Pfalz. Die wärmebedürftige Art erreicht in Deutschland ihre Nordgrenze. Hier sonnt sich gerade ein Mauereidechsen-Männchen - und das schon im März.

Die kräftigen Fangbeine der Gottesanbeterin (Mantis religiosa) haben zugeschlagen und Beute gemacht. Nun wird Mahlzeit gehalten. Unsere einzige einheimische Fangschrecke kommt nur noch an zwei Stellen in sehr warmen Trockeninseln vor.

über die Rebflur spannt und Mauern, Raine, Treppen und Hohlwege einbezieht. Wo diese Verhältnisse noch gegeben sind, leben auch ökologisch sehr anspruchsvolle Vogelarten wie Zippammer, Pirol, Wiedehopf oder Wespenbussard. Diese Arten profitieren natürlich von dem reichen Nahrungsangebot an den Felskanten, Trockenrasenstücken, Heiden, Geländerinnen und Gebüschinseln!
Auf grasigen Brachen finden sich hochgefährdete Insekten, Heuschrecken, Zikaden und Schmetterlinge der Trockenrasen, darunter viele mediterrane Arten (Gottesanbeterin, Weinhähnchen!). Auf verbuschten und bewaldeten Weinbergsbrachen leben die Charakterarten wärmeliebender Gebüsche und Wälder, darunter zahlreiche bestandsbedrohte Schmetterlinge und Vögel sowie die stark zurückgegangene Weinbergschnecke. In einem unbereinigten Gebiet bei Nierstein standen von 110 nachgewiesenen Schmetterlingen 9 Arten und von 83 Vögeln sogar 23 auf der »Roten Liste«. Das Bayerische Landesamt für Umweltschutz kam 1987 zu dem Schluß, daß aus der Sicht des Naturschutzes 12% der bislang untersuchten Weinbergslagen Frankens ökologisch sehr wertvoll und 52% ökologisch wertvoll sind. Noch etwas höher lag die Beurteilung für das Landschaftsbild. Danach waren zusammen 67% der Weinberge von Wert und sollten in ihrem bisherigen Zustand erhalten bleiben.

Unbereinigte Weinbergslagen mit eingestreuten Brachflächen sind in ihrer mosaikartigen Struktur ökologisch unersetzlich, dazu aber auch für das Landschaftsbild von nachhaltiger Bedeutung und zugleich eindrucksvolle Zeugnisse der regionalen Wirtschaftsgeschichte. Großflächig zusammengelegte und berei-

nigte Rebfluren weisen diese Vorzüge nicht auf. Ob wirtschaftliche Zwänge, Uneinsichtigkeit in ökologische Zusammenhänge oder Selbsterhaltungstrieb der beteiligten Behörden - immer noch werden in den Weinbaugebieten Bereinigungsverfahren mit katastrophalen Folgen für Natur und Umwelt eingeleitet. Alle anreichernden Elemente wie Hecken, Hohlwege, Mauern, Treppen, Trockenrasenstücke oder Krautsäume gehen dabei ziemlich ersatzlos verloren. Die ökologisch bemerkenswerten, als Rückzugsbiotop geeigneten Rebflurreste kommen nach Abschluß eines Bereinigungsverfahrens nicht einmal mehr auf eine Flächensumme von 5% des betroffenen Geländes. Am westlichen Steigerwald ließ die Weinbergsflurbereinigung Oberschwarzach die vorhandenen ökologischen Flächen von 20,3% auf bedeutungslose 5,5% schrumpfen, beim Verfahren Wiebelsberg verringerte sich der Anteil sogar von 21,8% vorher auf 3,7% nachher. Ökologisch behutsamere Flurbereinigungen in Rebgelände könnten für den Biotop- und Artenschutz wichtige Beiträge leisten! Statt dessen wird auf die Flächen durch Intensivbewirtschaftung noch mehr Druck ausgeübt. An Rhein und Mosel erfolgt der Spritzmittelauftrag seit einiger Zeit vom Hubschrauber aus, damit werden unterschiedslos auch alle Saumbiotope begiftet, die überhaupt nicht zur eigentlichen Rebflur gehören! Das bringt unnötige und fast nicht wieder gutzumachende Bestandsverluste oder auch den Untergang ganzer Formenkreise. An der unteren Mosel kommt beispielsweise eine endemische Unterart des Apollofalters vor - diese Population ist inzwischen in allergrößter Gefahr.

EINE KLEINE WELT

Lauter Schmettergesang aus dem dichten Gebüsch läßt aufhorchen: Ein Zaunkönig macht mit seiner durchdringenden Stimme auf sich aufmerksam.
Bei günstigen Windverhältnissen könnte man ihn fast einen halben Kilometer weit hören. Messungen ergaben, daß er seinen Liedvortrag mit dem beachtlichen Schalldruck von 90 Dezibel vorträgt.
Was sich als munteres Schmettern und Zwitschern vernehmen läßt, ist tatsächlich eine meisterhaft programmierte Folge von nahezu 17 einzelnen Lautelementen in der Sekunde, trillernde Abschnitte wechseln mit lautstarken Schmetterpassagen ab.
Und nicht nur im Frühling oder im Frühsommer ist der Zaunkönig gesangsaktiv - er singt sogar mitten im Winter!
Die typische kleine Welt des Zaunkönigs, unseres zweit-

Die Grauammer (Emberiza calandra) ist ein Kulturfolger, der in dem steppenartigen Weinbergsklima ein passendes Zuhause gefunden hat. Von erhöhten Warten tragen die Männchen ab März einen nicht sehr wohltönenden Gesang vor, der in bestimmten Passagen an das Klirren eines Schlüsselbundes erinnert.

kleinsten Singvogels, muß mit dichtem Gebüsch bestanden sein. Gerne hält er sich in Gewässernähe auf, besiedelt aber ebenso auch stark verbuschte Brachen im trockenwarmen Weinbergsklima. Das räumliche Angebot muß auf jeden Fall genügend Schlupfwinkel umfassen, dann kann sogar jedes beliebige Kulturland zum idealen Zaunkönigrevier werden.
Zaunkönige sind Teilzieher, verbringen also in wintermilden Gebieten auch die kalte Jahreszeit bei uns, denn in Ritzen von Rinden und Borken, am Boden, in Röhrichten, Kraut- und Staudengestrüpp oder auch in der Nähe ländlicher Gebäude lassen sich auch in den Wintermonaten Spinnen oder Insekten als Nahrung auftreiben. Nur bei anhaltenden Schnee- und Frostperioden bekommt der Zaunkönig ernsthafte Probleme, denn er kann sich nicht auf andere Nahrung umstellen und sucht auch keine Vogelfutterhäuschen auf.
Schon im Vorfrühling beginnt das Zaunkönigmännchen mit dem Nestbau. Vor der eigentlichen Brautwerbung werden gleich mehrere Kugelnester im Rohbau fertiggestellt. Das Weibchen entscheidet über die endgültige Wohnungswahl und polstert das ausgesuchte Heim noch mit Haaren, feinen Halmen, Wolle, Federn und Moos aus.
Anfang bis Mitte April erfolgt die Eiablage. Nur das Weibchen brütet, während beide Altvögel sich das Füttern der Jungen teilen. Sind die Nahrungsgründe im Umkreis des Nestes sehr ergiebig, so paart sich das Männchen noch mit weiteren Weibchen, hilft aber jeweils nur bei einer Brut mit.

Im Kontakt zu kleinen Rebparzellen oder auf Trockenmauern, die ökologisch Felsgesimsen gleichen, siedelt sich die Wimperperlgrasflur mit dem namengebenden Wimper-Perlgras (Melica ciliata) an. Die Blüten stehen bei diesem seltenen, wärmeliebenden Gras in lockeren Ährenrispen zusammen. Die Deckspelzen sind langbewimpert, so daß der gesamte Blütenstand ein zottiges Aussehen erhält.

VIELFALT AUF KLEINSTEM RAUM

Aufgelassene, brachgefallene Weinberge bieten selbst auf kleiner Grundfläche eine immer wieder überraschende Artenfülle und dazu auch ein Vorkommen gerade solcher Formen, die man sonst in unseren Kulturlandschaften so gut wie nie zu Gesicht bekommt.
Die floristische Kartierung einer Weinbergslage (unbereinigt) in der Nähe von Nierstein/Rheinhessen förderte in diesem Zusammenhang recht bemerkenswerte Befunde zutage: So wuchs auf steilen Hängen, Abbruchkanten und Weinbergsmauern der gelbblütige Leindotter, ein heute extrem seltener Vertreter der Ackerwildkräuter, die am Rande von Weinbergen of-

fenbar ebenfalls Ersatzstandorte und Ausweichquartiere finden. Ferner fand sich hier der seltene Hunds-Kerbel, eine relativ konkurrenzschwache, einjährige Art, die auf lückige Standorte angewiesen ist, wie sie in besonders steinigen Weinbergsbrachen über Jahre hinweg bestehen können. Außer dem Weinbergslauch kam auch der Runde Lauch vor, eine stark gefährdete, ziemlich kalkstete Art, ebenso wie die Rauhhaarige Platterbse. Auch die Violette Sommerwurz, eine völlig chlorophyllfreie Blütenpflanze, die auf den Wurzeln des gemeinen Beifuß schmarotzt, um sich mit den nötigen Nährstoffen zu versorgen, konnte notiert werden.

den aromatischen und medizinischen Eigenschaften. Stellenweise kann das Bergbohnenkraut so üppig vorkommen, daß ganze Rebfluren danach duften. Fenchel, Thymian, Weinraute oder Salbei wären weitere Beispielarten, die sowohl in den Würzgärten zu Hause sind, aber auch wichtige Medizinalpflanzen darstellen. Hier und da kommen sogar Alant oder Liebstöckel, Eibisch oder Melisse in Weinbergsbrachen vor. Und Dost, als Pizzagewürz in hohem Ansehen, ist ohnehin als einheimische Wildpflanze auf trockenwarmen Standorten zu erwarten und daher auch im Rebgelände zu finden.

Die Wild-Tulpe (Tulipa sylvestris), die Stammpflanze vieler Gartentulpen-Varietäten, entwickelt kräftiggelbe und spitze Blütenhüllblätter. Die Pflanze erreicht in unseren Weinbauregionen die Nordgrenze ihrer Verbreitung. Ihre eigentliche Heimat ist der östliche Mittelmeerraum.
Nur noch selten tritt sie zusammen mit Traubenhyazinthen und Dolden- Milchstern in größeren Beständen auf - ein Blühaspekt, den die heutige Rebflurbewirtschaftung kaum noch zuläßt.

Insgesamt waren es 219 verschiedene Arten, die sich auf wenigen Hektar Weinbergsbrache nachweisen ließen - sicherlich ein sehr überzeugendes Argument für die Einzigartigkeit und Schutzwürdigkeit solcher Lebensstätten, zumal etwa 11 dieser Arten den höchsten Gefährdungskategorien nach der »Roten Liste« angehören!
Außer den Wildpflanzen beherbergen brachgefallene Rebflächen oft auch eine ganze Reihe von Kulturpflanzen, die als Gartenflüchtlinge noch nicht ganz den Schritt zur Verwilderung oder Einbürgerung geschafft haben. Viele Gewürz- und Aromapflanzen gehören zu dieser speziellen Artengruppe, aber auch etliche technische Nutzpflanzen, die heute kaum noch von Bedeutung sind und daher in Vergessenheit gerieten. Häufig stammen diese Pflanzenarten aus mediterranen Wärmegebieten. Über die Klostergärten wurden sie in den Gebieten nördlich der Alpen immer weiter verbreitet. Trockenwarme Weinbergstandorte entsprechen am ehesten ihren ökologischen Ansprüchen und konnten diesen Pflanzen daher in besonderem Maße eine zweite Heimat bieten.
Zu dieser Artengruppe gehört beispielsweise der Wermut, eine Pflanze von sehr intensivem Aroma, die sowohl als Würzpflanze Karriere gemacht hat, als auch in allen überlieferten Arzneibüchern eine bedeutende Rolle spielt. Auch der Ysop wäre zu erwähnen, ein Vertreter der Lippenblütengewächse mit hervorragen-

Die Gruppe der technischen Nutzpflanzen wird vor allem durch die früher sehr wichtigen Färbepflanzen repräsentiert. Färberwaid ist nur eine dieser alten Kulturpflanzen. Färberkamille, Färberginster, Färberscharte und Färberresede sind weitere ehemalige Farbstofflieferanten, deren große Zeit mit dem Aufschwung der synthetischen Farbstoffe zu Ende ging.
Bezeichnenderweise ist fast überall im heutigen Weinbaugebiet nördlich der Alpen auch der Schildampfer zu finden. Die Pflanze ist in den südeuropäischen Gebirgen zu Hause und wurde im Mittelalter gerne in den Burggärten als Gemüsepflanze gezogen. Ihre geschmacklichen Qualitäten entsprechen etwa dem verwandten Sauerampfer.

IN WEINBERGEN NACHGEWIESEN:

Pflanzenarten	**über 400**
Tierarten	**über 500**
Säugetiere	22
Vögel	83
Amphibien	2
Reptilien	7
Schmetterlinge	110
Wanzen	89
Zikaden	74
Laufkäfer	38
Schnecken	38

FOLGT MEINEM WUNDERVOLLEN LAUF

Es ist tiefer Winter und noch liegen die Morgennebel über der naturbelassenen Bachaue. Trotzdem hatte ein Fischotter mit einer Bachforelle bereits einiges Jagdglück, während die beiden Graureiher auf den Silberweiden noch auf ihren großen Fang zu warten scheinen. Die Wasserspitzmaus findet am Fischotterfraßplatz, im Schutz eines mächtigen Wurzelstockes, unter Gräten und Krebsscheren immer noch etwas Verwertbares.

BÄCHE

Jeder Bach ist eine wichtige Durchgangsstation im großen Wasserkreislauf. Wolken regnen ihre Wasserfracht über Land ab, und Bäche wie Flüsse transportieren sie wieder ins Meer zurück. Bäche sind ungemein vielgestaltige Bestandteile der Landschaft. Überall sehen sie ein wenig anders aus: Das Bachbett kann zwischen anstehendem Felsgrund und Schotter, Kies oder Sand wechseln. Mal schwingt der Bachlauf in großen Mäanderbögen, mal fließt er eher geradlinig ab. Kräuter, Gräser, Gebüsche und Bäume säumen die Ufer. So viele Merkmale verleihen jedem Bach seine besonderen Eigenarten.

Bergbäche rauschen mit ihrem starken Gefälle besonders kraftvoll zu Tal. Sie können sogar grobes Geröll oder ganze Baumstämme mit sich reißen. Nur wo sich besonders viele Hemmnisse vom letzten Hochwasser ineinander verkeilt haben, bilden sich beruhigte Strömungszonen, in denen sich ein Teil der feineren Fracht ablagert. Das Wasser ist meist klar, ziemlich kalt und sehr sauerstoffreich, da die vielen Schnellen und Stufen immer reichlich Sauerstoff einmischen. Wasserpflanzenwuchs gibt es hier meist noch nicht. Nur die Ufer sind von dichten Erlen- und Weidenbeständen gesäumt und an vielen Stellen nahezu unzugänglich.

Hügellandbäche fließen ebenfalls recht schnell, auf geraden Gefällstrecken mit über 1 m/sec, in windungsreichen Abschnitten deutlich weniger. Gefälle und Größe des Einzugsgebietes bestimmen die vorbeirauschende Wassermenge. Sie kann nur 2 l in der Sekunde betragen, aber auch ebenso gut über 10 l oder nach der Schneeschmelze bzw. starken Regengüssen auch mehr als 50 l. Andererseits kann das Wasser eines Hügellandbaches nach regenarmen Perioden im Hochsommer auch einmal völlig im Schotterbett verschwinden. Im Bachoberlauf überwiegt grobes Material. Überall im Bereich größerer Steinblöcke hat das Wasser das Bachbett besonders tief ausgekolkt. Im mittleren und unteren Abschnitt wird viel Feinmaterial aufgeschüttet. Das immer noch stark sauerstoffangereicherte Wasser kommt hier in Buchten und besonders ausgereiften Bachschlingen häufig zur Ruhe, so daß sich feine Schlamm- und Schluffteilchen absetzen können. Wasserpflanzen siedeln sich an. Die Bachufer sind je-

Ein Mittelgebirgsbach durchfließt sehr unterschiedliche Lebensräume: Waldabschnitte wechseln mit offenem Wiesen- oder gebüschdurchsetztem Gelände ab. Die Fließgeschwindigkeit hat sich bereits verlangsamt, so daß im Bachbett auch feinere Teilchen aus dem Geschwebe abgesetzt werden können. Dies wiederum bestimmt die Ansiedlung der verschiedenen Fließwasserbewohner.

Ein Bergbach überwindet auf verhältnismäßig kurze Entfernung oft ziemlich große Gefällstrecken. Das rasch abfließende, kalte und sauerstoffreiche Wasser sagt zwar nur wenigen Bewohnern zu, bleibt aber auf keinen Fall unbesiedelt. Bergbachbewohner sind vor allem unter den Insekten mit wasserlebenden Larven zu suchen.

1 Spur der Wasserspitzmaus
2 Fischotter
3 Graureiher

doch noch steil, vom Wurzelwerk der begleitenden Bachgehölze durchwachsen und nur selten zu Sand- oder Kiesbänken erweitert. Weiden und Schwarzerlen, aber auch Eschen oder Wasserschneeball bilden den typischen Aspekt einer gehölzbestandenen Bachaue. Dazwischen mischen sich üppige Hochstaudensäume. Fast immer ist der natürliche Eintrag von organischen Abfällen relativ hoch. Fallaub und andere Reste werden rasch abgebaut und mineralisiert, so daß sich auch in strömungsärmeren Abschnitten kein Faulschlamm bildet. Während die sommerliche Wassertemperatur beim Bergbach kaum 10°C erreicht, kann sie beim Hügellandbach schon bis zu 15°C betragen. Im Jahresdurchschnitt liegt sie meist bei 9°C. Je nach Gesteinsmaterial und Bodenreaktion im Einzugsgebiet zeigt das Wasser im Bach völlig verschiedene pH-Werte: Bäche in sauren Buntsandsteingebieten weichen deutlich von Bächen in Kalkgebieten ab. Starkregenfälle und die daraus folgenden Schwankungen der Wasserführung verändern auch immer wieder die Säurewerte des Wassers.

Tieflandbäche fließen meist recht träge mit Strömungsgeschwindigkeiten unter einem halben Meter in der Sekunde. Kennzeichnend ist der ausgeprägte Wechsel zwischen steileren Prallhängen mit ihren abrupt abfallenden Uferpartien und den flacheinfallenden Gleithängen mit aufgeschwemmten Sand- und Lehmbänken. Grobes Geröll fehlt dem Bachbett. Dafür wird jetzt vermehrt Kies und Sand abgelagert, in strömungsarmen Bereichen auch sehr feinkörniges Schluff- und Tonmaterial. In den tieferen Schichtlagen, die nicht mehr regelmäßig durchströmt werden, ist Sauerstoff sehr knapp, daher können sich hier auch Faulschlammlagen ausbilden. In den vielen Stillwasserzonen entwickeln sich üppig Wasserpflanzen. Auch die Ufer werden von schönen Bachröhrichten mit Glanzgras oder verschiedenen Seggenarten eingenommen. Offene, flache, wenig durchströmte Stellen erwärmen sich rasch. An Sommertagen steigt die Wassertemperatur auf über 20°C. Auf den Fließstrecken in bewaldetem Gebiet gleichen die Wasserverhätnisse eher einem Hügellandbach. Die Sauerstoffsättigung bleibt jetzt immer mehr hinter den Maximalwerten zurück. Wenn durch Fallaubeintrag besonders viel organisches Material zersetzt werden soll, können sie bis unter 75% absinken, bei abwasserbelasteten Bächen sogar unter 10%. Für die tierischen Bewohner können solche Phasen besonders kritisch werden!

Etwa 100 verschiedene Pflanzenarten im Wasser oder in der uferbegleitenden Vegetation und über 2400 ver-

Ein seltener Anblick am Bachufer, ein Fischotter (Lutra lutra). Dabei verkörpert der Lebensraumanspruch des Wassermarders auch unser Idealbild: Eine reichhaltige Bachlandschaft mit natürlichen Ufern, einladenden Buchten und artenreichem Pflanzenwuchs. Daß diese Utopie auch viele Fische mit einschließt, ist klar. Doch um solche Ideale steht es zumindest noch im Augenblick schlecht.

schiedene Tierarten sind ausgesprochen typisch für unsere Bäche. Alle diese Arten sind ideal auf bestimmte Besonderheiten des Lebensraumes Bach angewiesen und kommen daher kaum einmal allesamt nebeneinander vor. Bachflohkrebse der Berg- und Hügellandbäche sind strömungsresistenter, kälteunempfindlicher und vertragen eine stärkere Versauerung als verwandte Arten aus Tieflandbächen. Somit spiegeln sie in ihren ökologischen Ansprüchen eine größere Bandbreite wieder und stimmen fast immer mit den Bedingungen ihres Lebensraumes überein. Bestimmte Mückenlarven sind als Geschwebeverzehrer unbedingt auf Stillwasserbereiche von Tieflandbächen angewiesen - man wird sie daher in raschfließenden Bergbächen vergeblich suchen. Bisamratten bevorzugen zur Ernährung staudenreiche Uferfluren und steilabfallende Uferzonen, in die sie ihre Wohngänge graben können. Auch diese Anforderungen können in erster Linie nur von einem Tieflandbach erfüllt werden. Anders bei der Wasseramsel: Als Unterwasserjäger benötigt sie sauerstoffreiche und raschfließende Gewässer, in denen sie genügend Nahrung findet, nämlich die Larven verschiedener Insekten (Köcherfliegen, Steinfliegen, Eintagsfliegen), die genau diese Bedingungen bevorzugen.

So unterscheiden sich die Bäche in geographisch verschiedenen Regionen nicht nur in Aussehen oder in ihren chemisch-physikalischen Bedingungen, sondern auch im typischen Organismenbesatz. Aber selbst wenn man solche Unterschiede in Rechnung stellt, ist es dennoch erstaunlich, welche Artenfülle selbst an einer kurzen Fließstrecke zusammenkommt. Am Breitenbach, einem besonders gründlich untersuchten Fließgewässer bei Schlitz in Osthessen, konnte die Bestandsaufnahme 57 Pflanzenarten und insgesamt 624 verschiedene Tierarten verbuchen.

Im einzelnen verteilen sich die Artenaufkommen unserer Bäche auf folgende Tiergruppen: Schnaken, Stechmücken, Waffenfliegen, Bremsen, Raubfliegen, Schwebfliegen, Raupenfliegen und Echte Fliegen stellen zusammen 986 Arten, Köcherfliegen sind mit 558 Arten vertreten, Milben mit 421, Steinfliegen mit 345 und Käfer mit 288. Die Fischfauna der Bäche umfaßt 143 Arten. Insgesamt 28 Säugetierarten und 16 Amphibien und Reptilien kommen bevorzugt an oder in Bächen vor.

Vögel, Schmetterlinge sowie Bienen, Hummeln oder andere Hautflügler haben dagegen ihren Verbreitungsschwerpunkt in anderen Lebensräumen. Sie sind im Bereich Bach deutlich unterrepräsentiert.

Bäche steuern also beträchtlich zum Artenreichtum bei, wenn sie ihre natürlichen Funktionen erfüllen können und nicht gestört sind. Der Blick in unsere heutigen Kulturlandschaften liefert auch in dieser Hinsicht kein ungetrübtes Bild: Viele Bäche wurden inzwischen begradigt, vertieft, verrohrt oder zu häßlichen Fließgerinnen in Betonhalbschalen verbaut. Allenfalls ein Zehntel unserer Bäche befindet sich noch in einem halbwegs natürlichen oder naturnahen Zustand. Im Oberlauf fällt die Bilanz noch am ehesten günstig aus,

Eine der Überraschungen am Bachufer ist dieses Köcherfliegenpärchen (Sericostoma pedemontanum), das noch mitten im November kopuliert. Diese Art ist typisch für saubere Bäche mit rascher Strömung.

Die Röhrenbewohner unter den Köcherfliegen fertigen sich ihre Köcher aus allen möglichen Materialien an. Im Schutz der selbstgefertigten Köcher fressen die Larven und verpuppen sich.

Mittel- und Unterlauf der Bäche sind dagegen in den meisten Fällen durch regulierende technische Eingriffe völlig verändert und als Lebensraum zerstört.
In der BRD wurden nach dem zweiten Weltkrieg etwa 40 000 km Bäche und kleinere Flüsse begradigt und ausgebaut - eine Strecke, die fast dem Erdumfang entspricht. Auch im benachbarten Ausland ist sozusagen »alles im Griff« und reguliert, so zeigt z.B. in weiten Teilen Niederösterreichs und Oberitaliens kaum ein Bachverlauf auf längeren Fließstrecken noch seinen natürlichen Uferbewuchs!
Neben dem technisch betonten Ausbau verödet auch die anhaltende Gewässerverschmutzung unsere Bäche. Die bislang noch einigermaßen intakten Oberläufe in Mittelgebirgen wie Odenwald, Taunus und Huns-

Bachlibellen sind in weitaus höherem Maße im Bestand bedroht als Arten, die in stehenden Gewässern ihre Larvenzeit durchlaufen. Zu den besonders gefährdeten Arten gehört auch der Kleine Blaupfeil (Orthetrum coerulescens), bei dem allerdings nur das Männchen einen leuchtendblauen Hinterleib zeigt. Oft kann man die Tiere auf dem Boden oder in der krautigen Vegetation sitzen sehen.

Wasseramseln (Cinclus cinclus) sind typische Bewohner schnellfließender Berg- und Mittelgebirgsbäche. Ein hervorstechendes Merkmal ist ihre Fähigkeit, auf oder unter dem Wasser zu schwimmen oder den Bachgrund entlang zu laufen.

rück, in denen sich am ehesten artenreiche Lebensgemeinschaften fanden, werden von den sauren Niederschlägen schwer belastet und drohen in Kürze völlig zu verarmen. In den unteren Fließabschnitten, die gewöhnlich landwirtschaftlich intensiv genutzte Ackerfluren oder Wiesengelände durchlaufen, werden Biozide und Gülle, dazu aber auch aus ungeklärt eingeleiteten Abwässern Waschmittel und eine Unzahl weiterer Chemikalien eingetragen. Die Folgen solcher Mißhandlungen sind an der Länge der »Roten Liste« auch für dieses Lebensraumgefüge abzulesen:
Alle 5 bachtypischen Fischarten der BRD, z.B. Bachforelle oder Groppe, sind vom Aussterben bedroht, dazu auch mehrere vom Ökosystem Bach unmittelbar ab-

Bäche sind nicht nur im Frühjahr, Sommer und Herbst reizvolle Landschaftselemente - auch der Winter zeigt sich in diesem Lebensraum von seiner schönsten Seite.

hängige Vogelarten (Eisvogel), Säugetiere (Fischotter), Muscheln (Flußperlmuschel) oder Krebse (Flußkrebs). Auch nahezu 40% der einheimischen Steinfliegenarten, 44% der Köcherfliegen und 60% der Eintagsfliegen gelten als bundesweit bedroht. Hochgradig gefährdet sind auch alle die Libellenarten, deren Larven in Fließgewässern leben, oder ein Dutzend verschiedener Schmetterlinge, deren Raupen keine Futterpflanzen mehr zur Verfügung haben, da die früheren Wuchsplätze trockengelegt oder verrohrt wurden. Eine beispiellose Artenverarmung ist zu befürchten, wenn das Ökosystem Bach nicht gerettet werden kann!
In einigen Fällen wurden durchaus hoffnungsvolle Versuche unternommen, Bäche wieder zu renaturieren, indem sie statt einer schnurgeraden Abflußrinne wieder einen natürlichen Verlauf und auch eine Randbepflanzung mit typischen Bachgehölzen erhielten. Für eine wirksame Abhilfe müßten allerdings etliche 1000 Kilometer verödeter Bachläufe saniert werden!

GESCHICKT AM UFER UND IM WASSER

Nur wenige Anzeichen deuten auf die Anwesenheit eines unserer seltensten Bachbewohner hin: Der Fischotter setzt seine Losung zwar gerne an auffälligen Stellen ab und hinterläßt im weichen Uferschlamm auch deutliche Trittsiegel, doch läßt er sich selbst kaum einmal am hellichten Tag blicken. Auch seine Wohnung mit der wasserseitigen Einfuhrröhre und dem landseitigen Luftloch wird in der dichten Ufervegetation kaum zu entdecken sein.
Mit seinem schlanken, walzenförmigen Körper bewegt sich der Fischotter im Wasser noch weitaus eleganter fort als an Land. Die 5 Zehen sind untereinander durch Schwimmhäute verbunden und ermöglichen ihm ein ausdauerndes und sehr wendiges Schwimmen und Tauchen.
Im Bau und im trüben Wasser orientiert sich das Tier überwiegend mit den langen Tasthaaren am Vorderkopf. Im quellklaren Wasser kann er sich dagegen auch beim Tauchen auf seine Augen verlassen. Tauchgänge können bis auf 4 Minuten ausgedehnt werden, dabei werden Strecken bis über 300 m zurückgelegt.
Das Otterfell ist besonders dichthaarig und durch gründliche Einfettung wasserabweisend. Durch eingeschlossene Luftbläschen wirkt es im Wasser mitunter silbrig-metallisch. Wegen des Fells wurde der Otter vielerorts erbarmungslos bejagt - schon Karl der Große trug bekanntlich einen bodenlangen Otterpelz. Außerdem wurde den Tieren überall nachgestellt, da Angler und Fischwirte Schäden an ihren Fischbeständen befürchteten. Bis zum Beginn unseres Jahrhunderts wurden auf dem Gebiet des ehemaligen Deutschen Reiches jährlich etwa 10 000 Fischotter erlegt, mit Tellereisen, dreizackigen Otterspeeren, Giftködern, Reusen und Netzen. Diese Ausrottungskampagnen hatten Erfolg: Heute beträgt der Bestand in der BRD nur noch 200 Tiere! Sie verteilen sich auf einige kaum noch überlebensfähige Populationen in Schleswig-Holstein, Niedersachsen und Ostbayern. In der Schweiz sind es gerade noch ein Dutzend.

Neben der intensiven Bejagung haben vor allem die Zerstückelung und Zerstörung des Lebensraumes zum bedrohlichen Rückgang dieser Art geführt. Der Fischotter benötigt nämlich ungestörte Reviere mit üppiger Ufervegetation, die genügend Deckung bietet. In seinem normalerweise sehr ausgedehnten Revier, das er zudem als Einzelgänger bewohnt und gegen Artgenossen vehement abgrenzt, bedeutet die wöchentliche Fischration mit Sicherheit keine wirtschaftliche Einbuße. Zudem ist gesichert, daß bis zu 70% der Nahrung überhaupt nicht aus Fisch bestehen, sondern alle möglichen Kleinsäuger aus dem Gewässerumkreis, dazu auch Jungvögel von Bleßhuhn oder Teichhuhn, Amphibien und sogar Insekten und Würmer umfassen kann.
Fischotter sind übrigens auch geschickte Bisamrattenjäger, die die Bestandsgrößen dieser Nagetiere durchaus wirksam kontrollieren können!

MIT DER STRÖMUNG LEBEN

Keine Frage - ein 10 kg schweres Ottermännchen wird kaum Probleme damit haben, auch in einem reißenden Bach zu schwimmen, zu tauchen oder Fuß zu fassen. Wie aber schaffen dies die kleineren Wasserbewohner, etwa die Insekten, die allenfalls wenige Milligramm wiegen?
Einige Formen zeigen in der Tat erstaunliche Anpassungen an den Lebensraum, in dem das eigentliche Medium ständig in Bewegung ist:
Steinfliegenlarven leben unmittelbar am Bachgrund. Sie halten sich dort nicht nur reglos auf, sondern kriechen auch umher, denn sie setzen dem strömenden Wasser praktisch keinen Widerstand entgegen: Kopf, Brust und Hinterleib, ja sogar die Beine und sonstigen Körperanhänge sind soweit abgeplattet, daß das Fließwasser keinen Hebelpunkt findet und einfach über die Tiere hinweggeht.
Lidmückenlarven arbeiten nach einem anderen Verfahren: Auf ihrer Bauchseite besitzen sie 6 Saugnäpfe, mit denen sie sich an der Unterlage festheften. Selbst bei Strömungsgeschwindigkeiten bis etwa 3 m/sec garantieren diese Haftorgane sicheren Halt.
Kieselalgen, die von den Lidmückenlarven abgeweidet werden, ertragen noch größere Strömungsgeschwindigkeiten. Die winzigen Algen kleben ihre Kieselpanzer mit einem zähen, auch unter Wasser aushärtenden Schleim an der Unterlage fest.
Kriebelmückenlarven kommen mit einer Haftscheibe aus. Das sieht zunächst nach einer recht unzureichenden Ausstattung aus, doch muß man zusätzlich die Ernährungsweise der Tiere berücksichtigen: Im Unterschied zu den Lidmückenlarven müssen sie sich nicht als Weidegänger auf glattem Bachgestein bewegen, sondern können festsitzend mit Hilfe eines Haarkranzes alle möglichen Algen oder andere Kleinstorganismen ausfiltrieren, die ihnen mit dem Fließwasser entgegenströmen.
Weniger strömungsexponierte Stellen suchen beispielsweise die Bachstrudelwürmer auf. Wegen ihrer flachen Körpergestalt können sie ebenfalls noch als Grenzschichtbewohner gelten, über die eine nicht zu reißende Wasserströmung hemmungslos hinwegfließt.
Den Strömungsschatten von Steinen und anderen Hindernissen im Bachbett nutzen die Larven vieler Köcherfliegen aus. Entsprechend finden sie sich an solchen Stellen gleich gruppenweise ein. Verschiedene Arten sind jedoch in etwas unterschiedlichem Maße strömungsfest, so daß alle möglichen Bereiche des Bachbettes von dieser Tiergruppe besiedelt werden können.
Nicht wenige bachlebende Tiere, beispielsweise die Larven der Schlammfliegen, dazu auch die Unzahl der Rädertiere, Fadenwürmer und Kleinkrebse, können sich dem Zugriff der Strömung dadurch entziehen, daß sie die weichen Sedimente ruhigerer Bachbuchten besiedeln.
Die Larven der Tastermücken können in solchen Stillwasserzonen sogar zeitweise das Wasser verlassen und im Feuchtigkeitsfilm von Ufersteinen oder Röhrichtpflanzen auf Nahrungssuche gehen.
Obwohl die Kleintierfauna eines intakten Baches mit beeindruckenden Artenzahlen aufwarten kann, sind die Nahrungsbeziehungen in diesem Ökosystem vergleichsweise überschaubar: Rund 80% der wasserlebenden Insekten ernähren sich von pflanzlichem Material, wobei der Schwerpunkt bei den Abfallverwertern und Zersetzern liegt.
Pflanzen, die im fließenden Wasser wachsen, können ihren Standort nicht mehr verändern, sondern müssen sich mit anderen Mitteln an die Strömungsverhältnisse anpassen. Beim Tausendblatt, beim Wasserstern und erst recht beim Brennenden Hahnenfuß und seinem Verwandten, dem Wasser-Hahnenfuß, verrät ein Blick auf die Gestalt der Blätter den besonderen Anpassungstrick:
Sie bieten dem Wasser erstaunlich wenig Angriffsfläche, weil sie die Blätter zu stromlinienförmigen, bandartigen oder vielzipfeligen Gebilden umgestaltet haben - eine Idealform, die das Fließwasser sozusagen diktiert.

IN BÄCHEN NACHGEWIESEN:

Pflanzenarten	**über 100**
Tierarten	**über 3400**
Säugetiere	28
Vögel	5
Amphibien	12
Reptilien	4
Fische	143
Köcherfliegen	558
Milben	421
Steinfliegen	345
Käfer	288
Eintagsfliegen	163
Krebse	131
Strudelwürmer	117
Schnecken	87
Libellen	62
Wanzen	34
Regenwürmer	6

WATT HAT´S IN SICH

Bei Ebbe erscheinen die endlosen Nordseeflächen mit ihren tief ins Vorland ziehenden Prielen ziemlich leblos. Erst ein Blick unter die Oberfläche verrät ein reiches Tierleben: Die gekringelten Kothaufen stammen von Wattwürmern, die sternförmigen Fraßspuren um unerklärliche Löcher von Seeringelwürmern. Herzmuscheln graben sich kaum ein, Sandklaffmuscheln dafür um so tiefer. Schlickkrebse sind wieder andere Röhrenbewohner. Aber so verschieden jeder Wattbewohner auch sein mag, gefressen werden sie alle - und nicht nur von Knutts oder Austernfischern!

W A T T

Drei Nationen teilen sich die Wattengebiete, die sich vor dem 450 km langen Küstensaum der südlichen Nordsee erstrecken - die größte zusammenhängende Wattenlandschaft der Welt. Sie beginnt bei Den Helder in den Niederlanden und endet in der Nähe von Esbjerg in Dänemark.
Der flächig größte Anteil entfällt auf die BRD. Er gliedert sich in das Niedersächsische Wattenmeer mit der vielgliedrigen Ostfriesischen Inselkette (Nationalparkgebiet), das Elbmündungsgebiet mit den beiden Inseln Neuwerk und Scharhörn sowie das Schleswig-Holsteinische Wattenmeer mit den Nordfriesischen Inseln und den Halligen (Nationalparkgebiet). Dieses flach gegen die offene Nordsee abfallende Küstengebiet aus angeschwemmten Sand- und Schlickmassen ist zwischen 5 und 20 km breit und umfaßt insgesamt eine Fläche von rund 750 000 ha.
Das Wattenmeer und die angrenzende Küstenlandschaft ist außer den Hochalpen die einzige noch weitgehend natürlich erhaltene Großlandschaft Mitteleuropas. Naturräumlich und ökologisch kann man mehrere Teillebensräume unterscheiden: Neben dem eigentlichen Watt sind hier die Salzwiesen und die Dünenserien von besonderem Interesse.
Beginnen wir unseren kurzen Überblick mit dem Watt selbst. Wichtigster Umweltfaktor ist der periodische Wechsel zwischen Trockenfallen und Überflutung im Gezeitenrhythmus. Als Watt werden die dabei jeweils auftauchenden Großflächen sandiger und schlickiger Ablagerungen zwischen der Außenküste des Inselbogens und der Innenküste des Festlandes bezeichnet. Das Watt liegt damit genau zwischen der Niedrigwasserlinie (Mitteltidenniedrigwasser) und der Hochwasserlinie (Mitteltidenhochwasser). Zweimal täglich läuft die Flut bis zur Hochwassermarke auf, und zweimal weicht die Wasserlinie während der Ebbezeit zur Niedrigwassermarke zurück. Zwischen zwei aufeinanderfolgenden Hochwasser- und Niedrigwasserständen verstreichen nicht exakt 12 Stunden, sondern etwa 12 Stunden 25 Minuten. Von Tag zu Tag verspäten sich die Gezeiten also um rund 50 Minuten - eine Folge der Bahnbewegung des Mondes um die Erde. Im Bereich der friesischen Küsten beträgt der Tidenhub (der Höhenunterschied zwischen Hoch- und Niedrigwasser) etwa 2 - 4 m, im inneren Winkel der Deutschen Bucht und in den großen Flußmündungen etwas mehr als im Bereich der Außenränder. Beim Ablaufen des Wassers während der Ebbe werden überall kleine, baumförmig verzweigte Rinnsale sichtbar, die Priele. Sie münden wie kleine Bäche und Flüsse in die größeren Wattströme oder Gats, die sich zwischen den einzelnen Inselkörpern hindurchziehen und bis 10 m Wassertiefe erreichen. Die größeren Priele führen auch bei Ebbe Wasser und zerlegen die Wattfläche in einzelne Sand- und Schlickplatten.
Der Wattboden, der bei Niedrigwasser zum Festland, bei Hochwasser jedoch zum Meer gehört, ist nicht überall gleichmäßig zusammengesetzt. Grobsand (Korndurchmesser von 2 - 0,2 mm), Feinsand (0,2 - 0,02 mm), Silt oder Schluff (0,02 - 0,002 mm) und Ton- oder Schlamm (kleiner als 0,002 mm) können in unterschiedlichen Mengenanteilen vertreten sein. Bei rund 90 - 100% Sandanteil und nur 10 - 0% Tonanteil spricht man von einem Sandwatt, bei einem Tonanteil über 85% von einem fetten Schlickwatt. Zwischen diesen beiden Möglichkeiten lassen sich das Mischwatt und das normale Schlickwatt einordnen. Ihr Sandanteil liegt bei 50 - 90% bzw. 15 - 50%.
Erdgeschichtlich sind die Wattenmeergebiete noch relativ junge Ablagerungsräume. Ihre Sande und Tone

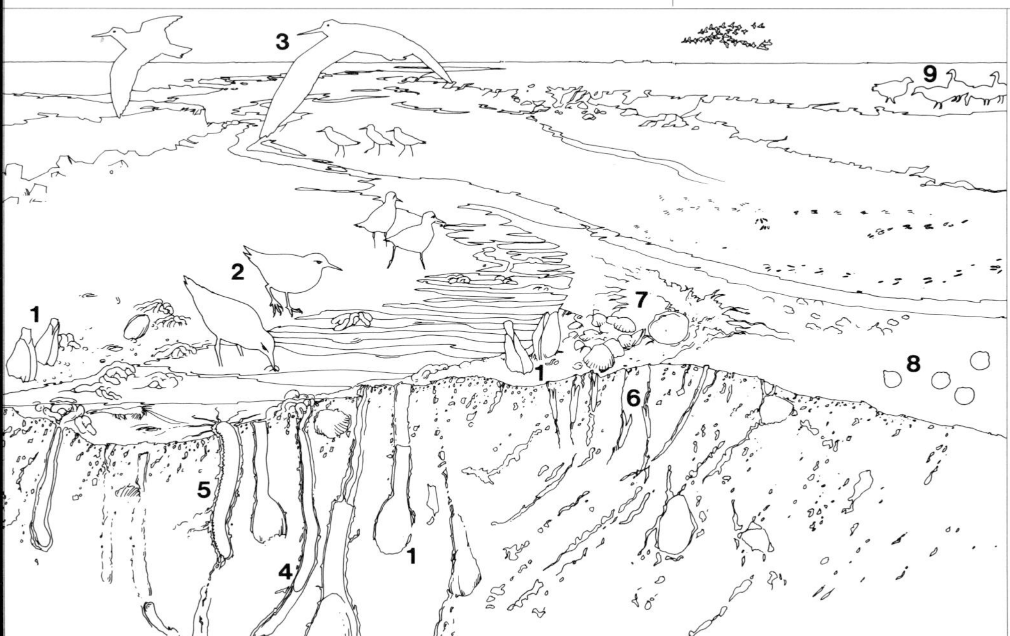

1 Sandklaffmuscheln
2 Knutt
3 Austernfischer
4 Wattwurm
5 Seeringelwurm
6 Schlickkrebse
7 Meersalat
8 Gemeine Strandschnecken
9 Weißwangengänse

Das Wattenmeer gibt es in der Welt nur einmal. Ebbe und Flut wechseln einander ab. Alle Tiere und Pflanzen mußten sich diesem Gezeitenrhythmus anpassen.

Wattwürmer stellen neben Muschelarten die Hauptbiomasse im Watt. Die in U-förmigen Röhren im Boden hausenden Ringelwürmer erreichen eine Dichte von 400 000 Tieren pro ha. Damit werden sie zur wichtigsten Nahrungsquelle vieler Wattvögel und Fische.

Die leblose Oberfläche des Mischwatts täuscht: Auch wenn zunächst keine Lebensspuren zu entdecken sind, steckt das Sediment dennoch unter jedem Quadratzentimeter voller Leben: Würmer, Muscheln und Krebse sind hier mit individuenreichen Populationen vertreten. Die eigenartigen Rippel- oder Wellenmarken kommen durch die Gezeitenströmungen zustande, die mehrfach täglich über das lockere Sediment hinweggehen.

stammen zum größten Teil aus den eiszeitlichen Geschieben. Daher sind auch die Mineralbestandteile des skandinavischen Granits, Quarz, Feldspat und Glimmer mit einem hohen Anteil vertreten. Ein Teil dieser Sedimente stammt natürlich auch von den Materialfrachten, die die großen Flüsse in das Nordseebecken transportiert haben. Und schließlich ist in allen Korngrößenfraktionen auch Calcit reichlich vertreten, der Baustoff der Muschel- und Schneckenschalen.
Die Gezeiten bestimmen mit ihrer Rhythmik nicht nur die Materialtransporte über den Wattflächen und das gesamte Ablagerungsgeschehen, sondern auch die Lebensbedingungen der im Watt siedelnden Pflanzen und Tiere. Fast alle Umweltfaktoren ändern sich periodisch und fast immer ziemlich unvermittelt. Während

der Ebbezeit erwärmen sich die dunklen, trockenliegenden Schlickböden ziemlich rasch: Im Sommer wurden hier Oberflächentemperaturen bis nahe 35°C gemessen. Im Winter kühlen die freigefallenen Flächen dagegen bis auf -10°C aus. Die nächste auflaufende Flut bringt in jedem Fall einen Temperatureinbruch. Im Sommer werden die erwärmten Schlickböden schlagartig auf etwa 15 - 17°C heruntergekühlt, während im Winter mit der Flut auch gleichzeitig eine Auftauphase einsetzt. Diese extremen Temperatursprünge gelten strenggenommen nur für die obersten Sedimentschichten. Schon in einigen Zentimetern Wattbodentiefe sind die Temperatursprünge weniger ausgeprägt.

Stärkere Schwankungen zeigt auch der Salzgehalt. Der Wattboden weist normalerweise die gleiche Salzkonzentration auf wie das Meerwasser, im Fall der Nordsee durchschnittlich etwa 3,2%. Starke Verdunstung durch Sonneneinstrahlung erhöht die Salzkonzentration. Anhaltende Regengüsse während des Niedrigwassers führen zu erheblichen Aussüßungen. Schwankungen zwischen insgesamt 2,0 und 4,0% sind daher für viele Wattböden durchaus nicht ungewöhnlich.

Ebenso verändert sich auch der Sauerstoffgehalt: Während der Flut- oder Hochwasserzeiten ist er ausreichend, denn das Wasser trägt durch Wellenbewegung eingemischten Sauerstoff in großen Mengen heran. Während der Ebbe fällt die Sauerstoffversorgung dagegen ungünstiger aus. Hinzu kommt, daß sich die verschiedenen Bodentypen des Watts in ihren Sauerstoffprofilen deutlich unterscheiden: In einem gut durchlüfteten und wohl auch häufiger umgeschichteten Sandwatt beginnt die sauerstofffreie, an der schwärzlichen Verfärbung durch Eisensulfid erkennbare Zone erst in mehr als 5 cm Tiefe. Im Mischwatt kann die Grenze viel weiter nach oben wandern und schon in etwa 2 cm Bodentiefe liegen. Im Schlickwatt mit seinen dichtgepackten Schluff- und Tonsedimenten kann ein Sauerstoffdefizit schon 1 - 2 mm unter der Oberfläche auftreten.

Beeindruckend sind die Salzwiesen, wenn die Strandnelke (Armeria maritima) im Frühsommer in Blüte steht. Ihre Standorte werden nur noch bei ungewöhnlichen Flutständen überspült. Dennoch muß die Pflanze über besondere Anpassungsleistungen verfügen, um im salzdurchtränkten Schlickboden überleben zu können.

Für nordeuropäische Wasservögel hat das Wattenmeer die ökologische Funktion eines Nadelöhrs. Auf dem Herbstzug in die südlichen Winterquartiere und zurück auf dem Frühlingszug in ihre Brutheimat legen viele Arten hier lange Pausen ein. Hier ein Schwarm Weißwangengänse (Branta leucopsis) - Wintergäste aus Grönland, Spitzbergen und Sibirien.

Die Sicht vom Vorland auf das Watt zeigt, von welcher Dynamik dieses Ökosystem ist. Ständig lagert das Meer Land um, nimmt es an einer Stelle mit, um es woanders aufschichten zu können. Nur die wenigsten Pflanzen können diesen Kräften auf Dauer widerstehen. Selbst die im Hintergrund verbliebenen Inselchen aus Englischem Schlickgras (Spartina townsendii) haben wenig Bestandsaussichten.

Säbelschnäbler (Recurvirostra avosetta) streichen bei der Suche nach Nahrung mit ihrem langen, gekrümmten Schnabel flach über die Wasser- und Bodenoberfläche und seihen Würmer, Schnekken und kleine Krebse ein.

Ein Sand-, Misch- oder Schlickwatt erscheint dem Beobachter zumeist als sehr gleichförmige und nahezu leblose Fläche. Der Eindruck täuscht, denn tatsächlich gehören die Wattengebiete zu den produktivsten Lebensräumen der Erde. Seine zahlreichen Bewohner haben sich allerdings in das Sediment zurückgezogen, um den extremen Lebensbedingungen an der Oberfläche zu entgehen. Nur ausnahmsweise finden sich hier einmal Miesmuschelbänke oder andere auffällige Artengemeinschaften. Aus dem gleichen Grund wachsen auf weiten Wattflächen auch keine höheren Pflanzen.
In jedem Kubikzentimeter oberflächennahen Wattbodens drängen sich etwa 3 Millionen Kieselalgen und mindestens ebenso viele Blaualgen. Sie stellen die Primärproduzenten in diesem grauen oder allenfalls graubraunen Lebensraum dar. Bei Ebbe liegen Meersalat, Braun- und Grünalgen und Seegras dem Wattboden auf.
Erstaunlich groß ist die Anzahl der tierischen Bodensiedler: Bis über 4000 Schlickkrebse kommen in einem Quadratmeter Watt vor oder 10 000 Kotpillenwürmer oder gar 120 000 Wattschnecken. Die Herzmuschel erreicht in ihrem Jugendstadium Besiedlungsdichten bis 20 000 Individuen/m^2, ausgewachsen sind es dann nur 300/m^2, ebenso auch die Pfeffermuschel. Rund 1340 Arten umfaßt allein die Wirbellosenfauna des Wattbodens, wobei über 250 Tierarten für den Nordseeraum endemisch sind und an keiner anderen Stelle der Erde vorkommen. Hinzukommen noch etwa 100 verschiedene Fischarten, 75 Arten relativ häufiger Vögel und der Seehund als Vertreter der Säugetiere. Manche Fische wie Seeskorpion, Steinpicker oder Butterfisch verbringen als Standfische ihre gesamte Lebensspanne im Wattenmeer. Andere Arten durchlaufen hier nur einen Teil ihrer Entwicklung: So ist das Wattenmeer die Kinderstube beispielsweise von Hering, Scholle oder Seezunge. Flunder, Grundel und Meerforelle leben als Erwachsene im Wattenmeer, laichen in der Nordsee oder in Flüssen. Hornhecht und Kleine Seenadel dagegen suchen die Wattengebiete als Laichgründe auf, wach-

sen hier auf, ziehen aber über den Winter in die südliche Nordsee.
Neben dem Watt sind auch die Salzwiesen, die zu den terrestrischen Lebensgemeinschaften überleiten, hochinteressante und bedeutsame Lebensräume. Unter natürlichen Bedingungen würden sie einen Saum von etwa 1 - 2 km Breite einnehmen, durch Eindeichungen ist ihr Flächenanteil jedoch auf 100 - 200 m Breite geschrumpft.
Mehrere kennzeichnende Pflanzengesellschaften folgen hier aufeinander: Der Seegraswiese schließt sich bis knapp unter die Hochwasserlinie das Quellerwatt an. Landwärts geht es in den Andelrasen über, der jährlich rund 150 - 250 Überflutungen ausgesetzt ist. Hier wachsen bereits viele bemerkenswerte Blütenpflanzen, z.B. Salzaster und Strandflieder. An noch höheren Stellen, die nur noch etwa 20 Flutstände im Jahr erfahren, dehnt sich die Rotschwingelwiese mit ihrem bunten Blütenflor aus.
Erstaunlich artenreich ist auch die Salzwasserfauna. Über 1650 spezialisierte Wirbellosenarten kommen hier vor, wobei manche Pflanzen als Nahrung oder Wohnraum gleich eine Vielfachfunktion erfüllen.
Ebenso wie die höhergelegenen Salzwiesen werden auch die oberen Bereiche der Salzwiesen und Vordünen nicht mehr von Flutständen erreicht. Landwärts entwickeln sich durch ständige Sandanwehungen hohe Dünenkämme, die je nach Bewuchs und Entwicklungsalter als Weiß-, Grau- und Braundüne bezeichnet werden. Die darauf siedelnden Pflanzenarten sind kaum salztolerant, sondern eher an die Ökofaktoren Wind, Übersandung und Trockenheit angepaßt.

BODENARBEITER IN SAND UND SCHLICK

Besonders im Mischwatt fallen zur Ebbezeit die seltsamen Kothaufen des Wattwurms auf - auch Köderwurm, Pierwurm oder Sandpier genannt. Er gehört in die Verwandtschaft der Borstenwürmer und wird um 20 cm lang. Jüngere Tiere sind meist rötlichbraun, ältere Individuen können auch fast schwarz gefärbt sein. Der Wattwurm hält sich in etwa 20-30 cm Tiefe im waagrechten Teil seiner L-förmigen Wohnröhre auf. Mit stülpenden Bewegungen seines Rüssels frißt er immer an der gleichen Stelle Sand, so daß allmählich ein Hohlraum entsteht, der sich bis zur Oberfläche fortsetzt und dort trichterförmig erweitert. Oft sind diese 5cm breiten Trichter auch zugespült und daher nicht erkennbar. Nur während der Kotabgabe (etwa alle 45 min) kriecht der Wattwurm im senkrechten Abschnitt seiner Röhre hoch zur Oberfläche.
Mit Hilfe von Pendelbewegungen des Vorderkörpers pumpt der Wurm ständig einen feinen Wasserstrom durch Freßgang und Wohnröhre. Mit diesem Wasserstrom werden zusätzlich zahlreiche verwertbare organische Partikel und Mikroorganismen herangeführt, aber auch Sauerstoff, der von den Kiemenpaaren am 7. bis 19. Körpersegment aufgenommen wird. Der Wattwurm enthält große Mengen des Blutfarbstoffes Hämoglobin, der ein hohes Sauerstoffbindevermögen besitzt und es dem Tier ermöglicht, auch vergleichsweise niedrige Partialdrucke im Wasserstrom optimal auszunutzen.
Die Sauerstoffzufuhr durch Schlängelbewegungen erlaubt dem Wattwurm ein Leben tief in der sauerstofffreien Reduktionsschicht des Wattbodens. Das sauerstoffangereicherte Atemwasser in der Wohnröhre oxidiert das schwärzliche Eisensulfid des Wattbodens zu bräunlichrotem Eisenhydroxid. Umgekehrt verkitten die oxidierten Eisenteilchen die Sandkörner und stabilisieren dadurch - zusammen mit Schleimausscheidungen des Wurmes - die Wände seiner Wohnröhre. Wenn nach ungewöhnlich heftigen Stürmen die obersten Sandschichten einer Wattfläche um Zentimeterbeträge abgetragen werden, ragen die verfestigten Wurmwohnröhren wie Schornsteine hervor.
Etwa 20-50 Wattwürmer leben unter einem Quadratmeter Mischwattboden. Durch ihre Grab- und Freßtätigkeit bewegen diese Tiere jährlich etwa 400 kg Wattboden. Diese Menge entspricht einer Schichtdicke von etwa 30 cm. Einmal im Jahr wird der Wattboden im Lebensraum der Watt- oder Pierwürmer also vollständig umgesetzt. Ökologisch ist dieser interessante Untergrundarbeiter auch noch dadurch von besonderer Bedeutung, daß er vielen Gästen des Watts, vor allem zahlreichen Vogelarten, als Nahrung dient.

GEZEITENABHÄNGIGE MAHLZEITEN

Miesmuscheln sind neben den extrem selten gewordenen Wildaustern die einzigen Muscheln, die ständig auf dem Wattboden leben. Sie verdanken dies der besonderen Fähigkeit, sich untereinander durch sehr zähe Byssusfäden zu verketten. Einzelne losgerissene Miesmuscheln sind im Watt dagegen so gut wie verloren, ihnen fehlt nämlich der bei anderen Wattmuscheln sehr kräftig entwickelte Grabfuß. Außerdem verfügen sie nicht über Siphonen, mit denen sie Wasser von der Oberfläche herbeiführen könnten. Miesmuscheln verkörpern den Ernährungstyp der Filtrierer: Mit ihren Kiemenapparaten entnehmen sie dem Wasserstrom, den sie während der Flutzeiten ständig hereinholen, nicht nur den zum Atmen nötigen Sauerstoff, sondern auch alle möglichen verwertbaren Planktonorganismen und Abfallteilchen.
Etwa 25 l Wasser filtriert eine Miesmuschel täglich aus. Für die im niederländischen Wattenmeer siedelnden Miesmuscheln wurde berechnet, daß sie zusammen mit den dort vorkommenden Herzmuscheln einmal in der Woche das gesamte Wasservolumen des Wattenmeeres durch ihre Kiemenapparate bewegen.
Geradezu abenteuerlich sind auch die Vermehrungsraten: Eine fortpflanzungsfähige, etwa dreijährige Muschel gibt unter günstigen Bedingungen 2-3 mal im Jahr 5-12 Millionen Eier zur Befruchtung in das freie Wasser ab. Aber nur wenigen Muschellarven gelingt die Ansiedlung und die Entwicklung bis zur Geschlechtsreife.
Die Nahrungsaufnahme erfolgt bei den Miesmuscheln - wie auch bei allen anderen im Watt lebenden Muschelarten - nur während der Flutzeiten. Nicht der Tag-Nacht-Rhythmus bestimmt die Aktivitäten dieser

Tiere, sondern die täglich mit knapp einer Stunde Verspätung eintreffende Gezeit.
Dies gilt natürlich auch für alle anderen Tiere, die im Wattenmeer auf Nahrungssuche gehen, etwa die zahlreichen Vogelarten. Diese vom Festland her in die Wattengebiete einfallenden Arten sind im Gegensatz zu den dauernden Wattbewohnern jedoch auf die Ebbezeiten angewiesen. Mal fällt das Niedrigwasser in die frühen Morgenstunden, mal in den späteren Vormittag - entsprechend trifft das nächste Niedrigwasser erst gegen Abend oder sogar mitten in der Nacht ein.
Schon allein anhand der Schnabelformen kann man auf die unterschiedlichen Ernährungsgewohnheiten der verschiedenen Vogelarten schließen: Der breite, leicht nach oben gebogene Schnabel der Brandenten eignet sich vor allem zum Durchseihen von Pfützen und Flachwasser. Ganz ähnlich setzt auch der grazile Säbelschnäbler seinen geschwungenen Pinzettenschnabel ein, erbeutet damit aber auch verschiedene Kleintiere. Der kürzere und fast gerade Schnabel von Alpenstrandläufern und Sandregenpfeifern eignet sich am besten zur Futtersuche an den Spül- und Auswurfsäumen. Die langen Schnäbel von Großem Brachvogel oder Pfuhlschnepfe sind dagegen die geeigneten Werkzeuge zum Aufstöbern von Würmern im Wattboden. Beim Austernfischer gibt es Formen mit längerem, spitzem und kürzerem, stumpfem Schnabel. Austernfischer mit spitzem Schnabel sind Spezialisten bei der Jagd auf Wattwürmer, bei der ein präzise zupakkendes Schnabelende sehr von Vorteil ist. Kurzschnabelige Formen bevorzugen dagegen Muschelnahrung: Mit kräftigen Meißelschlägen werden die Muschelschalen geöffnet.
Viele Vogelarten finden im Wattenmeer ein überaus reiches Nahrungsangebot. Gezeitenunabhängig versorgen sich alle diejenigen Arten, die sich auf Fischnahrung spezialisiert haben, darunter die so elegant stoßtauchenden Seeschwalben-Arten. Aber nicht nur die am Rande des Wattenmeeres in den Salzwiesen oder in den Dünengebieten brütenden Vogelarten sind auf die Nahrungsreserven des Wattenmeeres angewiesen, sondern vor allem auch die unglaublich vielen Wintergäste oder Rastvögel, die beim Zug in die Brutgebiete oder zurück in die Winterquartiere für längere Zeit verweilen. Allein im schleswig-holsteinischen Wattenmeer sind zeitweise etwa 60 000 Brandgänse, 50 000 Alpenstrandläufer, 30 000 Weißwangengänse, 12 000 Kurzschnabelgänse oder 30 000 Goldregenpfeifer anzutreffen. Jährlich suchen schätzungsweise bis zu 9 Millionen Vögel den vergleichsweise schmalen Wattenmeerstreifen zwischen den Niederlanden, Deutschland und Dänemark auf - Vögel, deren Brutgebiet sich über einen mehr als einhundert Mal so großen Raum von Kanada, Grönland, die Britischen Inseln bis über Skandinavien und die Gebiete Nordrußlands erstreckt.
Dieser einzigartige Lebensraum muß unter allen Umständen in seiner Leistungsfähigkeit erhalten werden und ökologisch intakt bleiben!
Ehrgeizige Projekte wie Industrieansiedlungen im küstennahen Raum, Hafenausbau, Ölbohrungen, weiträumige Eindeichungen und andere technische Eingriffe mit mancherlei unberechenbaren Folgeproblemen sind zur Sicherung des größten Wattenmeergebietes der Welt wenig geeignet. Ebenso ist auch eine touristische Erschließung mit all ihren Begleiterscheinungen eine ständige Gefahr für so empfindlich eingespielte Beziehungsgefüge der zahlreichen Wattbesiedler. Fachleute sind sogar der Ansicht, daß die Ausweisung der großen Wattenmeergebiete zum Nationalpark letztlich ihre ökologische Entwertung und Dauerschädigung eher fördert als verhindert. Ein ganzes komplexes Ökosystem steht hier auf der »Roten Liste«!

Bis zu 20 000 junger Herzmuscheln (Cardium edule) verbergen sich im ersten Lebensjahr in nur einem Quadratmeter Wattboden. Solche zentimetergroßen Schalen häufen sich am Strand zu richtigen Muschelbänken auf.

IM WATT NACHGEWIESEN:

Pflanzenarten	**über 700**
Tierarten	**über 3400**
Säugetiere	1
Vögel	75
Fische	102
Schmetterlinge	35
Schlupfwespen	25
Brackwespen	30
Käfer	180
Spinnen	40
Fliegen, Mücken	400
Springschwänze	35

ADRESSENLISTE NATUR- UND UMWELTSCHUTZ

Biokreis Ostbayern
Biologischer Landbau
Rosensteig 13
D - 8390 Passau

Bioland
Fördergemeinschaft organisch-biologischer Land- und Gartenbau
Barbarossastr. 14
D - 7336 Uhingen

Biologische Schutzgemeinschaft Hunte-Weser-Ems (BSH)
Postfach
D - 2906 Wardenburg

Bund für Umwelt- und Naturschutz Deutschland (BUND)
In der Raste 2
D - 5300 Bonn

Bund Naturschutz in Bayern (BN)
Schönfeldstr. 8
D - 8000 München 22

Deutscher Alpenverein (DAV)
Praterinsel 5
D - 8000 München 22

Demeter
Forschungsring für biologisch-dynamische Wirtschaftsweise
Baumschulenweg 11
D - 6100 Darmstadt

Deutscher Bund für Vogelschutz (DBV)
Am Hofgarten 4
D - 5300 Bonn 1

Gesellschaft für Naturschutz und Ornithologie Rheinland-Pfalz (GNOR)
Im Mühlbachtal 2
D - 5408 Nassau

Greenpeace-Deutschland
Hohe Brücke 1
D - 2000 Hamburg 11

Greenpeace-Österreich
Mariahilfer Gürtel
A - 1060 Wien

Greenpeace-Schweiz
Müllerstr. 37
CH - 8022 Zürich

Hessische Gesellschaft für Ornithologie und Naturschutz (HGON)
Schneckenhofstr. 35
D - 6000 Frankfurt 70

Landesbund für Vogelschutz in Bayern (LBV)
Kirchenstr. 8
D - 8543 Hilpoltstein

Naturland
Verband für naturgemäßen Landbau
Kleinhaderner Weg 1
D - 8032 Gräfelfing

Naturschutzgesellschaft Schutzstation Wattenmeer
Königstr. 11
D - 2370 Rendsburg

Österreichischer Alpenverein (ÖAV)
Wilhelm-Dreilstr. 15
A - 6010 Innsbruck

Österreichischer Naturschutzbund (ÖNB)
Arenbergstr. 10
A - 5020 Salzburg

Pestizide Aktion Network (PAN)
Nernstweg 32
D - 2000 Hamburg 50

Produzentenverein für biologisch-dynamische Wirtschaftsweise
Bruderholzhof
CH - 4104 Oberwil

Robin Wood
Gewaltfreie Aktionsgemeinschaft für Natur und Umwelt
Schildstr. 27
D - 2800 Bremen

Schutzgemeinschaft Deutscher Wald (SDW)
Meckenheimer Allee 73
D - 5300 Bonn 1

Schweizer Alpenclub (SAC)
Helvetia-Platz 4
CH - 3005 Bern

Schweizerischer Bund für Naturschutz (SBN)
Postfach
CH - 4020 Basel

Schweizerische Gesellschaft für biologischen Landbau (SGBL)
Chriesbaumweid
CH - 8320 Fehraltorf

Schweizerische Stiftung und Forschungsinstitut für biologischen Landbau
Bernhardsberg
CH - 4104 Oberwil

Schweizerisches Zentrum für Umwelterziehung
Rebbergstraße
CH - 4800 Zofingen

Verkehrsclub der Bundesrepublik Deutschland (VCD)
Kalkuhlstr. 24
D - 5300 Bonn 3

Verkehrsclub der Schweiz (VCS)
Spitalgasse 5
CH - 8001 Zürich

World-Wildlife-Fund-Deutschland (WWF)
Umweltstiftung
Sophienstr. 44
D - 6000 Frankfurt 90

World-Wildlife-Fund-Österreich (WWF)
Postfach 1
A - 1162 Wien

World-Wildlife-Fund-Schweiz (WWF)
Stiftung für die natürliche Umwelt
Postfach
CH - 8037 Zürich